SEWING HARUE 25

편안하고 특별한
핸드메이드 여성복

HANDIS

당신의 옷장 속에는 내가 직접 만든 옷들이 얼마나 자리 잡고 있나요?
만들고 싶은 옷은 많지만 내가 이런 옷을 잘 만들 수 있을지,
막상 만들고 나면 손이 많이 갈지,
쉬운 듯 쉽지만은 않은 옷 만들기에 걱정이 앞서
옷 만들기는 미뤄지기 십상입니다.

〈소잉 하루에25〉에서는 이런 당신의 마음을 읽기라도 한 듯,
일상 속에서 조화롭게 입을 수 있을 다양한 작품을 선보입니다.

당신의 고민을 덜어주기 위해
정성 어린 바느질과 고민으로 수 일을 지새운
작가님 네 분을 소개합니다.

심미희   현) 심플소잉 양산 물금점 운영

좋아하는 원단을 골라 패턴에 맞게 재단하고, 한 땀씩 재봉틀을 돌리며 정성을 들여서 직접 옷을 만든다는 건 아주 큰 매력이자 만드는 사람의 행복이 아닐까 싶습니다. 옷장에 가득한 내가 만든 옷들을 바라보며 "오늘은 어떤 옷을 입어볼까?"라는 고민을 할 때 기분이 좋아집니다. 내 손길이 닿아 옷이 만들어졌다는 게 아직도 신기해서 입꼬리가 올라가곤 하지요. 단순히 태교로 소잉을 시작해서 재봉틀 공방을 운영한지 3여 년이 지나, 이번 서적을 준비하게 되어 설렘 반, 걱정 반이었습니다. "어떤 옷을 만들면 좋을까, 내가 좋아하는 디자인을 다른 분들도 좋아해 줄까?" 고민도 많았습니다. 다행히 같이 작업한 작가님들과 소잉스토리 담당자분들 덕분에 순탄하게 완성할 수 있었습니다. 이 서적은 내추럴하고 편하게 입을 수 있는 아이템으로 가득 담겨 있어 데일리로 입기도 좋고, 특별한 날에 코디하기에 따라 또 다른 콘셉트로 연출할 수 있습니다. 소잉을 좋아하는 여러분의 일상에 행복을 더해 줄 서적이었으면 좋겠습니다. 감사합니다.

오로라   현) 심플소잉 김해 내외점 운영

돌이켜보면 저는 어릴 때부터 엄마나 할머니께서 떠주신 옷들을 입고 다녔고, 집에서 엄마가 무언가 만드는 모습을 많이 봐왔습니다. 그런 모습을 보며 크고 작은 영향을 받았는지 어른이 된 저도 손으로 뭔가 꼼지락대는 것을 좋아합니다. 피아노 학원에 강사로 있을 때의 일입니다. 학원에 와서 새침하게 있다가 할 것만 하고 가버리는 7살 유치부 아이 하나가 하루는 저에게 "엄마가 만들어 주셨다"라며 원피스를 자랑했습니다. 그때는 마냥 신기해서 감탄만 했던 저였는데, 지금 생각해 보면 내가 그 엄마처럼 아이에게 옷을 만들어 입히고 있으니 사람 일이란 참 모를 일 같습니다. 만들기를 좋아하고, 내 작품을 좋아해 주는 이들이 있어 시작하게 된 소잉이 이젠 직업이 되어 바느질쟁이로써 여러 사람과 소통하고 있습니다. 좋은 기회가 생겨 출간하게 된 서적 작업이 저에게는 또 다른 터닝 포인트가 되었습니다. 함께 작업한 작가님들과 소잉스토리 관계자들께 감사 인사를 전하며, 많은 봉틀러들에게 사랑받는 책이 되었으면 하는 기대를 해봅니다.

임희정   현) 심플소잉 창원 남양점 운영

대학 졸업을 앞둔 어느 날, 의상 DIY 쇼핑몰을 창업하고 가족 같은 회사를 만들고 싶다며 저에게 손 내밀어 준 선배, 시작한 지 얼마 되지 않은 의상 DIY 쇼핑몰의 MD로 일하면서 회사를 함께 키워가고, 많은 고객님을 만나면서 제 머릿속은 열정으로 가득 차 있던 것 같습니다. 시간이 흘러 가정을 꾸리고 육아에 전념하며 엄마의 마음으로 옷을 만들고 소품을 만들면서 심플소잉 창원 남양점을 오픈했습니다. 결혼 전 일할 때 쌓아온 저의 노하우, 체계적인 시스템이 모두 녹아들어 간 심플소잉에서 바느질이 얼마나 재미있고 행복한 시간인지를 많은 분들께 알려드리기 위해 노력했습니다. 작가님들과 함께 책을 준비한 2020년은 저에게 선물과도 같은 시간이었습니다. 4명이 힘을 합하니 1/4만큼의 힘만으로도 좋은 책을 만들 수 있었습니다. 엄마가 만든 옷이 가장 멋지다고 이야기해 주는 두 아들과 항상 내 편인 남편, 또 수강생님들, 홍채은, 이미영, 김혜선, 진미영 작가님과 정용효, 신현호 대표님 사랑합니다. 소잉스토리 담당자님들 정말 고생 많으셨어요. 감사합니다.

최영옥   현) 심플소잉 포항 대이점 운영

큰 꿈보다는 시간이 오래 지나 나이가 들어도 내가 좋아하는 사람들과 교류하며 내가 하고 싶은 재미있는 일을 하고 싶은 갈망이 컸습니다. 그러다 우연히 심플소잉을 알게 되어 벌써 제 인생 중 10년 정도의 긴 시간을 심플소잉과 함께하게 되었네요. 부족하지만 저를 찾아주시는 많은 수강생분들과 즐거운 시간을 보내며 감사한 하루하루를 지내고 있습니다. 생각지도 못하게 찾아온 서적 출간의 기회에 두려움이 앞섰지만, 한 번쯤은 가슴속에 품고 있던 소중한 기회를 잡아 이렇게 출간을 앞두고 설레는 마음으로 지내고 있습니다. 서적 출간이 마냥 쉬운 일은 아니었지만, 세 작가님과 함께 힘을 합쳐 이룰 수 있었습니다. 또 한 번 배우고 보람찬, 행복했던 시간이 된 것 같습니다. 우리 팀 선생님들, 항상 저에게 용기와 희망을 주는 사랑하는 가족, 여사님들 … 고마운 분들이 너무 많습니다. 모두에게 정말 감사합니다.

Contents

Index

Vest

A-1
스탠다드 롱 베스트
08 / 64~66
pattern A

A-2
뒷사선 베스트
09 / 67~69
pattern B

A-3
에이프런 베스트
10 / 70~71
pattern C

A-4
뷔스티에
11 / 72~73
pattern D

A-5
백 리본 베스트
12 / 74~76
pattern D

T-Shirt

B-1
스탠다드 티셔츠
14 / 77~78
pattern C

B-2
벌룬 티셔츠
15 / 79~80
pattern C

B-3
스퀘어 티셔츠
16 / 81~82
pattern B

B-4
스퀘어 주름 티셔츠
17 / 83~84
pattern B

B-5
트임 티셔츠
18 / 85~86
pattern A

Blouse

C-1
스탠다드 블라우스
20 / 87~88
pattern A

C-2
벌룬 블라우스
22 / 89~90
pattern B

C-3
셔링 블라우스
23 / 91~92
pattern B

C-4
레이스 블라우스
24 / 93~94
pattern C

C-5
트임 블라우스
26 / 95~97
pattern D

C-6
둥근 칼라 블라우스
27 / 98~100
pattern D

Shirt

D-1
2way 스탠다드 셔츠
28 / 101~102
pattern A

D-2
러플 칼라 셔츠
30 / 103~104
pattern C

D-3
스트링 셔츠
31 / 105~106
pattern C

D-4
헨리넥 셔츠
32 / 107~108
pattern A

D-5
플레어 슬리브 셔츠
33 / 109~110
pattern A

Jacket

E-1
스탠다드 재킷
34 / 111~114
pattern B, C

E-2
로브 재킷
35 / 115~116
pattern A

E-3
후드 재킷
36 / 117~119
pattern B

Bottom

F-1
주름 스커트
38 / 120~122
pattern C

F-2
스커트(2종)
39 / 123~125
pattern D

F-3
와이드 팬츠
40 / 126~128
pattern C

F-4
랩 팬츠
41 / 129~131
pattern B

F-5
밴딩 팬츠
42 / 132~133
pattern D

F-6
조거 팬츠
43 / 134~135
pattern D

※index 보는 방법

A-1 ← 작품번호
스탠다드 롱 베스트 ← 작품명
08 / 64~66 ← 화보 페이지 / 제작 설명서 페이지
pattern A ← 패턴 위치(면수)

아이템의 화보가 실린 페이지, 일러스트 제작 설명서 페이지, 그리고 아이템의 패턴이 있는 면수를 게재하고 있습니다. 이 페이지에서 작품을 한눈에 보고 제작 설명서와 패턴을 쉽게 찾아보세요. 본 서적에 사용된 원단은 심플소잉(http://www.simplesewing.co.kr), 패션스타트(http://www.fashionstart.net)에서 확인하실 수 있습니다.

걸쳐주기만 해도 고급스러운 느낌이 나는 롱 베스트로, 베스트 중 가장 기본이 되는 스타일로 제작하였습니다.
단추가 없는 오픈형 디자인으로 편하게 착용할 수 있으며, 옆선에 트임이 있어 활동하기 편한 디자인입니다. 고급
스러운 리넨 원단으로 멋스러움을 더해보세요.

사용 원단 : 샴브레이 무지_키나리
작품 제작 : 최영옥

가볍게 걸치기 딱 좋은 기장감의 베스트입니다. 뒷몸판이 사선으로 트여있어 편한 착용감과 동시에
디자인적인 포인트를 줄 수 있습니다. 사계절 내내 레이어드하여 착용하기 좋은 아이템입니다.

사용 원단 : 샴브레이 무지_인디고, 네이비
작품 제작 : 오로라

A-3 에이프런 베스트 |how to make … P.70|

귀여운 주름과 옆선의 리본이 사랑스러운 베스트입니다. 옆선이 트여있어 움직임이 편하며 체형에 구애받지 않고 여유 있게 입을 수 있습니다. 너무 어두운 색상보다는 사랑스러운 느낌을 살려 줄 수 있는 색상의 원단을 추천합니다.

사용 원단 : 리네티 4mm 스트라이프_라벤더
작품 제작 : 심미희

앞·뒤 길이가 언밸런스하여 특별한 느낌의 뷔스티에입니다. 기본 티셔츠와 레이어드하여 입어도 좋고, 단품으로 입어도 멋스럽게 연출이 가능한 아이템입니다. 허리 끈감이 따로 있어 허리에 묶으면 더욱 멋스러운 스타일링이 완성됩니다.

사용 원단 : 리네티 무지_블랙
작품 제작 : 심미희

사용 원단 : 샴브레이 무지_오프화이트
작품 제작 : 임희정

심플한 룩에 포인트를 주기 좋은 백 리본 베스트입니다. 화이트 원단을 사용하여 더욱 시원한 느낌이고,
어느 코디에도 잘 어울립니다. 밑단의 프릴과 뒤쪽의 리본으로 통통 튀는 매력을 더했습니다.

사용 원단 : 샴브레이 무지_오프화이트
작품 제작 : 임희정

B-1 스탠다드 티셔츠 |how to make … P.77|

가장 즐겨 입을 수 있는 베이직한 라운드 넥 티셔츠입니다. 네크라인을 바이어스 처리하여 깔끔하게 정리
하였습니다. 베스트와 슬리브리스 원피스 등 다양한 아이템과 같이 레이어드해서 입으면 더욱 멋스러운
코디가 완성됩니다.

사용 원단 : 20수 싱글다이마루_화이트
작품 제작 : 최영옥

B-2 벌룬 티셔츠 |how to make … P.79|

B-1 아이템을 활용하여 만든 벌룬 티셔츠입니다. 손목에 잡힌 턱으로 소매를 더욱 풍성하게 만들어 밋밋할 수 있는 티셔츠에 포인트를 주었습니다. 캐주얼한 팬츠나 스커트와 함께 매치하여 코디하는 것을 추천합니다.

사용 원단 : 미니쮸리_살구
작품 제작 : 최영옥

B-3 스퀘어 티셔츠 |how to make … P.81|

스퀘어 네크라인으로 포인트를 준 티셔츠입니다. 편안하게 데일리로 착용할 수 있으며, 몸판 밑단과 소매 밑단에 트임이 있어 활동하기 편한 디자인입니다. 다양한 하의와 코디하여 멋스럽게 연출해 보세요.

사용 원단 : 미니쮸리 스트라이프_네이비
작품 제작 : 오로라

B-4 스퀘어 주름 티셔츠 |how to make … P.83|

B-3 아이템을 활용하여 만든 티셔츠입니다. 허리와 소매에 고무줄을 넣어 포인트를 주었고, 푸른 계열 색상으로 만들어 캐주얼하게 연출했습니다. 화사한 색상으로 만들면 러블리한 느낌의 티셔츠로도 즐길 수 있는 매력적인 아이템입니다.

사용 원단 : 미니쮸리_피콕블루
작품 제작 : 오로라

편하게 입을 수 있는 루즈핏의 트임 티셔츠입니다. 적당한 트임이 있어 답답해 보이지 않고 목둘레는
바이어스 처리로 깔끔하게 완성했습니다. 나와 어울리는 색상의 원단으로 만들어 두면 자주 손이 가
는 옷이 됩니다.

사용 원단 : 슬럽 다이마루 무지_화이트
작품 제작 : 심미희

사용 원단 : 리투아니아 핀스트라이프 _블랙

네크라인에 트임을 준 심플한 디자인의 블라우스입니다. 뒤쪽에 트임으로 디테일을 더해 심플한
디자인에 포인트를 주었습니다. 스커트, 팬츠 등 여러 하의와 매치하기 쉬운 아이템이므로 다양한
스타일링에 도전해 보세요.

사용 원단 : 리투아니아 핀스트라이프 _블랙
작품 제작 : 임희정

둥근 실루엣의 소매가 포인트인 블라우스입니다. 깔끔한 스타일의 흰색 무지 원단을 사용하여 제작
하였지만, 포인트가 되는 프린팅 원단으로 만들면 더욱 특별한 블라우스가 완성됩니다.

사용 원단 : 40수 코튼 트리플 원_화이트
작품 제작 : 임희정

C-3 셔링 블라우스 |how to make … P.91|

사용 원단 : 40수 코튼 트리플 원_피치핑크
작품 제작 : 임희정

C-2 아이템을 활용하여 만든 블라우스입니다. 허리에 들어간 주름이 소녀 같은 느낌을 더해주며,
네크라인과 소매에 달린 끈으로 리본을 묶어 포인트를 주었습니다. 라벤더 색상의 원단으로 만들
어 사랑스러운 블라우스를 완성해 보세요.

C-4 레이스 블라우스 |how to make ··· P.93|

사용 원단 : 60수 론 프리티레이스_화이트
작품 제작 : 최영욱

네크라인에 달린 레이스가 포인트인 블라우스입니다. 네크라인에는 잔잔한 주름이, 소매에는 고무줄을 넣어 자연스러운 주름이 잡혀 더욱 특별한 디자인입니다. 화보에서는 레이스 원단으로 제작했지만, 무지 원단으로 만들어 주름과 네크라인을 더 돋보이게 만들어도 좋습니다.

앞중심에 턱주름을 잡아 넉넉한 사이즈의 트임 블라우스입니다. 적당한 트임과 크지 않은 칼라로 깔끔한
인상을 더해줍니다. 어렵지 않은 방법으로 고급스러운 블라우스를 완성해 보세요.

사용 원단 : 리네티 무지_샌드베이지
작품 제작 : 오로라

사용 원단 : 40수 아사 미니줄기꽃_백아이

둥근 칼라가 귀여운 블라우스입니다. 앞트임을 리본으로 여밀 수 있으며, 소매에는 주름을 잡고
바이어스 처리하여 깔끔하게 만들었습니다. 잔꽃 무늬 원단으로 만들어 더욱 사랑스러운 블라
우스로 완성해 보세요.

사용 원단 : 40수 아사 미니줄기꽃_백아이
작품 제작 : 심미희

사용 원단 : 40수 코튼 트리플 원_워터스카이

깔끔한 실루엣이 인상적인 기본 셔츠입니다. 옆 단추를 추가해 여밈을 다르게 하면 두 가지 방법으로 연출할 수 있어 트렌디한 느낌을 주는 매력적인 아이템으로, 한 벌 만들어 두는 것을 추천합니다.

사용 원단 : 40수 코튼 트리플 원_워터스카이
작품 제작 : 임희정

사용 원단 : 샴브레이 무지_오프화이트

칼라에 프릴 주름을 넣은 셔츠입니다. 칼라와 어울리도록 소매 밑단과 뒷몸판에도 풍성하게 주름을 잡아
전체적인 실루엣이 우아해 보입니다. 부드러운 리넨 원단을 사용해 만드는 것이 좋습니다.

사용 원단 : 샴브레이 무지_오프화이트
작품 제작 : 최영옥

D-3 스트링 셔츠 |how to make … P.105|

D-2 아이템을 활용하여 만든 스트링 셔츠입니다. 귀여운 라운드 칼라로 포인트를 주고 허리에는 스트링
끈을 넣어 허리를 조여 입을 수 있도록 만들었습니다. 단추를 열어 아우터처럼 활용해도 좋습니다.

사용 원단 : 20수 코튼 톡톡체크_옐로우
작품 제작 : 최영옥

깔끔한 목둘레가 단정한 느낌을 주는 헨리넥 셔츠입니다. 소매 밑단에 주름을 잡아 포인트를 주었습니다. 단정한 인상과 어울리는 체크 원단을 사용했지만, 무지 원단으로 만들어 보는 것도 추천합니다.

사용 원단 : 코코치패브릭 파인체크 5mm_네이비
작품 제작 : 심미희

사용 원단 : 60수 아사_밀키화이트

D-4 아이템을 활용해서 만든 플레어 슬리브 셔츠입니다. 어깨에 주름을 넣은 플레어 소매로 포인트를 주고
몸판에도 절개를 넣어 주름을 잡았습니다. 다양한 디테일이 들어가 셔츠 하나만 입어도 멋스럽습니다.

사용 원단 : 60수 아사_밀키화이트
작품 제작 : 심미희

기본 아이템 중 하나인 원 버튼 재킷입니다. 자주 입는 아이템인 만큼 주머니를 크게 제작하여 실용성을 높였습니다. 차근차근 따라 하면 초보자도 쉽게 만들 수 있으니 다양한 원단으로 여러 벌 만들어도 좋습니다.

사용 원단 : 리네티 무지_스톤브라운
작품 제작 : 오로라

E-2 로브 재킷 |how to make … P.115|

사용 원단 : 샴브레이 무지_메텔베이지
작품 제작 : 오로라

툭 걸쳐 입기만 해도 멋스러운 재킷입니다. 기본 로브 스타일에서 허리에 끈감을 넣어 더욱 멋스럽게 연출한 디자인입니다. 오픈해서 입어도 좋고, 끈을 조여 잔잔한 주름으로 여성스럽게 입어도 좋습니다.

사용 원단 : 리네티 무지_데이지핑크
작품 제작 : 임희정

간절기에 입기 딱 좋은 후드 재킷입니다. 후드가 달려 있는 귀여운 스타일로, 밑단에 있는 스트링 끈을 조이면 또 다른 느낌의 재킷으로 연출할 수 있습니다. 스커트와 팬츠 등 다양한 하의와 코디하기 좋은 아이템이므로 여러 벌 만들어 두면 좋습니다.

사용 원단 : 리네티 무지_머디블루
작품 제작 : 최영옥

여성스러운 느낌을 주는 주름 스커트입니다. 턱주름을 2개씩 잡아 포인트를 주었고 고무줄을 상침 해서 달아 어렵지 않게 만들 수 있습니다. 풍성한 주름이 포인트이니 어울리는 원단을 골라 이 스커트에 우아한 매력을 더해주세요.

사용 원단 : 트윌 리넨 솔리드_키나리

H라인과 페플럼 2가지 디자인으로 제작한 스커트입니다. 앞쪽에는 다트를 넣고 뒤쪽은 허리에 고무줄을
넣은 디자인으로, 옆선에는 지퍼를 달아 편하게 착용할 수 있습니다. 기본이 되는 스커트이므로 다양한
원단으로 여러 벌 만들어 활용하기 좋습니다.

사용 원단 : 트윌 리넨 솔리드_키나리
작품 제작 : 오로라

사용 원단 : 내추럴베이직_키나리

유행을 넘어 이제는 기본 아이템으로 자리 잡은 와이드 팬츠입니다. 허리에 길이 조절 장식으로 허리둘레를 조절할 수 있어 딱 맞게 착용할 수 있습니다. 제작 방법이 복잡해 보이지만, 만들어 놓으면 자랑하고 싶은 멋스러운 느낌으로 완성됩니다.

사용 원단 : 내추럴베이직_키나리
작품 제작 : 심미희

사용 원단 : 리네티 무지_로즈핑크
작품 제작 : 최영옥

앞에서 봤을 때 치마를 입은 것처럼 보이는 랩 팬츠입니다. 스커트와 팬츠를 연결한 스트랩 장식이 유니크한 느낌을 줍니다. 하나만으로 포인트를 줄 수 있는 아이템이므로 베이직한 상의와 매치하는 것을 추천합니다.

편하게 입기 좋은 밴딩 팬츠입니다. 핀턱 주름을 잡고, 너무 퍼지지 않도록 실루엣에 신경을 써서 만들었습니다.
다양한 상의와 코디하여 멋스럽게 연출해 보세요.

사용 원단 : 리네티 무지_파우더그린
작품 제작 : 임희정

F-5 아이템을 활용하여 만든 조거 팬츠입니다. 밑단을 고무줄로 조이고 옆선에 아웃포켓을 달아 스포티한 느낌을 더했습니다. 허리는 스트링 끈으로 한 번 더 조일 수 있어 편하게 착용할 수 있습니다.

사용 원단 : 30수 코튼 스판트윌_연베이지
리네티 무지_네이비
작품 제작 : 임희정

Styling tip

<소잉 하루에 25>에 수록된 다양한 작품을 나의 취향에 맞게 즐길 수 있도록
준비한 스타일링 팁을 소개합니다.

상·하의를 함께 만들어 입을 때에는 원단과 디자인을 고를 때부터
재질과 색감, 분위기를 맞춰 준비합니다.
기존에 가지고 있던 하의에 어울리는 상의를 만들고 싶다면
가지고 있는 하의와 조화로운 느낌의 원단을 골라 시작하세요.

책에 수록된 스타일링 팁을 참고하며 나만의 스타일을 발견해 보세요.
※착용한 수록 작품의 번호를 표기하였습니다.

#1

흰색 티셔츠 위에 스트라이프 티셔츠와 네이비 리넨 팬츠를 매치하여 캐주얼하고 스포티한 느낌으로 연출했습니다.

B-1

F-6

C-5

#2

베이지색 블라우스에 아이보리색 스커트를 코디하여 여성스러운 분위기입니다. 밀짚 모자로 포인트를 더하면 여행지에서도 잘 어울립니다.

#3

원피스에 로브 재킷을 매치하여 내추럴한 분위기를 연출했습니다. 비슷한 느낌의 소품을 활용하여 연출해 주세요.

E-2

D-2

#4

우아한 러플 칼라 셔츠에 보라색 스커트를 매치하여 고급스러움을 더했습니다. 액세서리를 매치하여 분위기를 한 층 더 더해주세요.

Styling tip

#5

베이직한 디자인의 베스트에 도트무늬 스커트를 매치하여 발랄한 느낌을 주었습니다. 다양한 스커트를 활용해 또 다른 느낌으로 연출해 보세요.

A-2

C-2

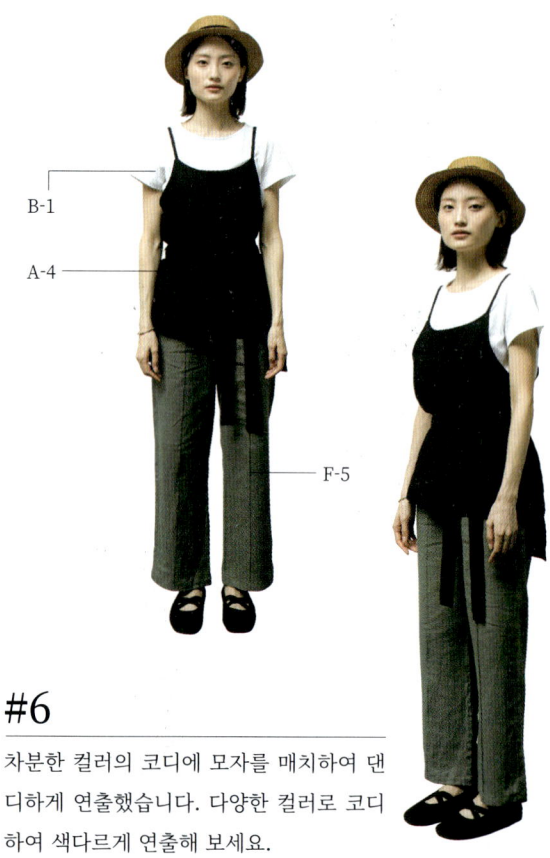

B-1

A-4

F-5

#6

차분한 컬러의 코디에 모자를 매치하여 댄디하게 연출했습니다. 다양한 컬러로 코디하여 색다르게 연출해 보세요.

#7

흰색 블라우스에 아이보리색 팬츠를 매치하여 심플하게 코디했습니다. 평소와는 다른 헤어스타일로 분위기를 바꿔보세요.

D-5

B-1

F-5

#8

올리브 색상의 팬츠에 흰색 티셔츠와 자연스러운 색상의 카디건을 매치하여 청량감을 주었습니다.

#9

스커트의 풍성한 주름을 돋보이게 하기 위해
상의와 액세서리는 심플하게 매치했습니다. 깔
끔한 인상을 주기 위해서는 같은 색상의 모자
와 신발을 착용하는 것을 추천합니다.

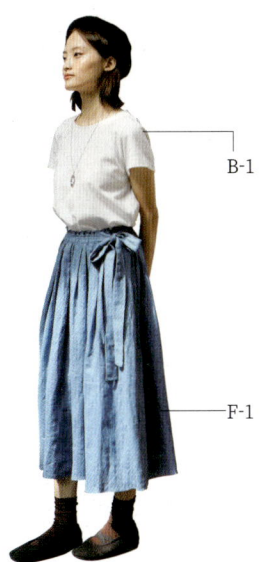

B-1

F-1

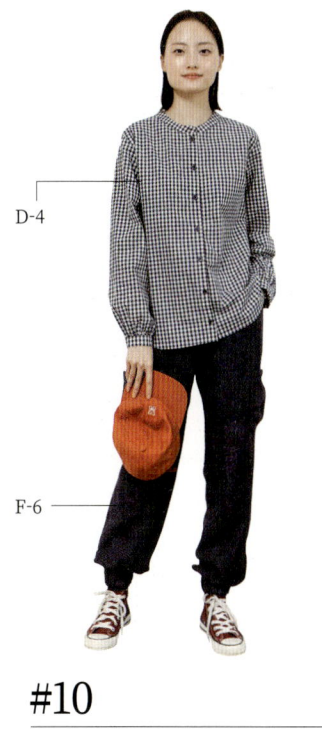

D-4

F-6

#10

헨리넥 셔츠에 비슷한 색상의 조거
팬츠를 매치했습니다. 다소 심심할
수 있는 코디에 모자와 신발 색상으
로 포인트를 주었습니다.

#11

편안한 느낌의 블라우스에 청바지를 매치
했습니다. 작은 가방을 들면 가볍게 산책할
때 입기 좋은 룩이 완성됩니다.

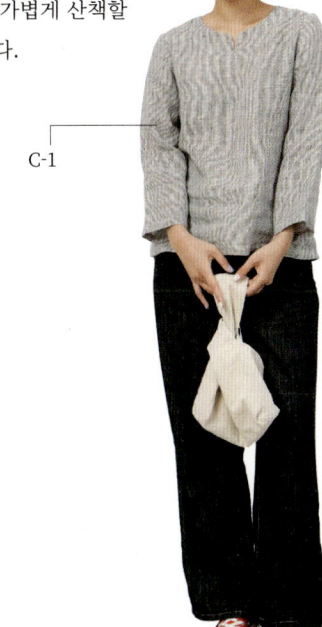

C-1

E-1

#12

모던함과 내추럴함을 동시에 가지고
있는 코디입니다. 신발을 바꿔 더 내
추럴하게, 가방을 바꾸어 더 모던한
느낌으로도 코디해 보세요.

sewing tip

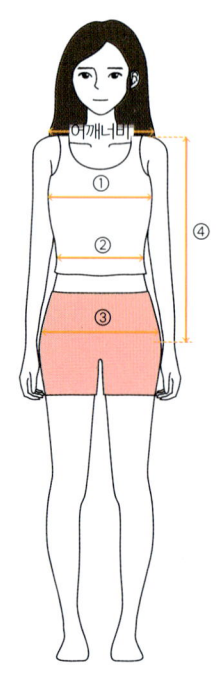

1. 사이즈 재는 법

본 서적의 실물크기 패턴은 아래의 사이즈 표를 기준으로 제작되었습니다. 상의는 가슴둘레를 기준으로, 하의는 허리둘레와 엉덩이둘레를 기준으로 실물크기 패턴을 사용해 주세요. 먼저 사이즈를 측정하여 제일 근접한 사이즈의 실물크기 패턴을 사용하는 것이 좋습니다.

· 성인 여성 신체 실측 치수

단위(cm)

사이즈 분류	55	66	77	88
①가슴둘레	84	88	92	96
②허리둘레	66	70	74	78
③엉덩이둘레	90	94	98	102
④팔길이	54	54	54	54

※사이즈는 재는 방법에 따라 1~3cm 정도 차이가 있을 수 있습니다

2. 품과 길이 수정하는 방법

가슴이나 엉덩이둘레에 맞춰 패턴 사이즈를 고르면, 길이 또는 품이 맞지 않는 경우가 있습니다.
이때, 패턴을 몸에 맞춰 수정하면 딱 맞는 옷을 만들 수 있습니다.

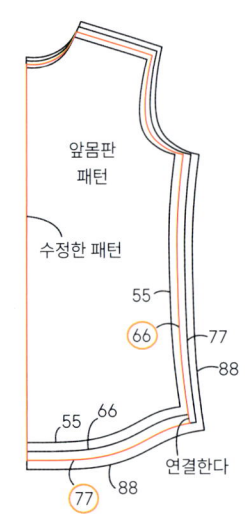

〈몸판의 길이를 늘리고 싶은 경우〉

몸판의 품이 66사이즈일 때, 옷 길이를 늘리고 싶을 경우 몸판의 폭은 66사이즈의 선에 맞춰서 그리고, 밑단 완성선만 더 큰 사이즈의 선에 맞춰 그린 후, 옆선과 밑단선을 연결한다

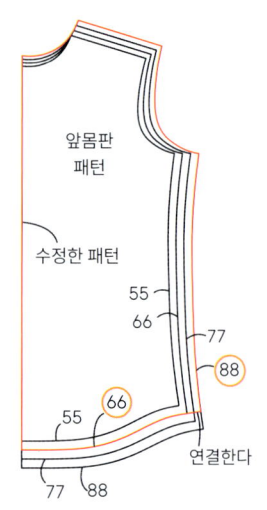

〈몸판의 품을 늘리고 싶은 경우〉

신장이 66사이즈일 때, 몸판의 품을 늘리고 싶은 경우는 밑단 완성선은 66사이즈에 맞춰서 그리고, 몸판의 폭은 더 큰 사이즈의 선에 맞춰 그린 후, 옆선과 밑단선을 연결한다

3. 원하는 사이즈로 수정하는 방법

3-1. 몸판&소매

〈폭을 크게할 때〉 ★=늘려야 하는 치수의 1/4
ex)늘려야 하는 치수가 4cm라면 ★=1cm

〈폭을 작게할 때〉 ★=줄여야 하는 치수의 1/4
ex)줄여야 하는 치수가 4cm라면 ★=1cm

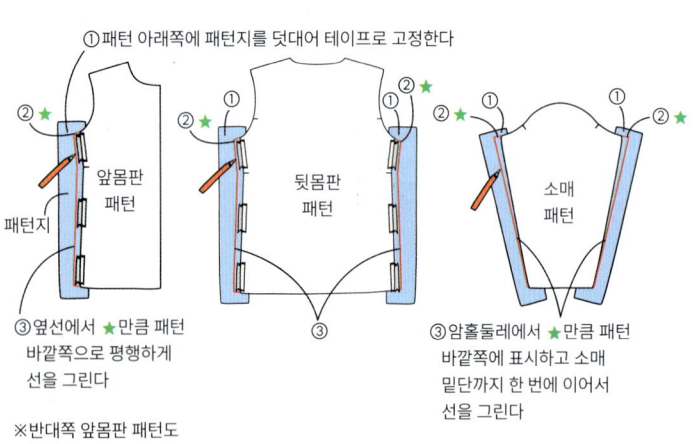

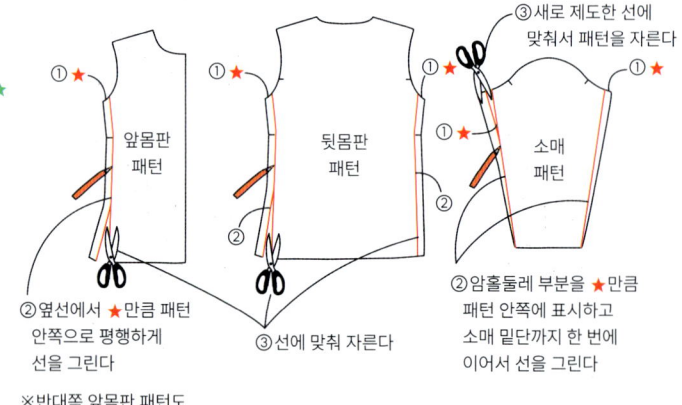

48

3-2. 팬츠

<폭을 크게할 때> ★=늘려야 하는 허리치수의 1/4
ex)늘려야 하는 치수가 4cm라면 ★=1cm

<폭을 작게할 때> ★=줄여야 하는 허리치수의 1/4
ex)줄여야 하는 치수가 4cm라면 ★=1cm

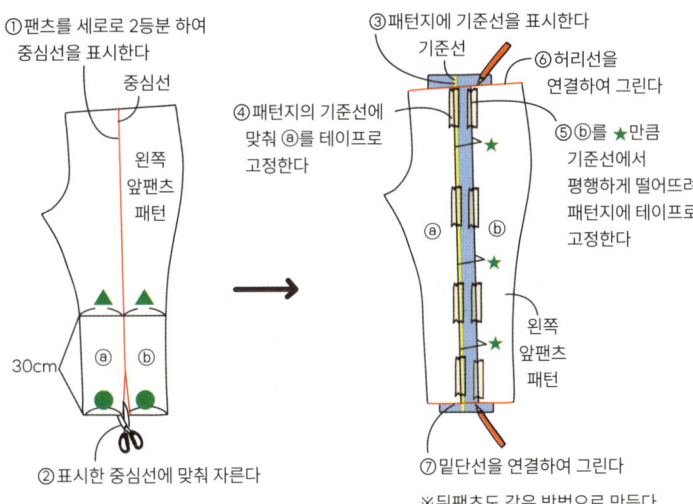

① 팬츠를 세로로 2등분 하여 중심선을 표시한다
중심선
왼쪽 앞팬츠 패턴
30cm
② 표시한 중심선에 맞춰 자른다

③ 패턴지에 기준선을 표시한다
기준선
⑥ 허리선을 연결하여 그린다
④ 패턴지의 기준선에 맞춰 ⓐ를 테이프로 고정한다
⑤ ⓑ를 ★만큼 기준선에서 평행하게 떨어뜨려 패턴지에 테이프로 고정한다
왼쪽 앞팬츠 패턴
⑦ 밑단선을 연결하여 그린다
※ 뒤팬츠도 같은 방법으로 만든다

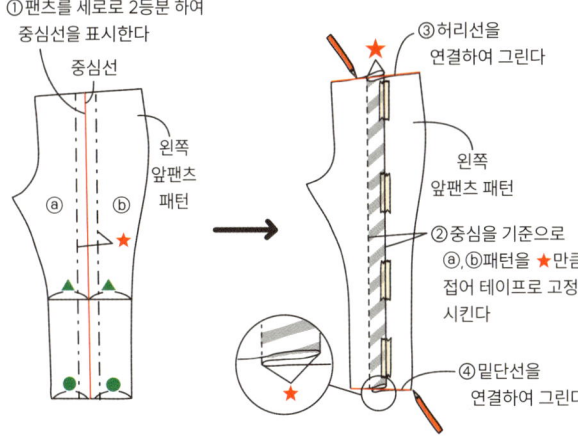

① 팬츠를 세로로 2등분 하여 중심선을 표시한다
중심선
왼쪽 앞팬츠 패턴
ⓐ ⓑ

③ 허리선을 연결하여 그린다
왼쪽 앞팬츠 패턴
② 중심을 기준으로 ⓐ,ⓑ패턴을 ★만큼 접어 테이프로 고정시킨다
④ 밑단선을 연결하여 그린다
※ 뒤팬츠도 같은 방법으로 만든다

---

4. 소잉의 기본 용어
알아두면 편리한 소잉용어들을 소개합니다.

·패턴 그리기
원형 제도의 한 방법으로, 직선, 직각 등을 안내선이나 등분선 등을 기준으로 완성 치수를 그대로 그리는 일을 말한다.

·맞춤점(너치)
2장 이상의 천을 겹쳐 봉합할 때, 서로 뒤틀리지 않도록 맞춤 위치를 표시하는 기호.

·봉합선
원단을 봉합하는 선으로 대부분 완성선과 같다.

·완성선
완성했을 때 최종적으로 보이는 선으로, 제도할 때 긋는 선. 보통 두꺼운 실선으로 표현한다. 마감선과 같다.

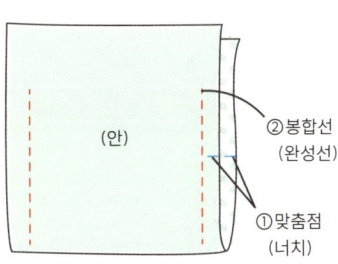

②봉합선 (완성선)
①맞춤점 (너치)
(안)

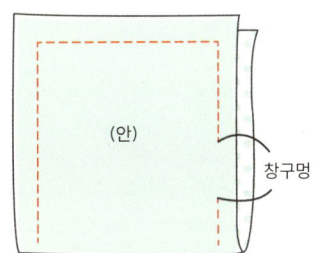

(안)
창구멍

·창구멍
2장의 천을 겉과 겉이 서로 마주 보게 겹쳐 봉합할 때, 겉면으로 뒤집기 위해 위 그림과 같이 봉합하지 않고 남겨 놓는 부분을 말한다. 가방 등 안감에 창구멍을 남겨 놓는 일이 많다.

·샤링
작은 폭의 바느질로 만들어 낸 주름.

·땀길이
봉합땀을 지칭하는 말로써, 주로 한 땀의 길이를 말하고 땀수라고도 한다.

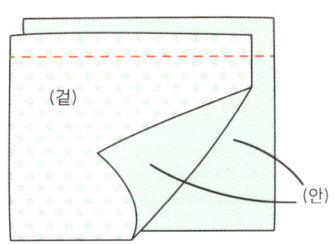

(겉)
(안)

·안끼리 맞대어(마주 보게) 겹치기
2장의 천을 겹쳐 봉합할 때, 천의 겉면이 바깥쪽으로 드러나게 접거나 포개는 것을 말한다.

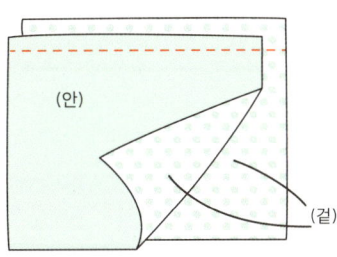

(안)
(겉)

·겉끼리 맞대어(마주 보게) 겹치기
2장의 천의 겉면이 서로 맞닿게 접거나 포개는 것을 말한다.

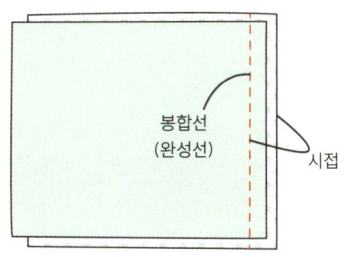

봉합선 (완성선)
시접

·시접
2장의 천을 봉합하기 위해 완성선에서부터 여분으로 남겨 두는 부분을 말한다.

·시침질
본 박음질 전에 완성선이 뒤틀리지 않도록 가봉하거나 시침핀을 꽂는 일.

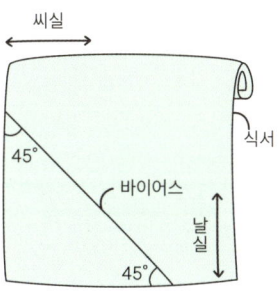

씨실
식서
45°
바이어스
날실
45°

·바이어스
직물의 날실 방향과 대각선이 되도록 비스듬히 자른천을 말한다. 테이프 모양으로 잘라 사용하는 일이 많다.

·날실(경사)
직물의 세로 방향으로 놓인 실.

·씨실(위사)
직물의 가로 방향으로 놓인 실.

·요척
작품을 제작할 때 필요한 최소한의 천의 폭과 길이. 천의 사용량을 칭하는 말.

·접착심
천의 보강을 위해 다림질로 접착시키는 심지.

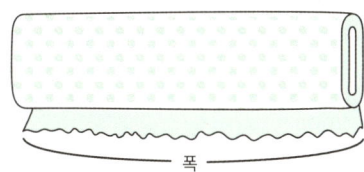

폭

·천의 폭
직물의 짜여진 가로폭을 말하는 것으로, 원단의 끝부터 끝까지의 길이에 해당한다.

·천의 결
날실과 씨실이 교차해서 만들어낸 천의 흐름.

5. 선세탁 하기(정련)

선세탁은 과거에 충분한 가공이 되지 않은 원단으로 옷을 완성할 경우, 세탁 후 심하게 줄어드는 현상을 예방하기 위해 하는 제작 공정이었습니다. 하지만 최근 생산되는 대부분의 원단은 충분한 가공이 되어 거의 수축되지 않으므로, 선세탁 없이 옷을 만들어도 괜찮습니다.

5-1. 면과 마의 선세탁

 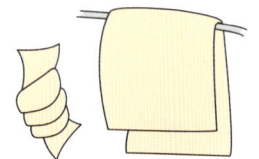 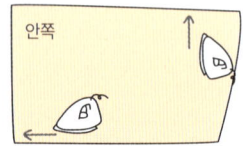

① 충분한 양의 물에 원단을 1시간 정도 담가둔다

② 원단을 가볍게 짜고, 주름을 펴서 말린다

③ 원단이 완전히 마르면 안쪽부터 바깥쪽으로 직조된 올 방향을 따라 다림질한다

5-2. 울의 선세탁

① 원단의 안쪽에서 원단이 충분히 젖을 정도로 고르게 분무기로 물을 뿌린다

② 천을 가지런히 접어서 비닐봉지 등에 넣고 습기가 잘 밸 때까지 1시간 정도 둔다

③ 천을 꺼내서 안쪽부터 바깥쪽으로 스팀을 주어 다림질을 해준다

6. 올 방향 바로잡기

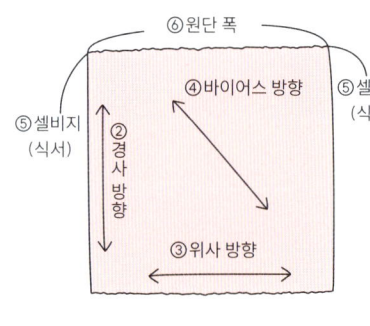

〈원단의 세부 명칭〉

· ① 올 방향 : 원단의 씨실과 날실의 짜임을 말합니다.

· ② 경사 방향 : 원단의 날실(세로실) 방향. 패턴의 올 방향을 나타내는 화살표는 세로 올 방향(식서 방향)을 나타냅니다.

· ③ 위사 방향 : 원단의 씨실(가로실) 방향. 푸서 방향이라고도 합니다. 세로 올 방향에 비해 원단이 잘 늘어납니다.

· ④ 바이어스 방향 : 원단의 45도 대각선 방향. 원단이 가장 잘 늘어나는 방향입니다.

· ⑤ 셀비지 : 원단의 가장자리 부분으로, 좌우의 양 끝을 가리키며 식서라고도 합니다. 촘촘하게 직조되어 있어 실의 올 풀림이 없으며, 원단에 따라서 색상이 다르거나 제조사명이 프린트되어 있습니다.

· ⑥ 원단 폭 : 원단의 셀비지(식서)부터 반대쪽 셀비지(식서)까지의 길이를 말합니다.

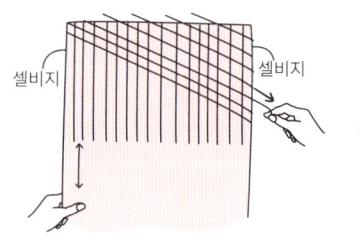 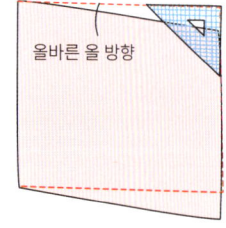 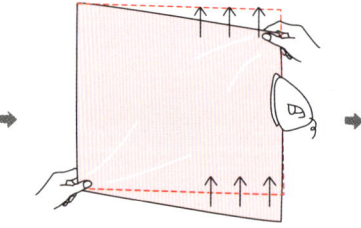 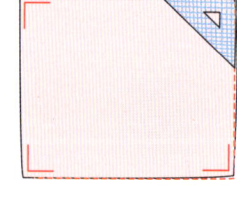

① 씨실 한 가닥을 빼낸 다음, 씨실을 빼낸 선을 따라 원단의 가장자리를 잘라낸다

② 원단의 모서리에 자를 대고 원단이 뒤틀리지 않았는지 확인한다

③ 원단의 방향이 올바르게 되도록 양손으로 원단을 잡아당긴 후, 다림질하여 정리한다

④ 준비 완성

7. 제도 기호 보는 방법

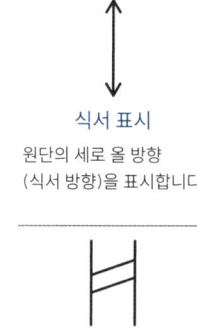     

식서 표시

원단의 세로 올 방향(식서 방향)을 표시합니다.

완성선

작품을 완성했을 때의 선을 표시합니다. 시접이 포함되어 있지 않은 경우에는 가장 바깥쪽에 있는 선이 완성선이 됩니다.

골선

원단을 반으로 접어 재단할 때, 원단의 접음선 부분에 맞추는 선입니다.

접음선

접는 위치를 표시한 선입니다.

상침선

장식 효과와 더불어 형태를 안정시키는 선입니다.

다트

선과 선을 맞춰 봉합하여 형태를 입체적으로 만듭니다.

턱

빗금의 높은 쪽에서 낮은 쪽으로 원단을 접어 주름을 만듭니다.

단추와 크기

단추 다는 위치와 크기를 나타냅니다.

단춧구멍과 크기

단춧구멍 위치와 크기를 나타냅니다.

맞춤표시

2장 이상의 원단을 서로 맞춰 봉합할 때, 원단이 어긋나지 않도록 맞추는 표시입니다.

개더(주름)

큰 땀으로 봉제하여 주름을 잡는 부분을 나타냅니다.

오그리기

오그려가며 줄여서 봉제하는 부분을 나타냅니다.

8. 패턴 베끼는 방법

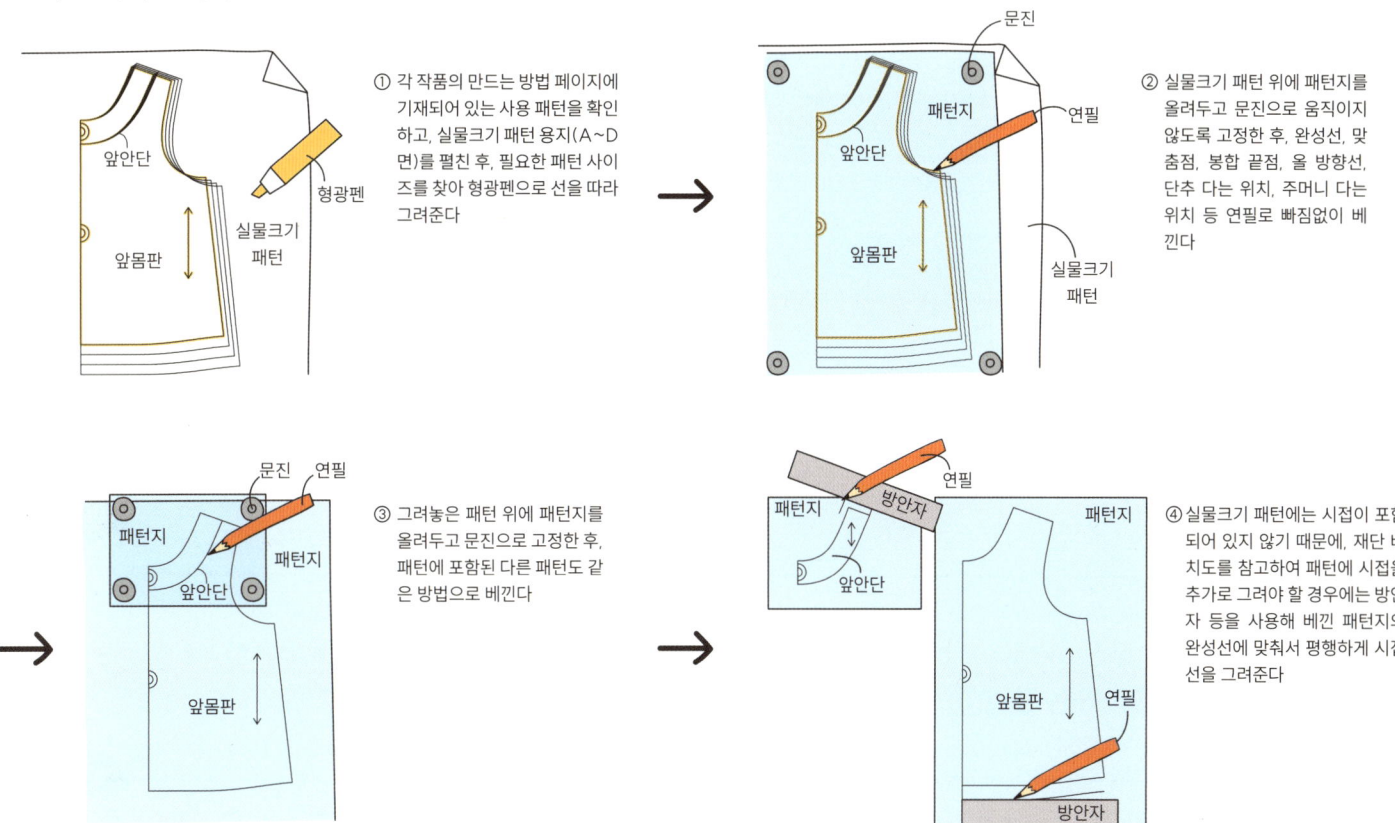

① 각 작품의 만드는 방법 페이지에 기재되어 있는 사용 패턴을 확인하고, 실물크기 패턴 용지(A~D면)를 펼친 후, 필요한 패턴 사이즈를 찾아 형광펜으로 선을 따라 그려준다

② 실물크기 패턴 위에 패턴지를 올려두고 문진으로 움직이지 않도록 고정한 후, 완성선, 맞춤점, 봉합 끝점, 올 방향선, 단추 다는 위치, 주머니 다는 위치 등 연필로 빠짐없이 베낀다

③ 그려놓은 패턴 위에 패턴지를 올려두고 문진으로 고정한 후, 패턴에 포함된 다른 패턴도 같은 방법으로 베낀다

④ 실물크기 패턴에는 시접이 포함되어 있지 않기 때문에, 재단 배치도를 참고하여 패턴에 시접을 추가로 그려야 할 경우에는 방안자 등을 사용해 베낀 패턴지의 완성선에 맞춰서 평행하게 시접선을 그려준다

8-1. 몸판 패턴에 목둘레, 어깨 시접 그리는 방법

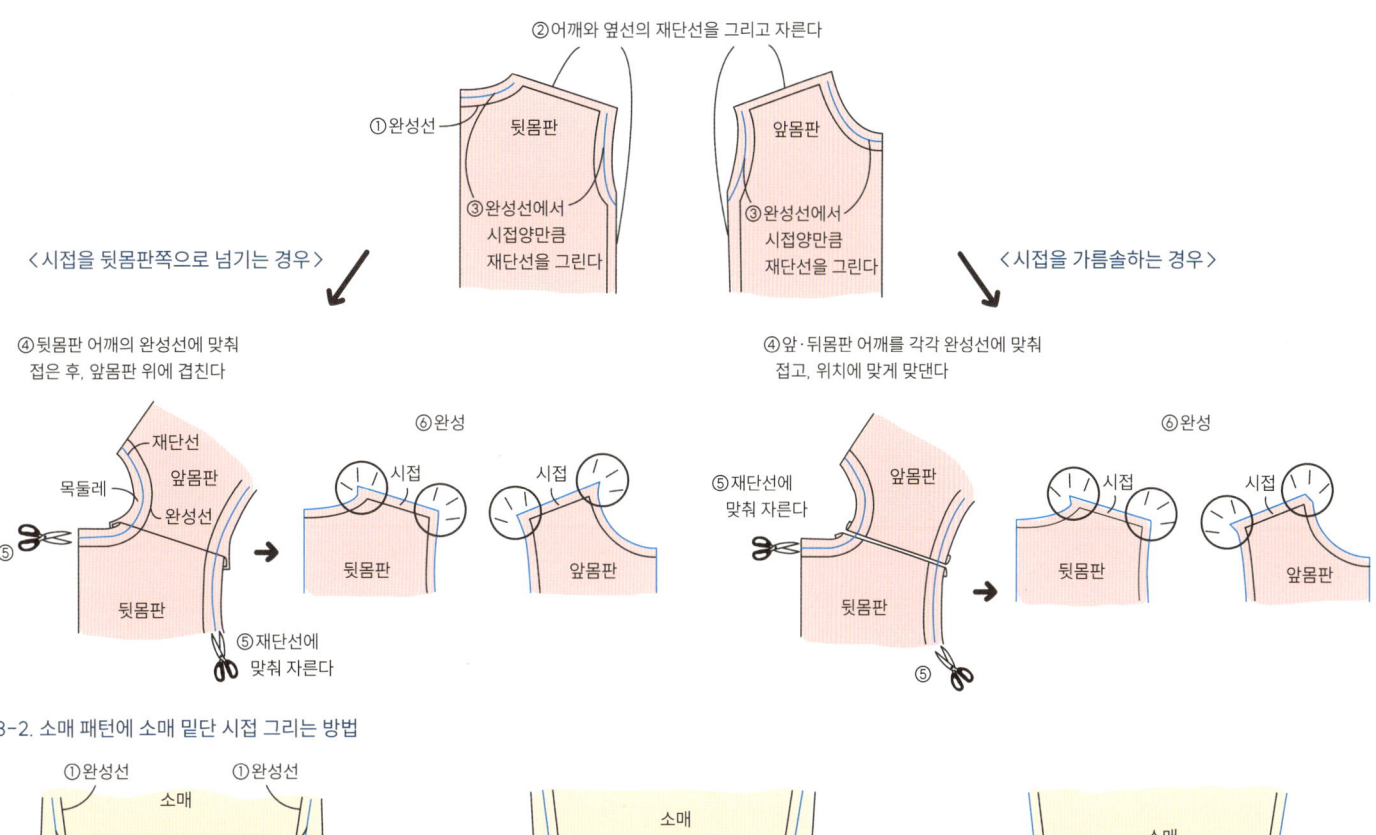

②어깨와 옆선의 재단선을 그리고 자른다

①완성선 뒷몸판

③완성선에서 시접양만큼 재단선을 그린다

앞몸판

③완성선에서 시접양만큼 재단선을 그린다

〈시접을 뒷몸판쪽으로 넘기는 경우〉

④뒷몸판 어깨의 완성선에 맞춰 접은 후, 앞몸판 위에 겹친다

재단선
목둘레
앞몸판
완성선
뒷몸판
⑤재단선에 맞춰 자른다

⑥완성
시접
뒷몸판
시접
앞몸판

〈시접을 가름솔하는 경우〉

④앞·뒤몸판 어깨를 각각 완성선에 맞춰 접고, 위치에 맞게 맞댄다

⑤재단선에 맞춰 자른다
앞몸판
뒷몸판

⑥완성
시접
뒷몸판
시접
앞몸판

8-2. 소매 패턴에 소매 밑단 시접 그리는 방법

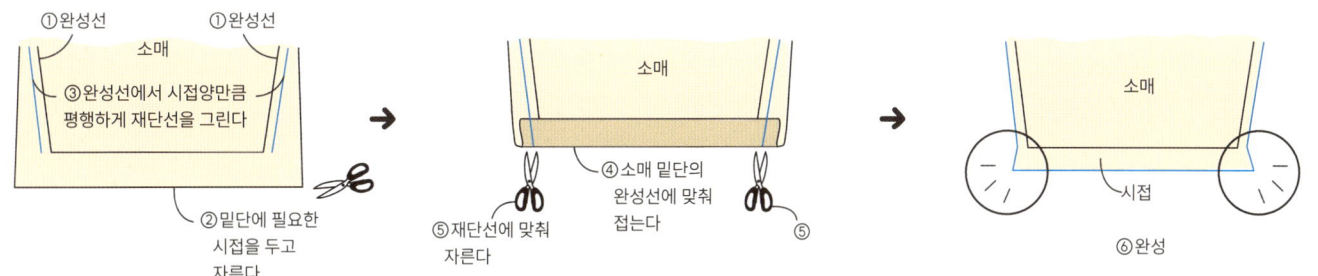

①완성선 ①완성선
소매
③완성선에서 시접양만큼 평행하게 재단선을 그린다
②밑단에 필요한 시접을 두고 자른다

소매
④소매 밑단의 완성선에 맞춰 접는다
⑤재단선에 맞춰 자른다
⑤

소매
시접
⑥완성

9. 재단하는 방법

▶ 패턴에 기재되어 있는 올 방향선을 원단의 식서 방향에 맞춰 재단 배치도를
  참고하여 배치합니다.

▶ 패턴이 움직이지 않도록 시침핀&문진으로 고정한 다음, 몸을 이동해가며
  로터리칼이나 재단 가위로 재단합니다.

▶ 실물크기 패턴이 들어있지 않는 경우, 재단 배치도의 치수를 참고하여 원단에
  직접 제도하여 사용합니다.

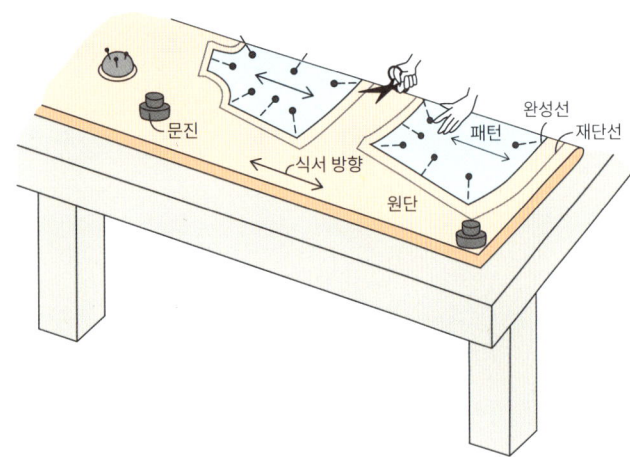

11. 원단 소요량 계산하는 방법

원단의 폭에 따라 필요한 길이도 다릅니다.
계산법에 맞춰 원단의 소요량을 미리 예상할 수 있습니다.

11-1. 계산법

아이템 원단 폭	상의	스커트(팬츠)
90~92cm	[몸판 길이+소매 길이] ×2+30cm	스커트 길이×2+20cm
110~120cm	[몸판 길이×2+소매 길이] +30cm	스커트 길이×2+20cm
140~180cm	몸판 길이+소매 길이 +20cm	스커트 길이+15cm (벨트를 다는 경우, 벨트 길이 +5cm)

10. 원단 종류에 따른 바늘과 실 고르는 방법

▶ 미싱 바늘과 미싱실은 원단의 종류에 맞춰 사용합니다.

▶ 미싱 바늘은 숫자가 커질수록 바늘의 굵기가 크며,
  반대로, 미싱실은 숫자가 작을수록 실의 두께가 두껍습니다.

원단의 종류	미싱 바늘	미싱실
얇은 원단 (노방, 쉬폰, 코튼 론)	9호	PRIME 8 53/2 400m 파인 프라임실
보통 두께의 원단 (30~40수 코튼 리넨)	11호	PRIME 15 45/2 400m 프라임실
조금 두꺼운 원단 (20수 옥스포드)	14호	PRIME 15 45/2 400m 프라임실
두꺼운 원단 (데님, 18호 캔버스)	16호	PRIME 9 29/3 200m 스티치 프라임실

11-2. 패턴 배치 및 요척 계산법 (1/10축도법)

  재단 전 사용할 원단을 넉넉히 준비하면 좋으나, 애매하게 남는 경우에는 낭비가 될 수 있습니다.
  또한, 적절히 준비한 원단은 패턴의 배치에 따라 원단이 부족할 수 있으므로 미리 원단에 배치해 본 후 재단합니다.
  그러므로 한눈에 배치하기 쉽도록 1/10축도법을 사용하여 패턴을 미리 배치한 후 원단을 재단합니다.

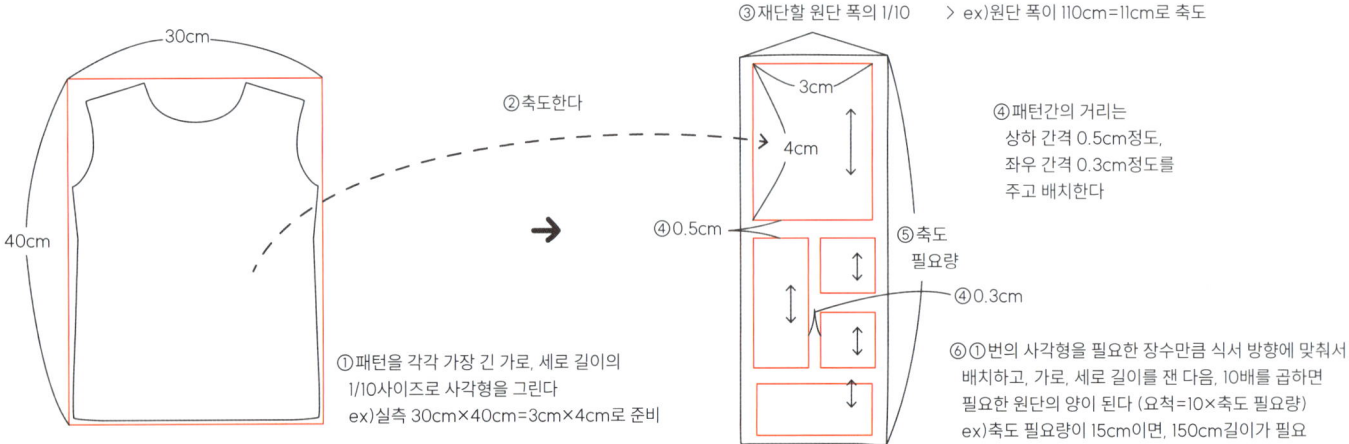

③재단할 원단 폭의 1/10   > ex)원단 폭이 110cm=11cm로 축도

④패턴간의 거리는
  상하 간격 0.5cm정도,
  좌우 간격 0.3cm정도를
  주고 배치한다

②축도한다

④0.5cm
⑤축도
필요량
④0.3cm

①패턴을 각각 가장 긴 가로, 세로 길이의
  1/10사이즈로 사각형을 그린다
  ex)실측 30cm×40cm=3cm×4cm로 준비

⑥①번의 사각형을 필요한 장수만큼 식서 방향에 맞춰서
  배치하고, 가로, 세로 길이를 잰 다음, 10배를 곱하면
  필요한 원단의 양이 된다 (요척=10×축도 필요량)
  ex)축도 필요량이 15cm이면, 150cm길이가 필요

12. 솔기 처리 방법

12-1. 가름솔 처리 방법
시접이 한 쪽으로 뭉치지 않고 겉에서 봤을 때 평평하도록 양쪽으로 펼쳐 다려주는 방법입니다.

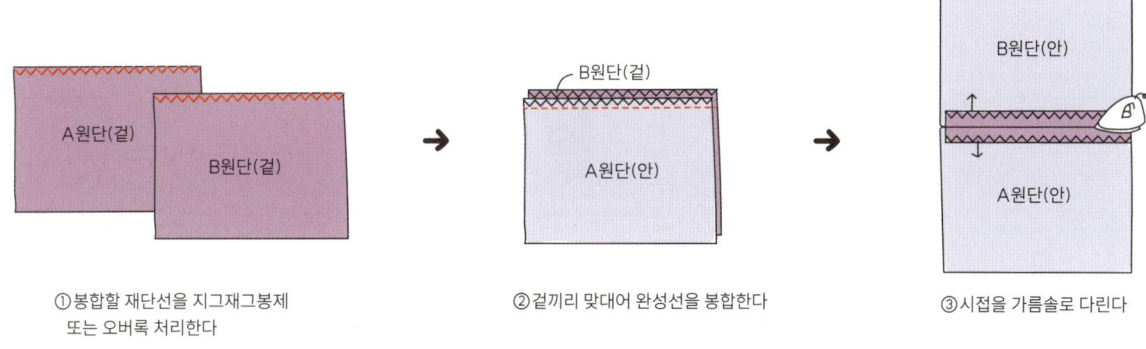

①봉합할 재단선을 지그재그봉제 또는 오버록 처리한다

②겉끼리 맞대어 완성선을 봉합한다

③시접을 가름솔로 다린다

12-2. 시접을 한 쪽으로 꺾는 방법
세탁 후에도 안정적으로 깔끔하게 정리하는 방법입니다.

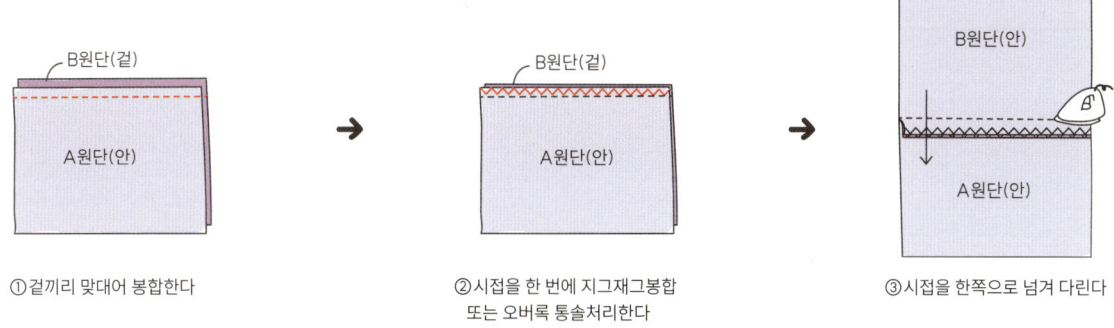

①겉끼리 맞대어 봉합한다

②시접을 한 번에 지그재그봉합 또는 오버록 통솔처리한다

③시접을 한쪽으로 넘겨 다린다

13. 끝단이나 밑단의 시접 처리 방법

몸판이나 소매의 밑단에 많이 사용하는 시접 처리 방법입니다. 상침하기 전에 미리 다림질해두면 작업하기 훨씬 수월해집니다.

13-1. 같은 양의 시접을 두 번 접어 상침하는 방법

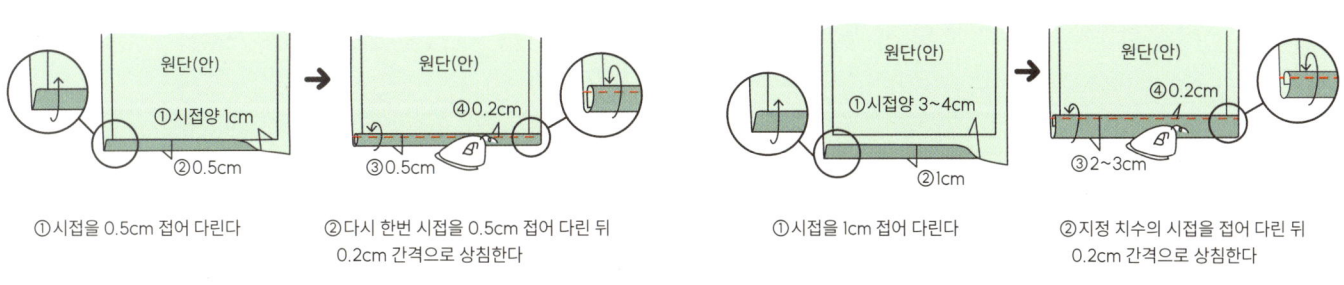

①시접을 0.5cm 접어 다린다

②다시 한번 시접을 0.5cm 접어 다린 뒤 0.2cm 간격으로 상침한다

13-2. 지정 치수의 시접을 두 번 접어 상침하는 방법

①시접을 1cm 접어 다린다

②지정 치수의 시접을 접어 다린 뒤 0.2cm 간격으로 상침한다

13-3. 시접 끝을 한 번 접어 상침하는 방법

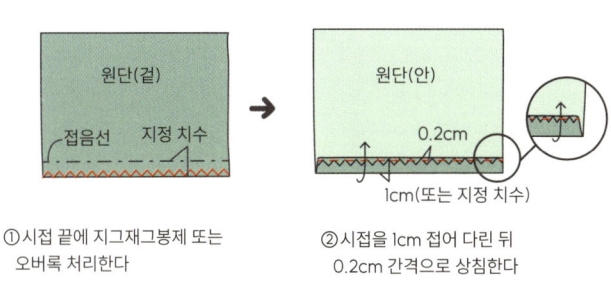

①시접 끝에 지그재그봉제 또는 오버록 처리한다

②시접을 1cm 접어 다린 뒤 0.2cm 간격으로 상침한다

13-4. 새발뜨기 (손바느질)

단을 접었을 때 가장자리를 고정시키는 바느질 방법입니다. 주로 두꺼운 원단에 많이 사용하며, 바늘땀이 겉에서 나타나지 않도록 하는 것이 좋습니다.

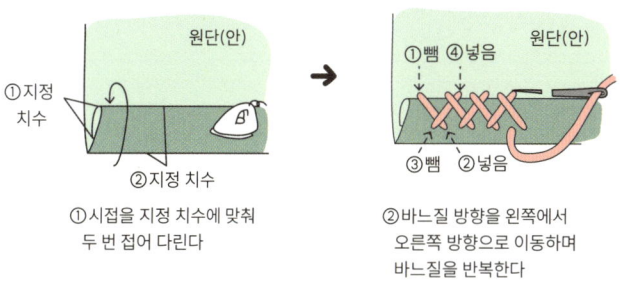

①시접을 지정 치수에 맞춰 두 번 접어 다린다

②바느질 방향을 왼쪽에서 오른쪽 방향으로 이동하며 바느질을 반복한다

13-5. 미싱을 사용하여 단뜨기하는 방법

미싱의 기능 중, 감침질 노루발을 사용합니다. 미싱이 없을 경우에는 새발뜨기(손바느질)로 대체할 수 있습니다.

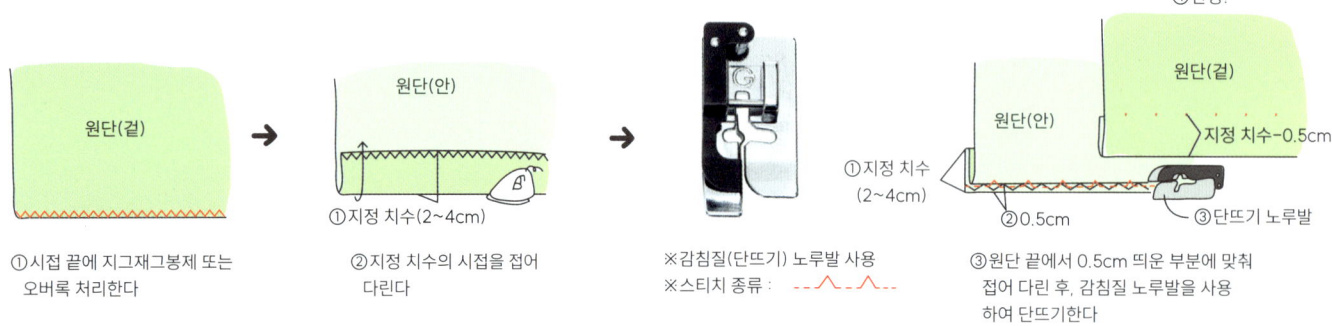

①시접 끝에 지그재그봉제 또는 오버록 처리한다

②지정 치수의 시접을 접어 다린다
①지정 치수(2~4cm)

※감침질(단뜨기) 노루발 사용
※스티치 종류 :

④완성!
①지정 치수 (2~4cm)
②0.5cm
③단뜨기 노루발
원단(겉)
지정 치수-0.5cm
원단(안)

③원단 끝에서 0.5cm 띄운 부분에 맞춰 접어 다린 후, 감침질 노루발을 사용 하여 단뜨기한다

14. 접착심 붙이기

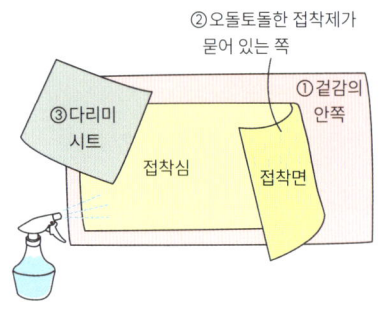

②오돌토돌한 접착제가 묻어 있는 쪽
①겉감의 안쪽
③다리미 시트
접착심
접착면

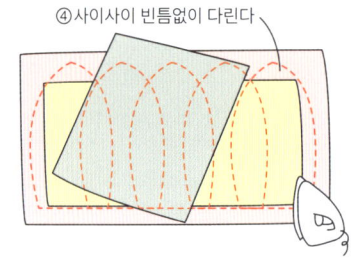

④사이사이 빈틈없이 다린다

〈접착심 붙이는 방법〉

접착심의 접착면을 겉감 원단의 안쪽에 닿도록 올린다. 이때, 겉감과 접착심 사이에 실오라기나 먼지 등이 들어가지 않도록 주의하며, 다리미 시트를 대고 꾹꾹 눌러 다림질한다. 문지르지 않도록 주의하며 얼룩이 생기지 않도록 균일하게 눌러 준다. 다림질이 끝난 후, 열이 다 식기 전에는 천을 움직이지 않도록 한다.

〈주의〉

심지의 소재는 다양하다. 사용하는 소재가 합성섬유일 경우, 다리미의 온도를 소재에 맞춰 맞춘 후 예열하고 사용한다. 특히, 다리미에 접착풀이 묻지 않도록 항상 주의한다.

15. 소잉테이프 심지 종류와 부착 방법

15-1. 식서 방향 테이프 심지 ①
주로, 직기 원단에 사용하며 늘어나면 안 되는 직선 부분에 부착하여 사용한다.

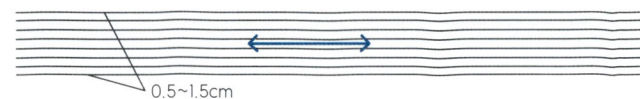

0.5~1.5cm

15-2. 지퍼전용 테이프 심지 ②
1.8cm폭의 심지이며, 지퍼 다는 부분에 늘어남을 방지하기 위해 부착한다.
시접량보다 폭이 넓기 때문에 지퍼 봉제선까지 부착되어 안정감 있게 봉제할 수 있다.

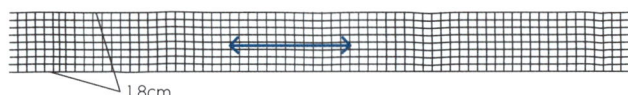

1.8cm

15-3. 바이어스 방향 테이프 심지 ③
주로, 다이마루 원단과 곡선 부위에 사용되며 늘어남을 방지하기 위해 몸판의 암홀이나 목둘레 등 곡선에 부착하여 사용한다.

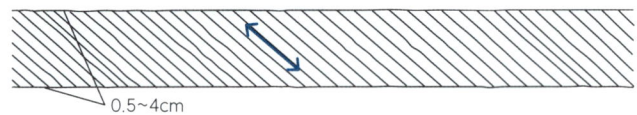

0.5~4cm

15-4. 소잉테이프 심지 ④
바이어스 방향 테이프 심지와 얇은 폭의 식서 방향 테이프 심지가 함께 두 겹으로 되어있어 직선과 곡선 어떤 부분에도 사용할 수 있다.

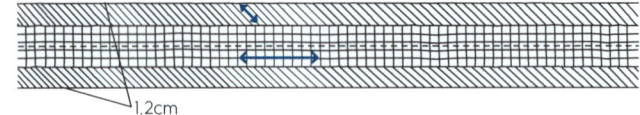

1.2cm

15-5. 소잉테이프 심지 붙이기
※아래의 번호는 좌측「소잉테이프 심지 종류」의 번호입니다.

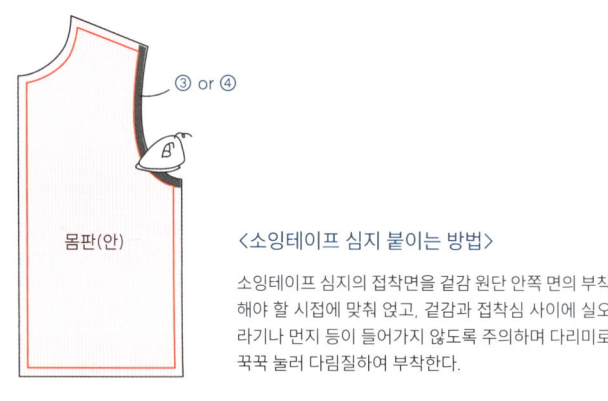

③ or ④
몸판(안)

〈소잉테이프 심지 붙이는 방법〉

소잉테이프 심지의 접착면을 겉감 원단 안쪽 면의 부착 해야 할 시접에 맞춰 얹고, 겉감과 접착심 사이에 실오 라기나 먼지 등이 들어가지 않도록 주의하며 다리미로 꾹꾹 눌러 다림질하여 부착한다.

15-6. 아우터(재킷, 코트) 몸판의 테이프 심지 부착 위치와 사용 종류

③ or ④
① or ④
③ or ④
②

16. 바이어스 길게 만들기

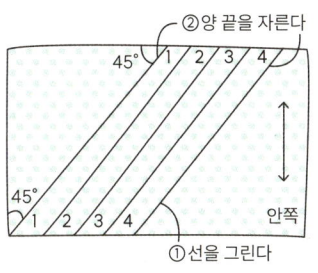

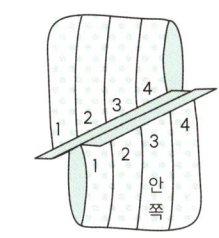

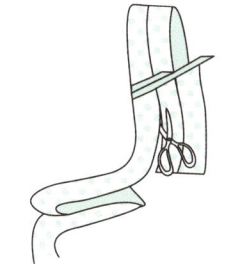

①45도 각도로 필요한 만큼 천에 선을
그은 후, 양 끝을 자른다

②선이 한 줄씩 밀리도록 맞춰
봉합한 후, 시접을 가름솔한다

③선을 따라 자르면 긴 바이어스
테이프가 완성된다

17. 바이어스 만드는 방법과 달기

17-1. 바이어스 만들기

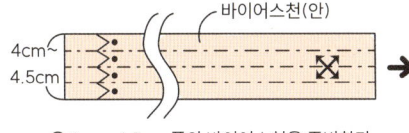

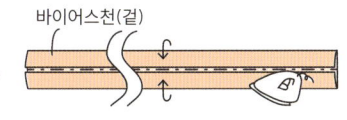

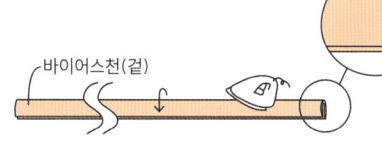

①4cm~4.5cm 폭의 바이어스천을 준비한다

②접음선을 기준으로 위·아래를 접는다

③반으로 접는다

17-2. 바이어스 달기

바이어스 달기 A

4겹의 바이어스를 몸판에 바로 감싸서 박음질하는 방법.
(바이어스 처리하는 면이 직선인 경우)

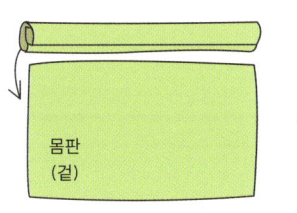

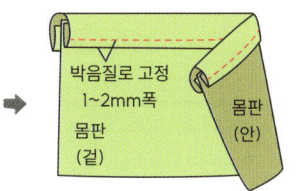

①4겹의 바이어스로 원단의 끝을 감싼
후 시침핀을 이용해서 고정한다

②겉쪽의 바이어스 끝에서 1~2mm
떨어진 곳을 박음질로 고정한다

바이어스 달기 B

바이어스를 몸판에 봉합한 후, 뒤집어서 상침하는 방법.
(바이어스 처리하는 면이 곡선인 경우)

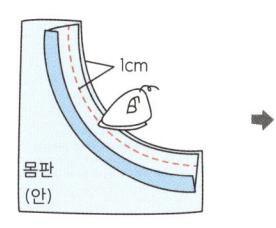

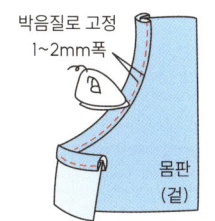

①몸판의 안쪽에서 1cm의 시접
으로 바이어스를 고정한다

②바이어스로 원단의 시접을 감싸고
겉쪽의 바이어스 끝에서 1~2mm
떨어진 곳을 박음질로 봉합한다

18. 안바이어스 만드는 방법과 달기

18-1. 안바이어스 만들기

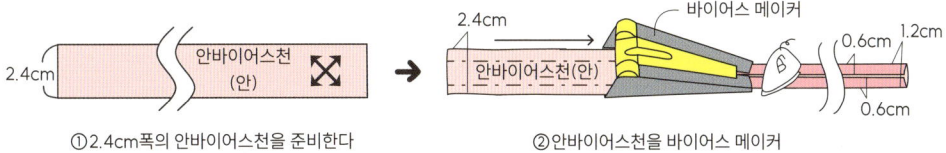

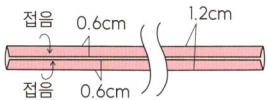

①2.4cm폭의 안바이어스천을 준비한다

②안바이어스천을 바이어스 메이커
안으로 통과시켜 접어 다린다

※바이어스 메이커가 없는 경우에는
지정된 폭으로 접어 다린다

18-2. 안바이어스 달기

2겹의 바이어스를 몸판과 함께 접어 몸판의 안쪽에서 박음질로 고정하는 방법.
(네크라인, 암홀 등 곡선이 큰 경우나 바이어스 안쪽에 끈 등을 넣어 셔링을 만들 경우)

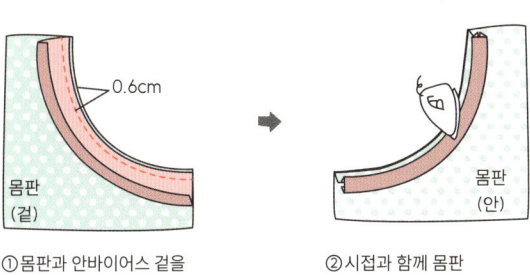

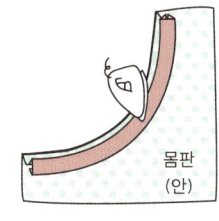

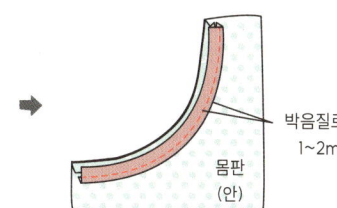

①몸판과 안바이어스 겉을
맞대어 봉합한다

②시접과 함께 몸판
안쪽으로 안바이어스를
넘겨 다림질한다

③넘겨서 다림질한 안바이어스
끝에서 1~2mm 떨어진
곳을 박음질로 고정한다

19. 주름 잡는 방법

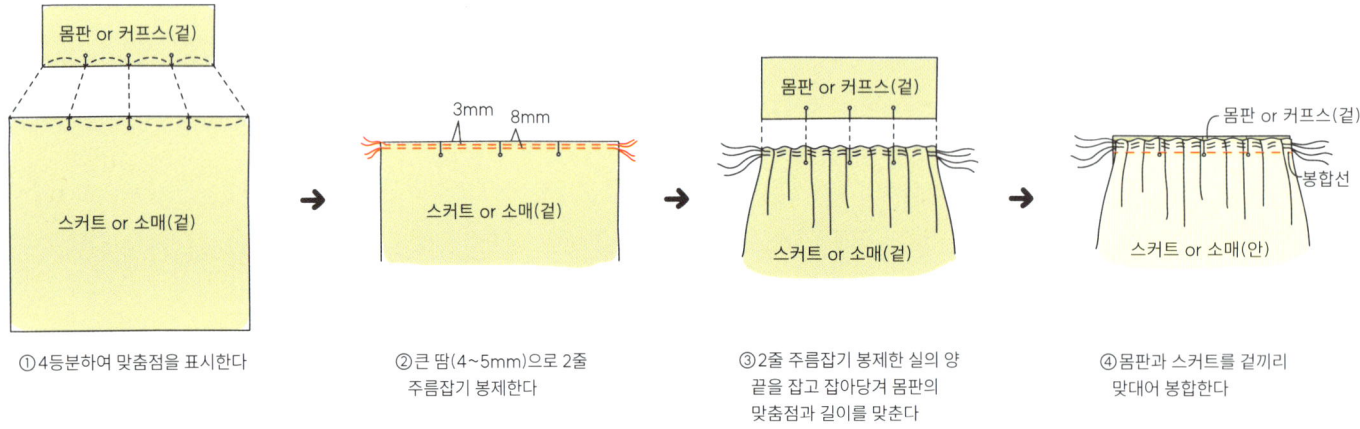

①4등분하여 맞춤점을 표시한다

②큰 땀(4~5mm)으로 2줄 주름잡기 봉제한다

③2줄 주름잡기 봉제한 실의 양 끝을 잡고 잡아당겨 몸판의 맞춤점과 길이를 맞춘다

④몸판과 스커트를 겉끼리 맞대어 봉합한다

20. 턱 표시와 접는 방법 빗금의 높은 쪽에서 낮은 쪽으로 원단을 접는다

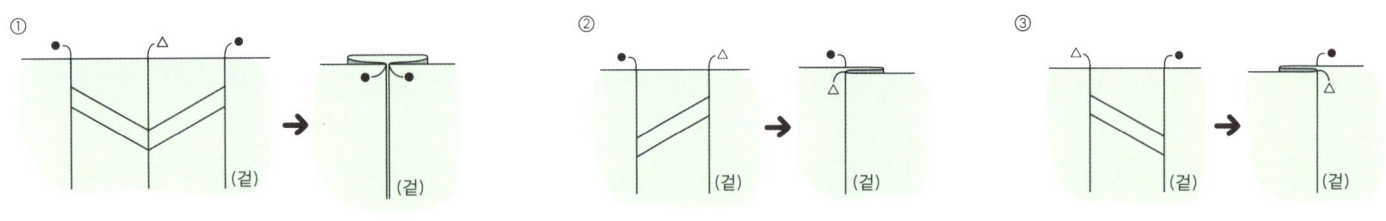

21. 실루프 만드는 방법

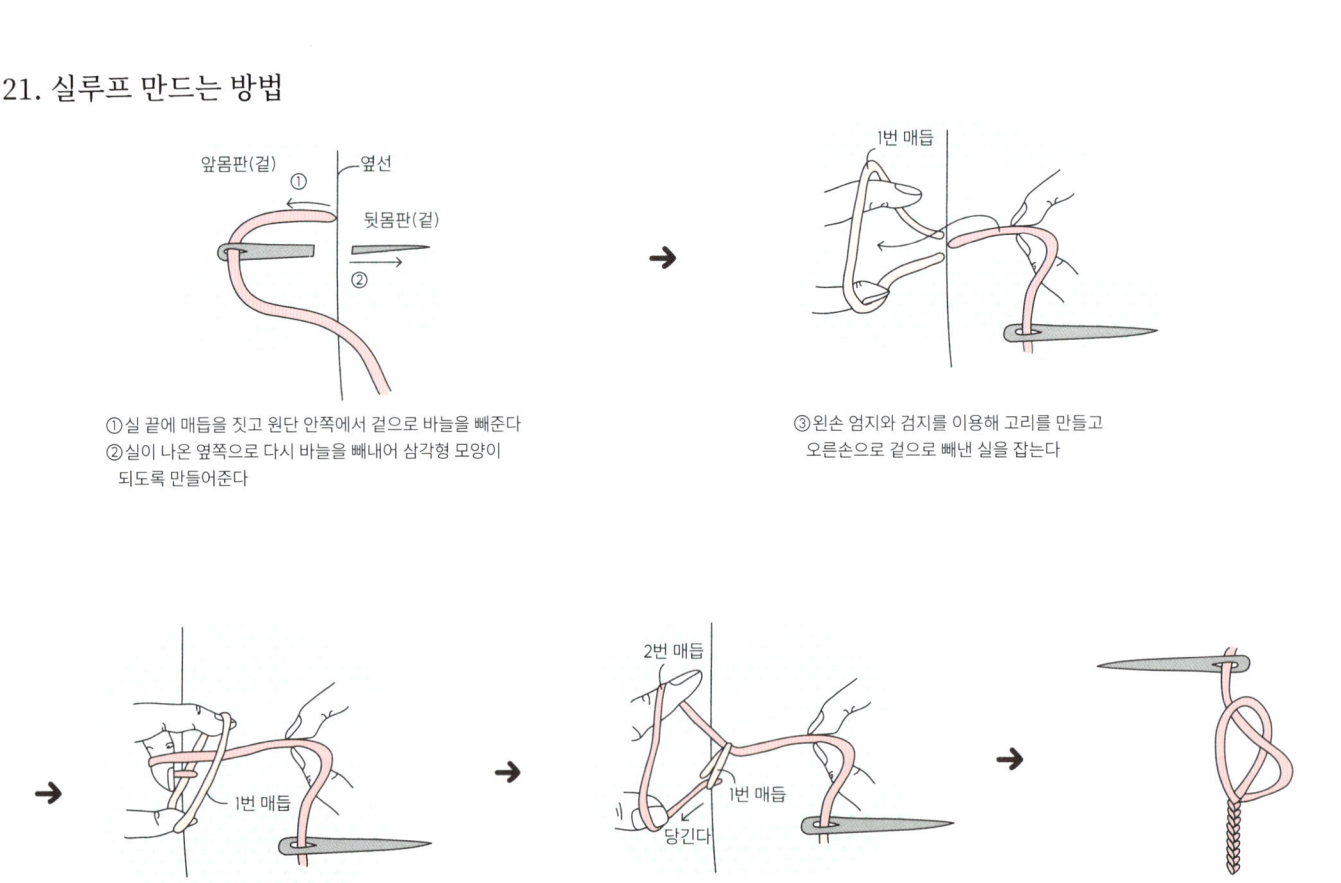

①실 끝에 매듭을 짓고 원단 안쪽에서 겉으로 바늘을 빼준다
②실이 나온 옆쪽으로 다시 바늘을 빼내어 삼각형 모양이 되도록 만들어준다

③왼손 엄지와 검지를 이용해 고리를 만들고 오른손으로 겉으로 빼낸 실을 잡는다

④왼손 중지를 이용해 고리 사이로 실을 당긴다

⑤엄지와 중지로 만든 고리를 놓고, 당긴 실로 다시 고리를 만든 후 원하는 길이가 될 때까지 ③~⑤과정을 반복한다

⑥원하는 길이가 되면 마지막 고리 안으로 바늘을 넣어 실을 잡아당기고, 몸판 안으로 바늘을 통과시켜 고정시킨 후 마무리한다

22. 단추 달기와 단춧구멍 위치 정하기

22-1. 단추 위치 정하기

<단춧구멍 크기 계산하기>
단추두께
단추지름
단춧구멍 크기

① 가로 단춧구멍 위치 정하기
앞중심선
3mm
오른쪽 앞   왼쪽 앞

② 세로 단춧구멍 위치 정하기
앞중심선
단춧구멍
2~3mm
오른쪽 앞   왼쪽 앞

22-2. 손바느질로 단춧구멍 만들기

단추지름+두께
3mm
7매듭
버튼홀 스티치
가윗집

22-3. 단추 달기

천두께
① 2~3회 반복하여 바느질 한다
② 천과 단추 사이에 2~3mm 정도의 공간을 만든다
③ 매듭을 2~3회 반복해서 만들어 준다
④ 매듭을 만들고 겉으로 실을 뽑아 자른다

23. 콘실지퍼 다는 방법

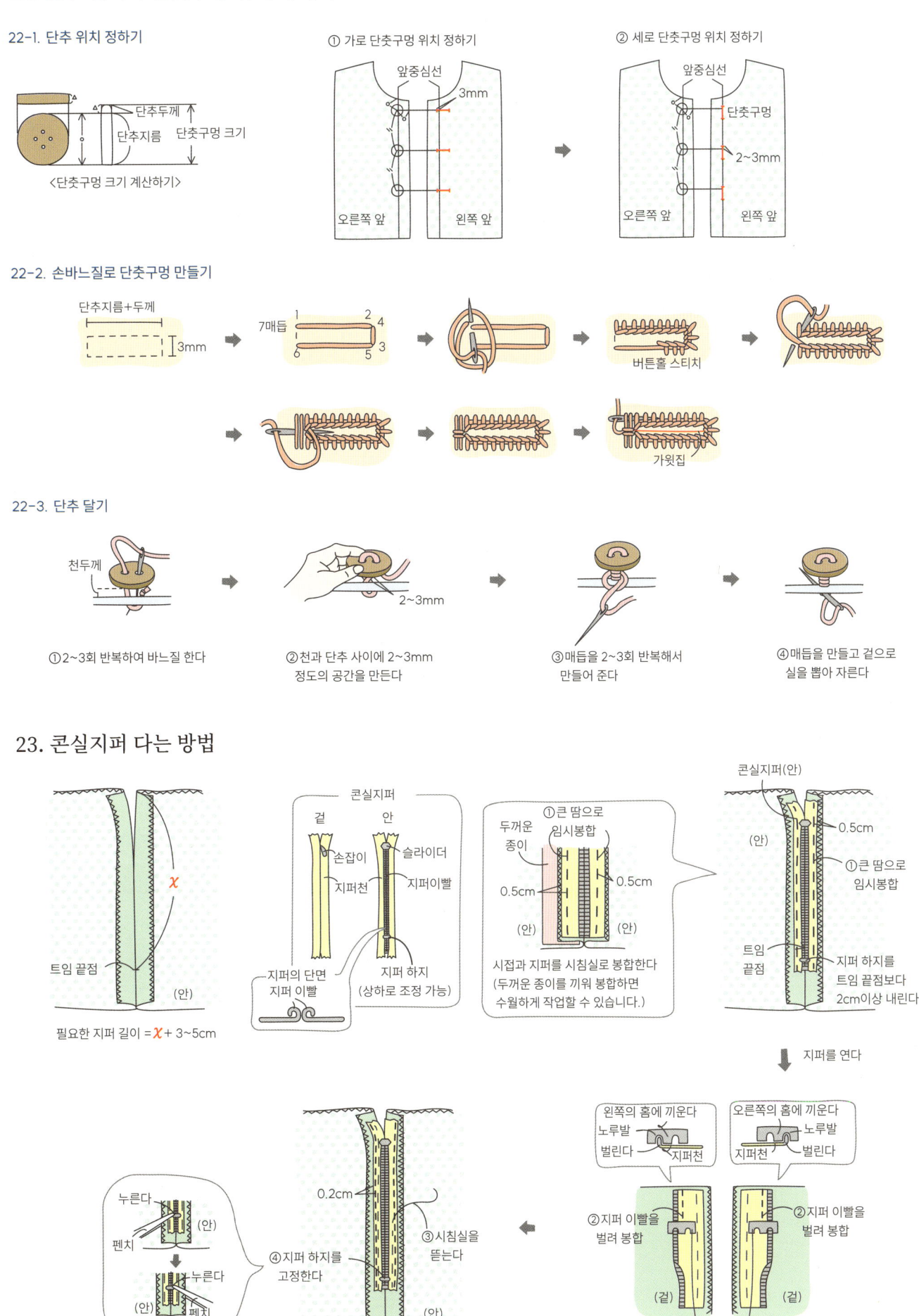

트임 끝점
(안)
χ
필요한 지퍼 길이 = χ + 3~5cm

콘실지퍼
겉   안
손잡이   슬라이더
지퍼천   지퍼이빨
지퍼의 단면 지퍼 이빨
지퍼 하지 (상하로 조정 가능)

① 큰 땀으로 임시봉합
두꺼운 종이
0.5cm   0.5cm
(안)   (안)
시접과 지퍼를 시침실로 봉합한다
(두꺼운 종이를 끼워 봉합하면
수월하게 작업할 수 있습니다.)

콘실지퍼(안)
0.5cm
(안)
① 큰 땀으로 임시봉합
트임 끝점
지퍼 하지를 트임 끝점보다 2cm이상 내린다

지퍼를 연다

누른다
펜치
(안)
누른다
(안)
펜치

④지퍼 하지를 고정한다
0.2cm
③시침실을 뜯는다
(안)

왼쪽의 홈에 끼운다
노루발 벌린다   지퍼천
②지퍼 이빨을 벌려 봉합
(겉)

오른쪽의 홈에 끼운다
지퍼천   노루발 벌린다
②지퍼 이빨을 벌려 봉합
(겉)

콘실지퍼용 노루발

24. 기본 손바느질

24-1. 시침질

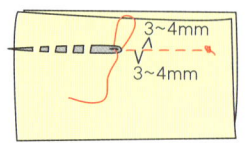 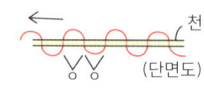

손바느질의 가장 기본이 되는 바느질법. 3~4mm 정도의 바늘땀으로 겉과 안이 같은 간격으로 봉합되도록 한다. 이불과 같은 큰 옷감의 재봉 시 미리 고정해 두기 위해 시침핀 대신 사용하기도 하고, 옷을 가봉할 때 사용하기도 한다.

24-2. 홈질

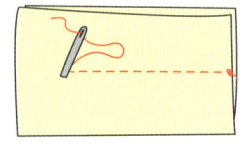 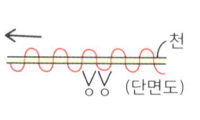

시침질의 바늘땀보다 좀 더 좁게 하는 바느질 방법. 겉과 안의 바늘땀을 2mm 정도로 촘촘하게 바느질한다. 박음질보다는 약하지만 간단한 재봉을 하거나 주름을 잡을 때 많이 사용한다.

24-3. 공그르기

창구멍을 막거나 겉쪽에서 원단과 원단을 연결할 때 사용한다.

24-4. 박음질

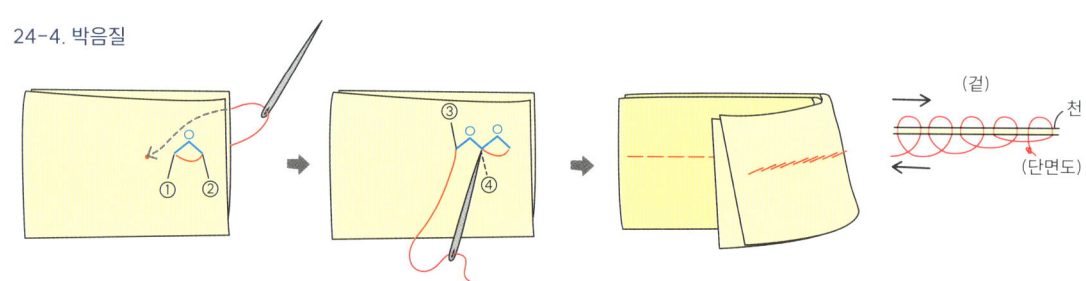

손바느질 중 가장 튼튼한 바느질 방법으로, 한 땀씩 되돌아가는 방법으로 진행한다. 천의 겉모습은 미싱의 바늘땀과 비슷하게 보인다.

24-5. 반박음질

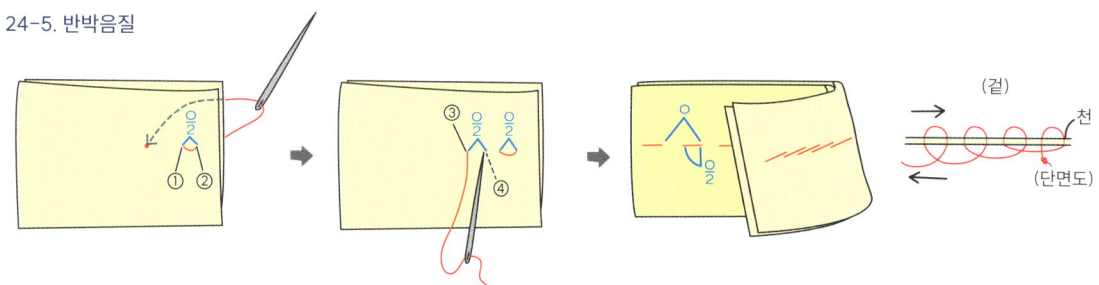

박음질과 같이 되돌아가며 진행하지만, 진행 폭의 절반만 되돌아오는 방법. 겉에서 보기에는 홈질과 비슷하게 보인다.

25. 기본 손자수 기법

25-1. 기본 자수 기법

A 백 스티치

B 러닝 스티치

C 새틴 스티치

D 아우트라인 스티치

25-2. 버튼홀 스티치

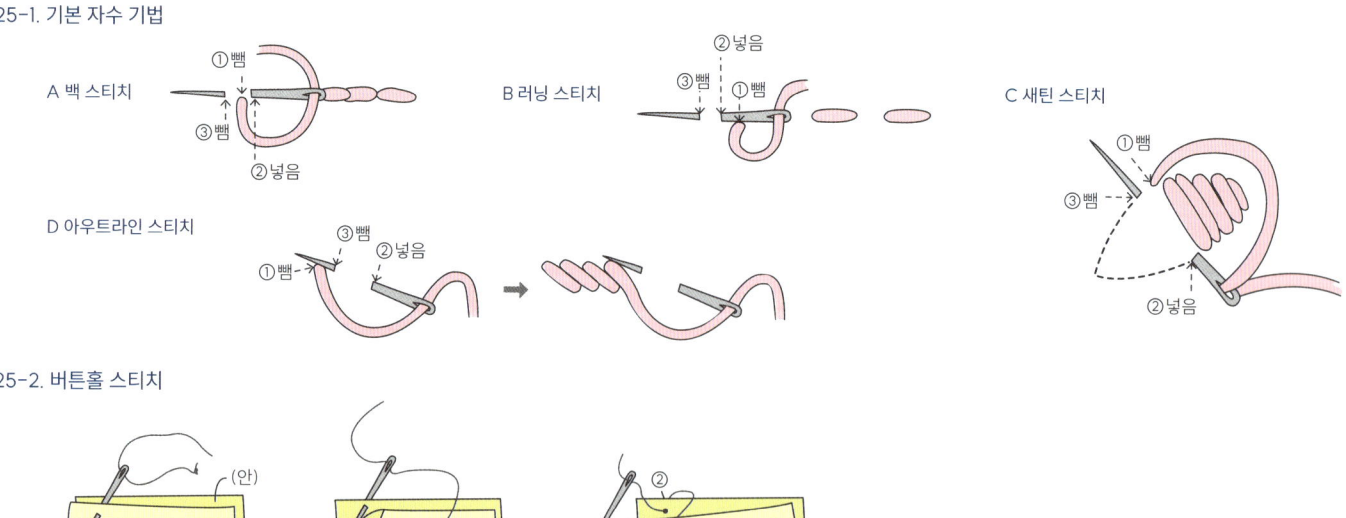

26. 13mm 싸개 단추 만드는 방법

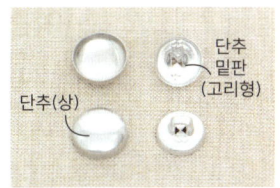

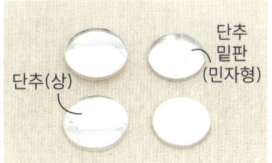

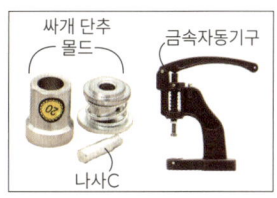

싸개 단추 13mm 몰드 세트와
금속자동기구도 함께 준비한다

①단추 사이즈보다 약간 크게 재단한
원단과 단추(상)을 준비해서 몰드B
에 넣는다(이때 원단과 단추의 안쪽
면이 모두 위로 향하게 넣는다)

②삐져나온 원단들을 송곳이나 날카
로운 도구를 이용해 꾹꾹 눌러 안
쪽으로 넣는다

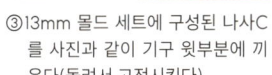

③13mm 몰드 세트에 구성된 나사C
를 사진과 같이 기구 윗부분에 끼
운다(돌려서 고정시킨다)

④몰드A와 단추밑판(민자형, 고리형 중 원하는 밑판을 사용한다)을
준비한 다음, 밑판 안쪽면이 위로 향하게 몰드A에 끼워 넣는다

⑤단추를 끼워 넣은 몰드B를 뒤집어
서 몰드A 위로 올리고 기구 손잡
이 레버를 눌러 작업한다

27. 금속단추 및 부속 달기

27-1. 아일렛

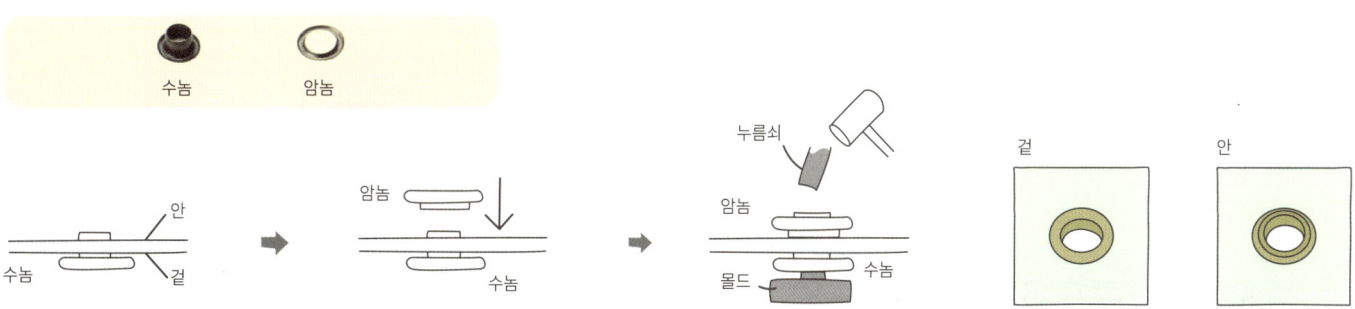

28. 소매 오그림 주는 방법

소매 오그림은 주름을 주기 위한 것이 아니라 소매의 어깨 부분에 입체감을 주기 위해 사용하는 방법입니다.
봉제 시 주름이 잡히지 않도록 주의합니다.

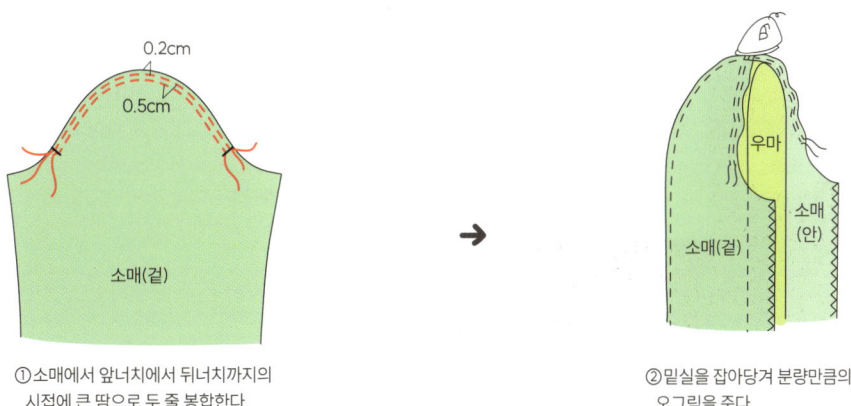

①소매에서 앞너치에서 뒤너치까지의
시접에 큰 땀으로 두 줄 봉합한다

②밑실을 잡아당겨 분량만큼의
오그림을 준다

기초 부자재

1. 제도용품

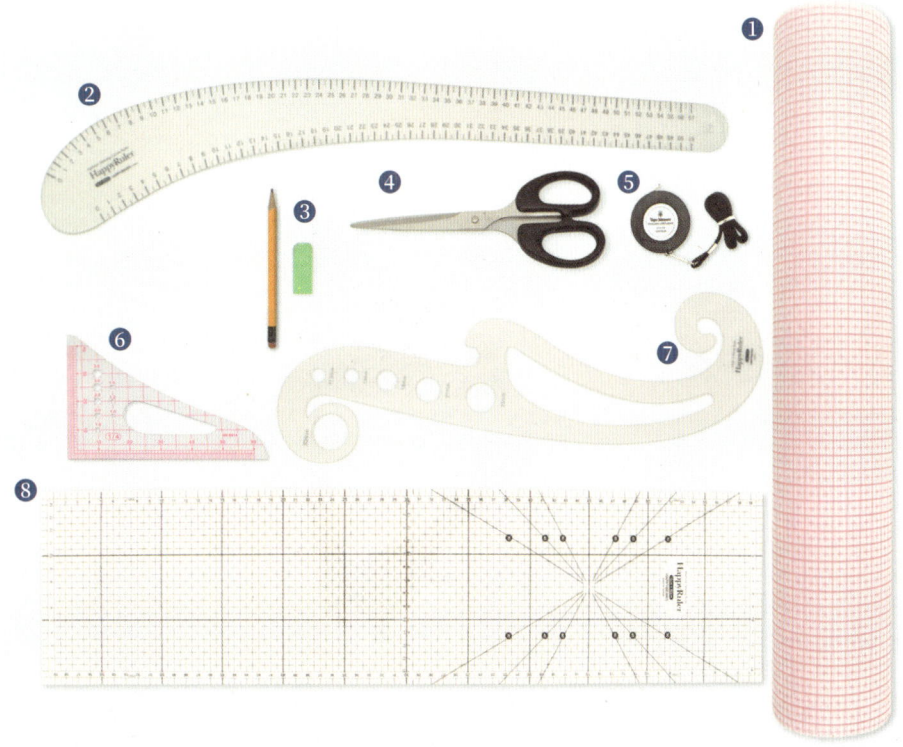

① 패턴지 모눈 처리가 되어있어 작업이 용이하고, 잘 비쳐 보입니다. 패턴을 복사하기 쉬운 부직포 패턴지를 사용하면 좋습니다.

② 곡자 한쪽 끝이 곡을 이루고 있는 자로 스커트 옆선, 소매 옆선, 절개선, 다트 곡선 등을 그리는데 주로 사용합니다.

③ 연필&지우개 패턴지에 패턴을 그릴 때 사용합니다.

④ 종이가위 패턴(종이나 부직포)을 자를 때 사용하는 가위로, 재단가위로 종이를 오리면 가위의 날이 상할 수 있으므로 가위는 반드시 패턴 재단용과 원단 재단용을 구분하여 사용합니다.

⑤ 줄자 신체 치수를 측정하거나 곡선의 치수를 잴 때 사용합니다.

⑥ 축도자 실 사이즈의 패턴을 1/4 또는 1/5로 축도하여 자료를 남기고자 할 때 사용합니다.

⑦ S자 S 모양의 자로 소매산, 진동 둘레 등 거의 모든 기본 곡선을 그릴 수 있으며, 사이즈별 원 모양이 있어 단추 표시를 하기 좋습니다.

⑧ 직각&컷팅자 정확한 직각이 제도 작업을 원활하게 합니다. 넓은 폭이 작업물의 뒤틀림 현상을 없애주어 원단 컷팅 작업에도 사용됩니다.

2. 재단용품

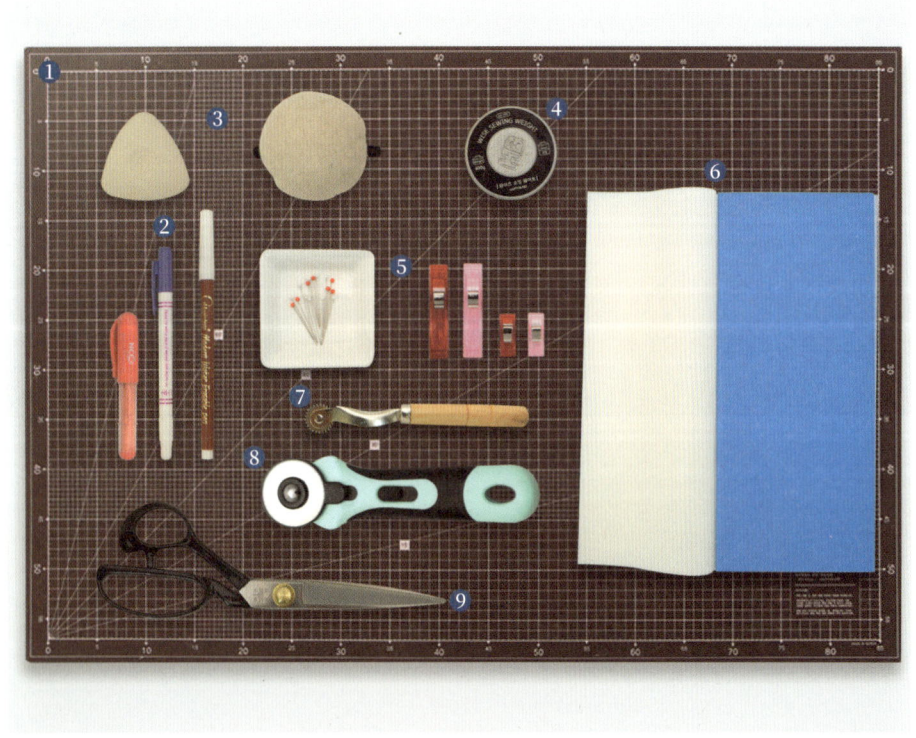

① 컷팅매트 재단칼로 원단을 재단할 때 함께 사용하면 재단칼의 날이 손상되지 않고, 원단이 깔끔하게 재단됩니다.

② 초크 원단에 마름선을 표시하거나 수정할 때 사용합니다. 고체형, 샤프형, 펜형이 있으니 용도에 맞게 골라 사용하세요.

③ 핀쿠션 자주 사용하는 시침핀, 바늘 등을 적당량 꽂아두고 필요할 때 바로 사용하세요.

④ 문진 원단과 패턴이 서로 뒤틀리지 않도록 묵직하게 고정해 주는 누름쇠입니다.

⑤ 시침핀&집게 시침핀은 옷감을 고정하거나 입체 재단 시 사용합니다. 구슬핀, 실크핀 등 용도에 따라서 사용하세요. 핀 작업이 어려운 니트 원단에는 집게를 사용하면 좋습니다.

⑥ 초크페이퍼 패턴을 원단에 마름질할 때 초크 대신 사용할 수 있는 도구로, 페이퍼를 원단 아래 놓고 위에서 룰렛으로 굴려주면 원단에 완성선이 표시됩니다.

⑦ 룰렛 톱니를 굴려 원단에 마킹합니다. 초크페이퍼와 함께 사용하세요. 톱니형과 원반형으로 두 가지 타입이 있습니다. 원반형은 헤라로도 사용 가능합니다.

⑧ 재단칼 재단가위 대신 원단을 재단할 때 사용하며, 여러 겹의 원단을 한 번에 컷팅할 수 있어 편리합니다. 컷팅매트와 함께 사용하세요.

⑨ 재단가위 원단 재단에 사용하는 전용가위로 자신의 손에 맞는 크기의 가위를 사용하는 것이 좋습니다. 왼손용, 오른손용으로 두 가지 타입이 있습니다.

3. 봉제용품

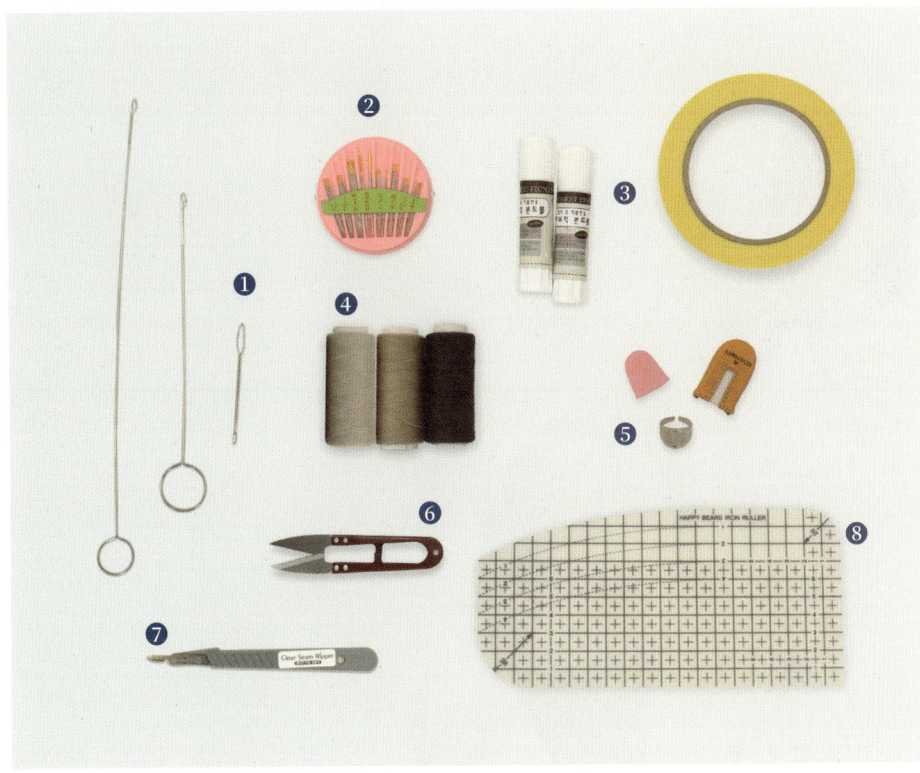

❶ 뒤집개 & 끼우개 원단으로 리본 등을 만들 때 좁은 폭의 원단을 쉽게 뒤집을 수 있고, 작품에 고무줄이나 끈을 끼워 넣을 때 편리하게 작업할 수 있습니다.

❷ 손바늘 작품의 마무리 또는 장식 작업 시 자주 사용되므로 사이즈별로 준비해두세요.

❸ 직물전용 본드풀 & 매직테이프 시침핀을 꽂기 힘든 곳, 지퍼 및 시접 등 임시 고정이 필요한 부분에 사용하면 원단의 밀림 없이 봉제를 편하게 할 수 있습니다. 수용성 재질로 세탁 후 완전히 제거됩니다.

❹ 손바느질용 봉제실 기본적으로 가장 많이 사용되는 색상은 휴대가 편리한 소형 사이즈로 준비해두고 간편하게 사용하세요.

❺ 골무 손바느질을 할 때 손가락 끝을 보호해 주어 작업의 능률을 높입니다. 가죽, 금속, 고무 등 다양한 재질이 있으니 용도에 맞게 골라 사용하세요.

❻ 쪽가위 작업 중 가장 많이 사용되는 가위로, 깔끔한 마무리 작업을 위해 꼭 필요합니다.

❼ 실뜯개 봉제가 잘못되어 바늘땀을 뜯어야 할 때나, 단춧구멍을 자를 때 유용하게 사용됩니다.

❽ 아이론시접자 정확한 치수 체크와 함께 다림질로 손쉽게 시접 부분을 만들 수 있도록 도와주는 열에 강한 시접자입니다.

4. 미싱용품

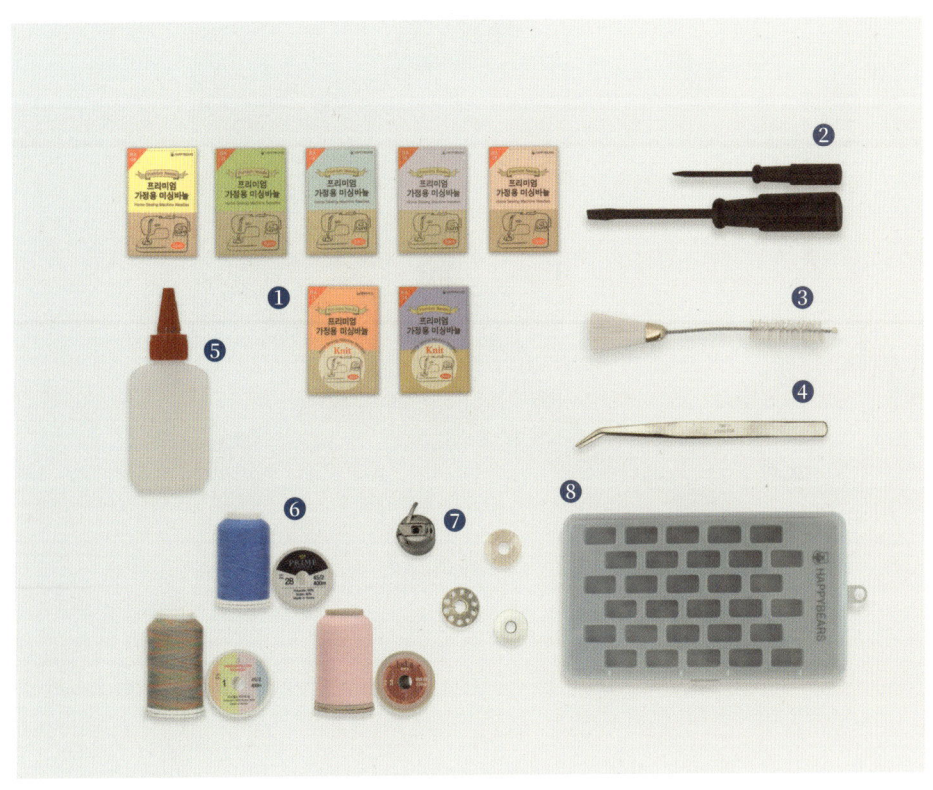

❶ 미싱바늘 공업용과 가정용을 잘 구분하여 사용해야 합니다. 원단의 소재와 두께에 따라 9/11/14/16/18호의 바늘을 맞춰 사용하세요. 니트 원단에는 니트용 바늘을 사용하세요.

❷ 드라이버 노루발과 미싱바늘을 교체할 때 사용합니다.

❸ 크리닝브러시 봉제 후 미싱에 쌓인 먼지를 청소할 때 사용하는 미싱 청소용 브러시입니다.

❹ 핀셋 일반 미싱이나 오버록에 실을 끼울 때나, 미싱의 세밀한 곳을 작업할 때 사용합니다.

❺ 미싱기름 미싱의 소음이나 마찰을 완화시켜 줍니다.

❻ 미싱용 봉제실 원단의 소재와 두께 및 작업 용도에 맞게 골라 사용합니다.

❼ 북집(보빈케이스) 공업용과 가정용을 잘 구분하여 사용해야 합니다. 북집이 필요 없는 미싱 기종도 있으니 확인 후 사용하세요.

❽ 북알(보빈)&북알케이스 북알은 공업용과 가정용을 잘 구분하여 사용해야 하며, 밑실은 윗실 컬러에 맞춰 바로 사용할 수 있도록 다양하게 감아서 준비해두면 좋습니다. 북알케이스에 보관하면 편리합니다.

how to make

● 이 책에서는 작품을 55, 66, 77, 88 사이즈로 소개하고 있습니다.
작품의 완성 사이즈를 확인하여 적합한 사이즈를 선택해 주세요.

● 재단 배치도에 기재된 원단 폭은 각 화보 작품을 제작한 원단의 폭 기준입
니다. 다른 폭의 원단으로 제작 시 소요량에 약간의 차이가 있을 수 있으니,
P.52를 참고하여 원단 소요량을 계산하여 재단해 주세요.

● 설명서에 표기된 재단 배치도의 요척과 재료의 양은 가장 큰 사이즈의 패턴
을 기준으로 작성되어 있습니다. 다른 사이즈의 패턴으로 제작할 경우 약간
의 차이가 있을 수 있습니다.

● 부록인 실물크기 패턴에는 시접이 포함되어 있지 않습니다.
각 만드는 방법 페이지의 재단 배치도를 참고하여 시접을 더해주세요.

[패턴에 대해서]

· 앞·뒤몸판 실물크기 패턴에서 앞·뒤안단,
  앞·뒤암홀안단을 각각 베껴 사용합니다
· 앞·뒤몸판 실물크기 패턴에서 절개선에 맞춰
  앞몸판1·2, 뒷몸판1·2를 분리하여 사용합니다
※ 패턴 베끼는 방법 P.51 참고

[재료]

· 겉감 … 130cm폭 x 225cm
· 소잉심지 … 110cm폭 x 135cm
· 1.2cm폭 소잉테이프 심지 … 1팩

[완성 사이즈]

사이즈\n명칭	55	66	77	88
가슴둘레	103.5	108	112.5	117
옷길이	93	95	97	98.5

[재단 배치도]

· 지정 이외의 시접은 1cm.
· ▨ 부분에 소잉심지를 붙인다
· ▨ 부분에 소잉테이프 심지를 붙인다
· ∿ 표시된 부분은 지그재그봉제 또는 오버록 처리한다
· 벨트감은 직접 제도하여 사용합니다
· 위에서부터 55/66/77/88 사이즈

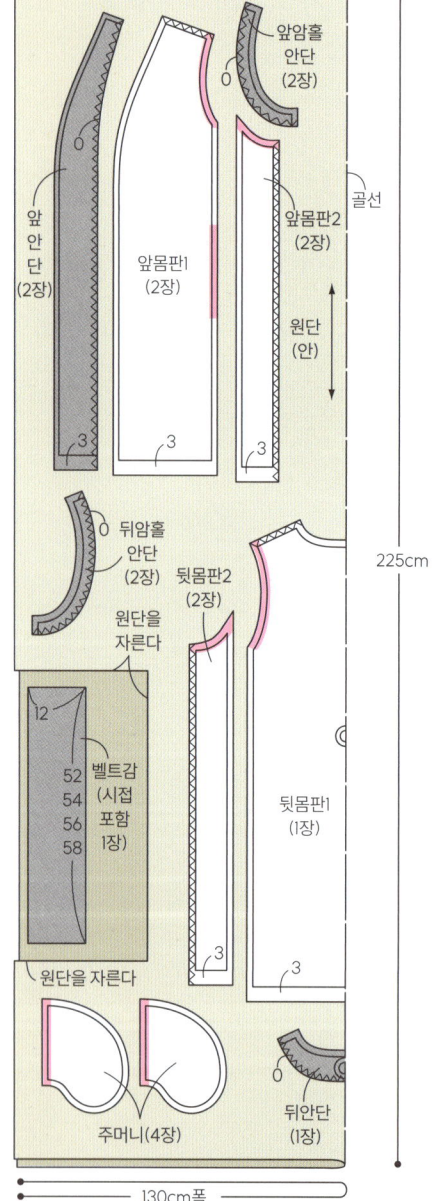

[만드는 순서]

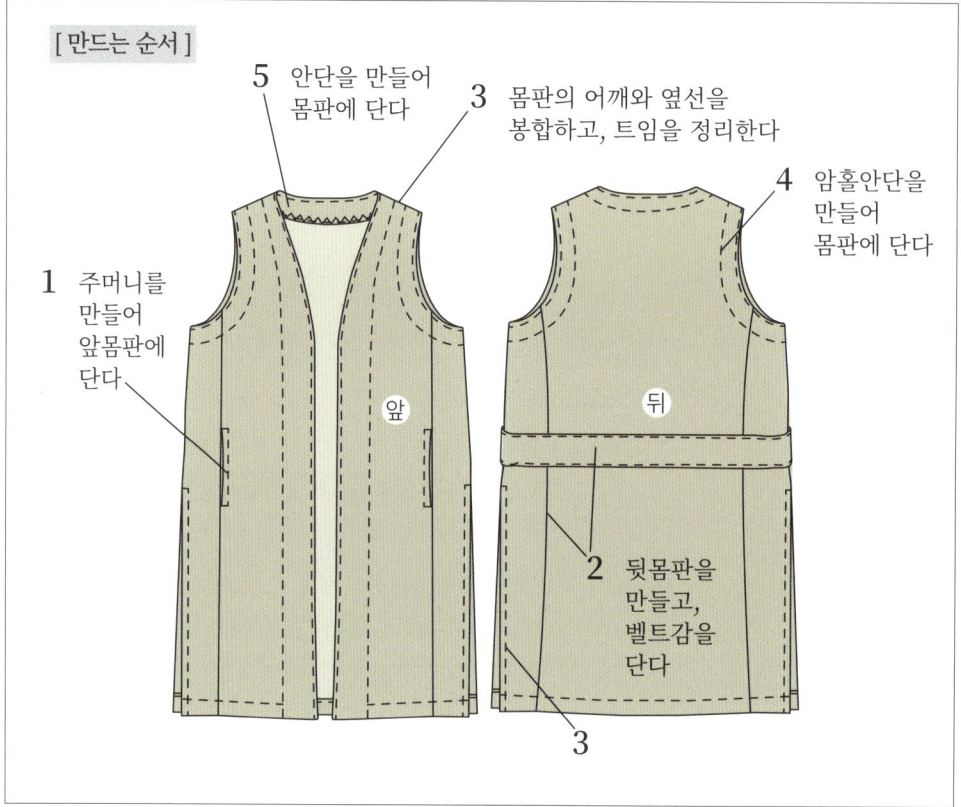

5 안단을 만들어 몸판에 단다
3 몸판의 어깨와 옆선을 봉합하고, 트임을 정리한다
4 암홀안단을 만들어 몸판에 단다
1 주머니를 만들어 앞몸판에 단다
2 뒷몸판을 만들고, 벨트감을 단다

[만드는 방법]

★ 치수가 기재되어 있지 않은 곳은 1cm로 봉합합니다.

1 주머니를 만들어 앞몸판에 단다

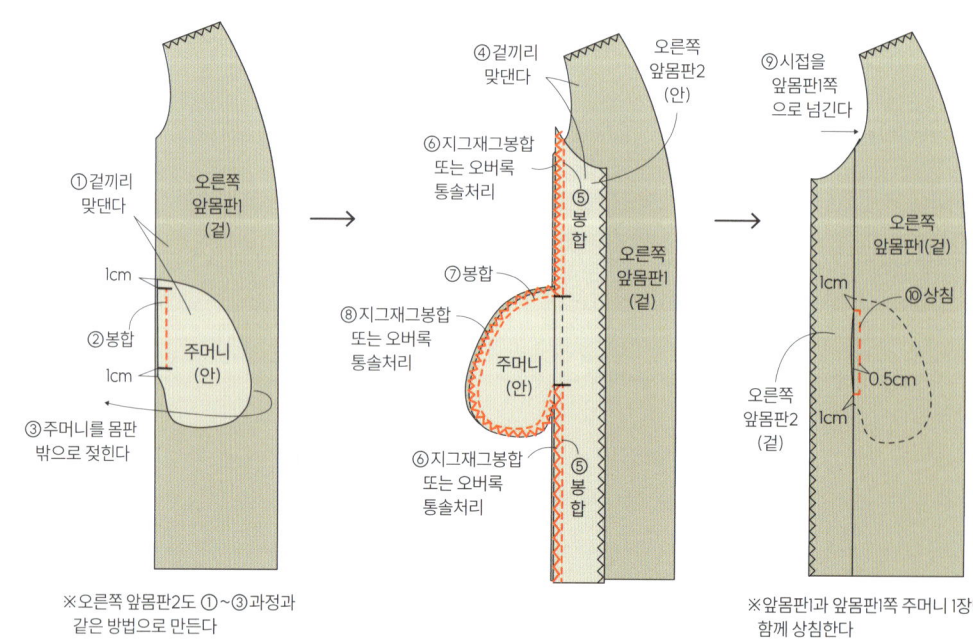

※ 오른쪽 앞몸판2도 ①~③과정과
　같은 방법으로 만든다

※ 앞몸판1과 앞몸판1쪽 주머니 1장만
　함께 상침한다

※ 왼쪽 앞몸판1·2도 ①~⑩과정과
　같은 방법으로 만든다

2 뒷몸판을 만들고, 벨트감을 단다

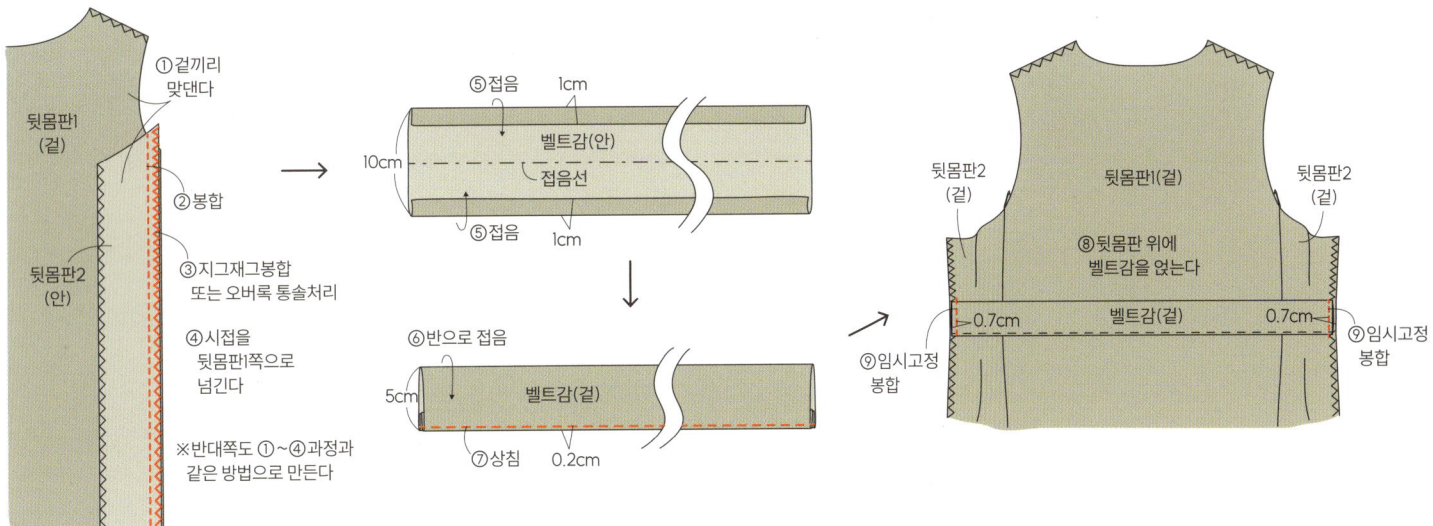

①겉끼리 맞댄다
②봉합
③지그재그봉합 또는 오버록 통솔처리
④시접을 뒷몸판1쪽으로 넘긴다
뒷몸판1(겉)
뒷몸판2(안)
※반대쪽도 ①~④과정과 같은 방법으로 만든다

⑤접음 1cm
10cm
벨트감(안)
접음선
⑤접음 1cm

⑥반으로 접음
5cm
벨트감(겉)
⑦상침 0.2cm

뒷몸판2(겉)
뒷몸판1(겉)
뒷몸판2(겉)
⑧뒷몸판 위에 벨트감을 얹는다
0.7cm 벨트감(겉) 0.7cm
⑨임시고정 봉합
⑨임시고정 봉합

3 몸판의 어깨와 옆선을 봉합하고, 트임을 정리한다

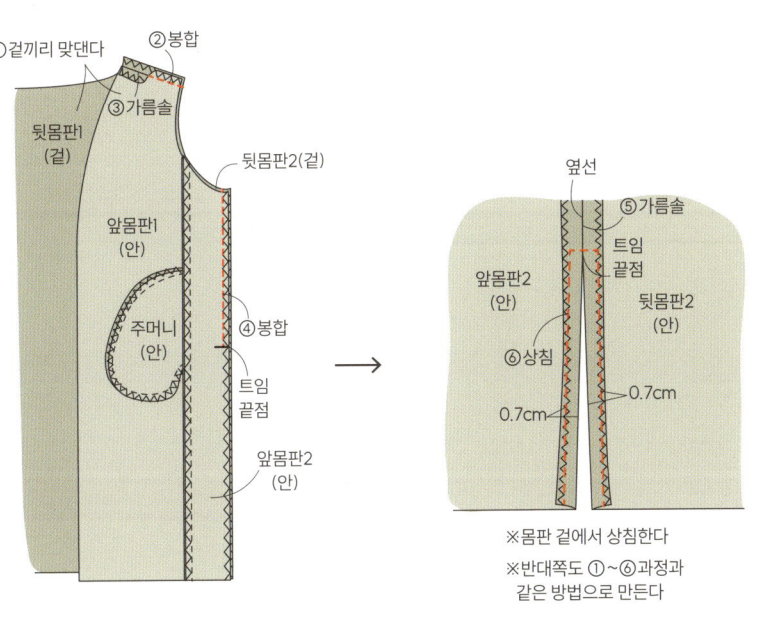

①겉끼리 맞댄다
②봉합
③가름솔
뒷몸판1(겉)
앞몸판1(안)
주머니(안)
뒷몸판2(겉)
④봉합
트임 끝점
앞몸판2(안)

옆선
⑤가름솔
트임 끝점
앞몸판2(안)
뒷몸판2(안)
⑥상침
0.7cm 0.7cm

※몸판 겉에서 상침한다
※반대쪽도 ①~⑥과정과 같은 방법으로 만든다

4 암홀안단을 만들어 몸판에 단다

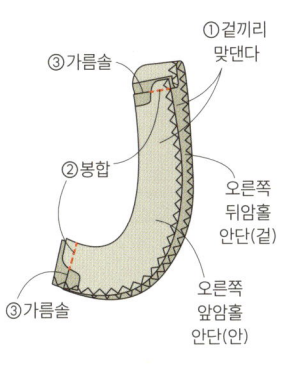

①겉끼리 맞댄다
③가름솔
②봉합
③가름솔
오른쪽 뒤암홀 안단(겉)
오른쪽 앞암홀 안단(안)

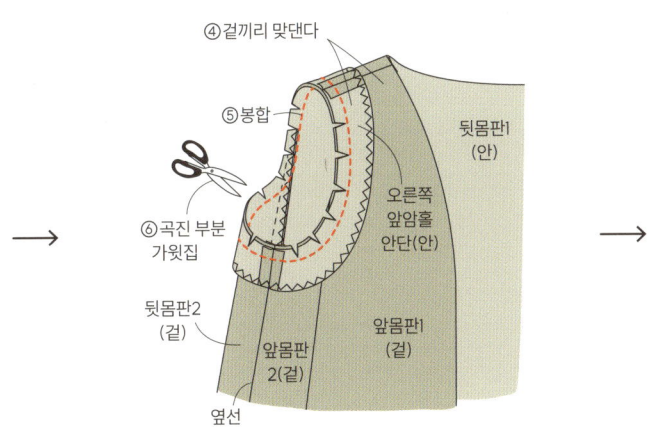

④겉끼리 맞댄다
⑤봉합
⑥곡진 부분 가윗집
뒷몸판2(겉)
앞몸판2(겉)
옆선
오른쪽 앞암홀 안단(안)
뒷몸판1(안)
앞몸판1(겉)

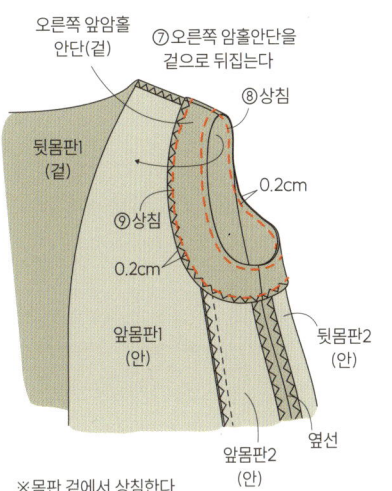

오른쪽 앞암홀 안단(겉)
⑦오른쪽 암홀안단을 겉으로 뒤집는다
⑧상침
0.2cm
⑨상침
0.2cm
뒷몸판1(겉)
앞몸판1(안)
뒷몸판2(안)
앞몸판2(안)
옆선

※몸판 겉에서 상침한다
※왼쪽 앞·뒤암홀안단도 ①~⑨과정과 같은 방법으로 만든다

5 안단을 만들어 몸판에 단다

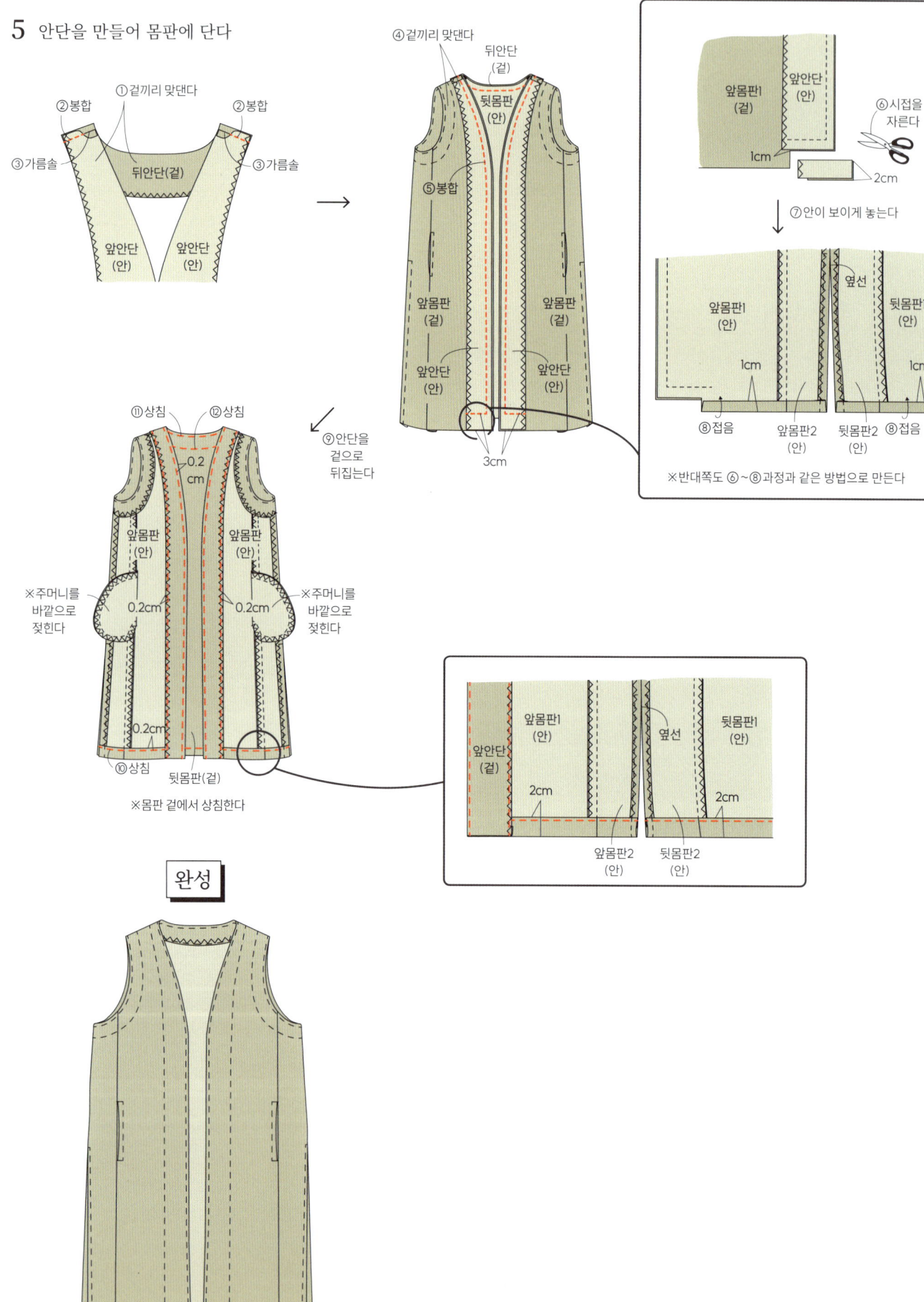

①겉끼리 맞댄다
②봉합
②봉합
③가름솔
③가름솔
뒤안단(겉)
앞안단
(안)
앞안단
(안)

④겉끼리 맞댄다
뒤안단
(겉)
뒷몸판
(안)
⑤봉합
앞몸판
(겉)
앞몸판
(겉)
앞안단
(안)
앞안단
(안)
3cm

앞몸판1
(겉)
앞안단
(안)
⑥시접을
자른다
1cm
2cm

⑦안이 보이게 놓는다

앞몸판1
(안)
옆선
뒷몸판1
(안)
1cm
1cm
⑧접음
앞몸판2
(안)
뒷몸판2
(안)
⑧접음

※반대쪽도 ⑥~⑧과정과 같은 방법으로 만든다

⑨안단을
겉으로
뒤집는다

⑪상침
⑫상침
0.2
cm
앞몸판
(안)
앞몸판
(안)
※주머니를
바깥으로
젖힌다
0.2cm
0.2cm
※주머니를
바깥으로
젖힌다
0.2cm
앞안단
(겉)
⑩상침
뒷몸판(겉)

※몸판 겉에서 상침한다

앞안단
(겉)
앞몸판1
(안)
옆선
뒷몸판1
(안)
2cm
2cm
앞몸판2
(안)
뒷몸판2
(안)

완성

[패턴에 대해서]

· 앞몸판 실물크기 패턴에서 앞안단을 각각 베껴 사용합니다
※패턴 베끼는 방법 P.51 참고

[재단 배치도]

· 지정 이외의 시접은 1cm.
· ▨ 부분에 소잉심지를 붙인다
· ▨ 부분에 소잉테이프 심지를 붙인다
· ⋁⋁ 표시된 부분은 지그재그봉제 또는 오버록 처리한다
· 뒷몸판 둘레 바이어스천, 암홀 둘레 바이어스천은
  직접 제도하여 사용합니다
· 왼쪽에서부터 55/66/77/88 사이즈

[재료]

· 겉감 … 130cm폭 x 180cm
· 소잉심지 … 55cm폭 x 30cm
· 1.2cm폭 소잉테이프 심지 … 1팩
· 1.2cm폭 바이어스 메이커 … 1개
· 단춧구멍 테이프 … 1개
· 1.1cm폭 단추 … 1개

[완성 사이즈]

사이즈 명칭	55	66	77	88
가슴둘레	107.5	112	117	121.5
옷길이	61	63.5	66	68

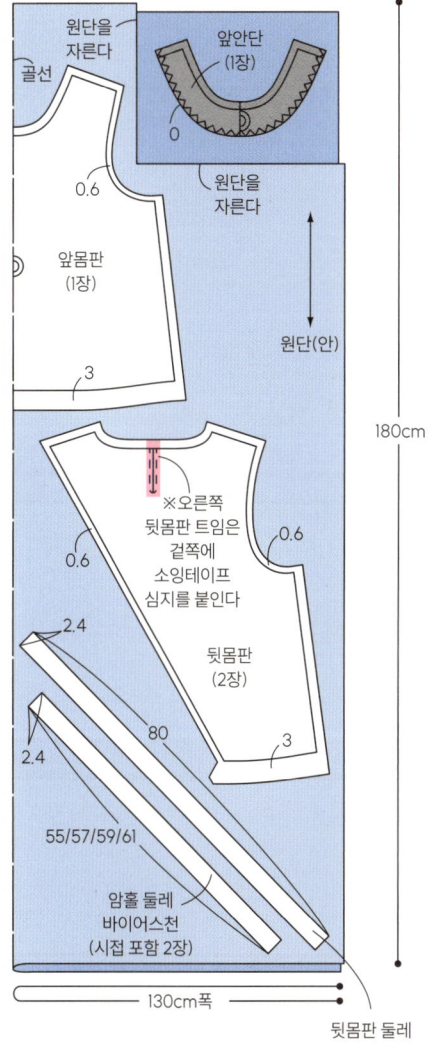

[만드는 순서]

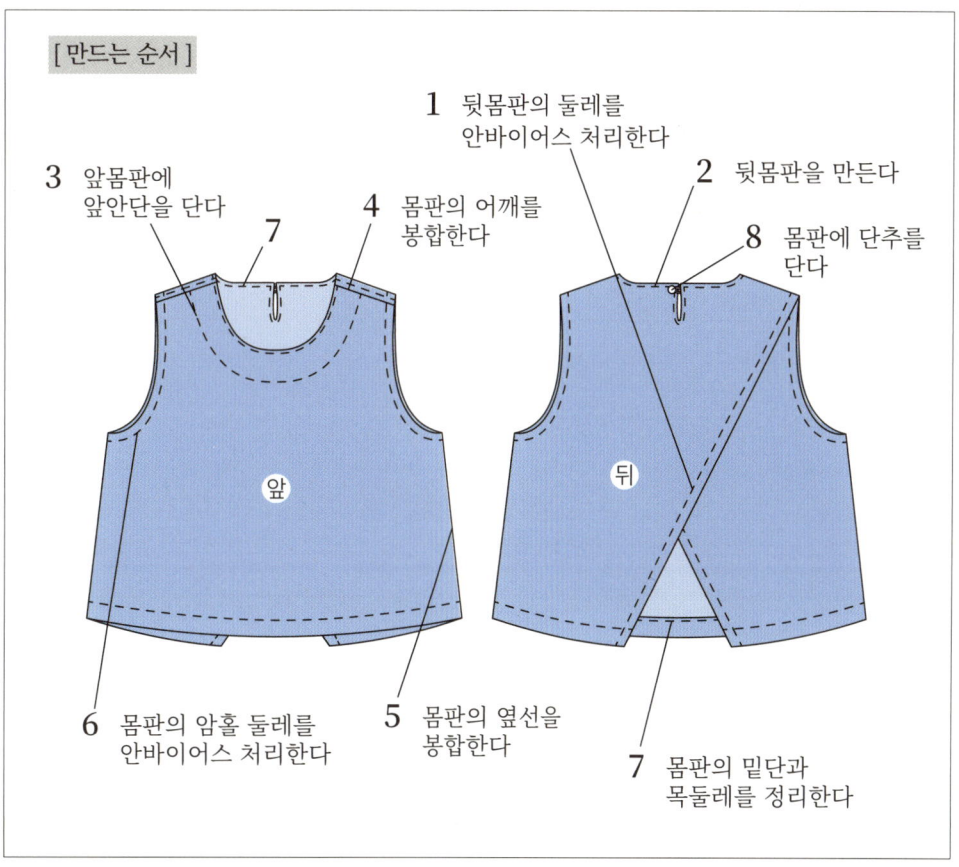

1 뒷몸판의 둘레를 안바이어스 처리한다
2 뒷몸판을 만든다
3 앞몸판에 앞안단을 단다
4 몸판의 어깨를 봉합한다
5 몸판의 옆선을 봉합한다
6 몸판의 암홀 둘레를 안바이어스 처리한다
7 몸판의 밑단과 목둘레를 정리한다
8 몸판에 단추를 단다

[만드는 방법]

★치수가 기재되어 있지 않은 곳은 1cm로 봉합합니다.

1 뒷몸판의 둘레를 안바이어스 처리한다

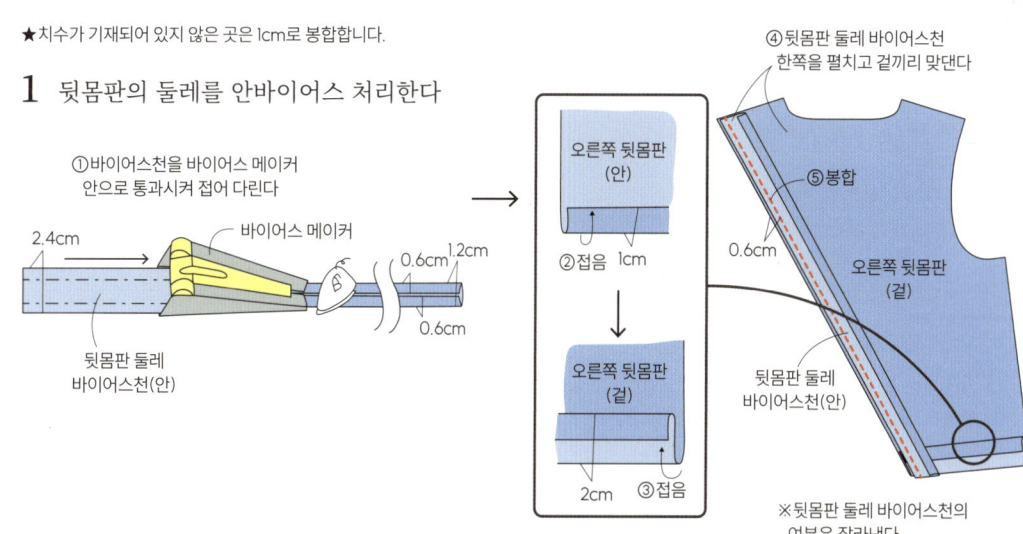

①바이어스천을 바이어스 메이커 안으로 통과시켜 접어 다린다

④뒷몸판 둘레 바이어스천 한쪽을 펼치고 겉끼리 맞댄다

⑤봉합

②접음

③접음

※뒷몸판 둘레 바이어스천의 여분은 잘라낸다

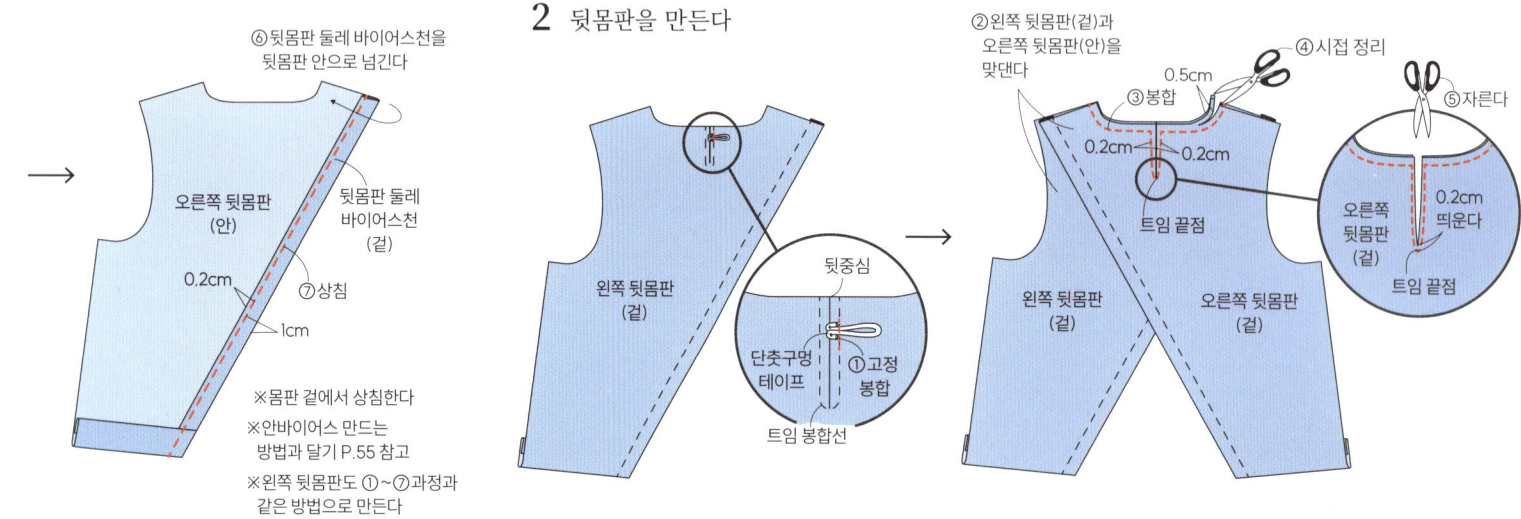

⑥뒷몸판 둘레 바이어스천을
뒷몸판 안으로 넘긴다

오른쪽 뒷몸판
(안)

0.2cm

⑦상침

1cm

뒷몸판 둘레
바이어스천
(겉)

※몸판 겉에서 상침한다
※안바이어스 만드는
방법과 달기 P.55 참고
※왼쪽 뒷몸판도 ①~⑦과정과
같은 방법으로 만든다

2 뒷몸판을 만든다

왼쪽 뒷몸판
(겉)

뒷중심

단춧구멍
테이프

①고정
봉합

트임 봉합선

②왼쪽 뒷몸판(겉)과
오른쪽 뒷몸판(안)을
맞댄다

④시접 정리

0.5cm

③봉합

0.2cm   0.2cm

트임 끝점

왼쪽 뒷몸판
(겉)

오른쪽 뒷몸판
(겉)

⑤자른다

오른쪽
뒷몸판
(겉)

0.2cm
띄운다

트임 끝점

3 앞몸판에 앞안단을 단다

⑥겉으로
뒤집는다

왼쪽 뒷몸판
(겉)

오른쪽 뒷몸판
(겉)

①겉끼리 맞댄다

0.5cm

앞안단(안) ②봉합

앞몸판
(겉)

③시접 정리

④안단을
겉으로
뒤집는다

앞안단
(겉)

⑤상침   0.2cm

앞몸판
(안)

※몸판 겉에서 상침한다

4 몸판의 어깨를 봉합한다

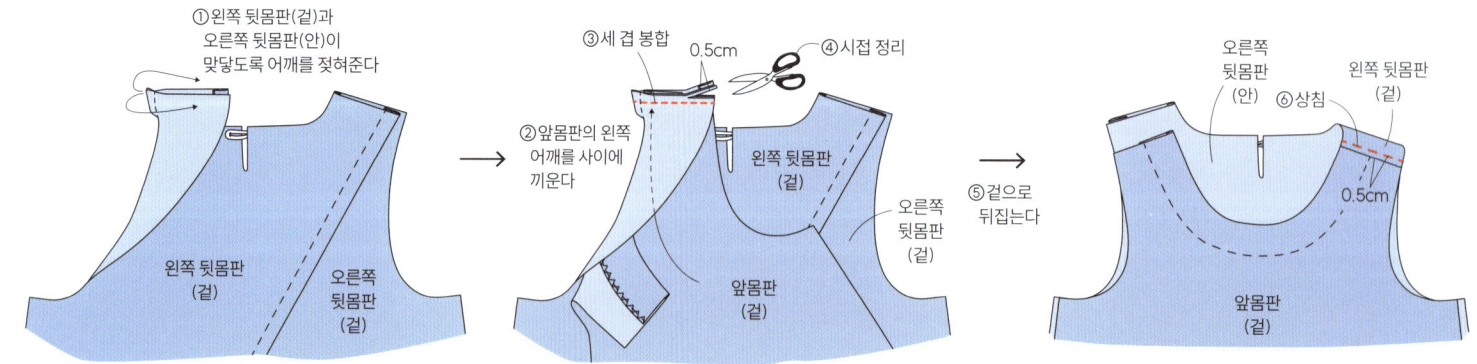

①왼쪽 뒷몸판(겉)과
오른쪽 뒷몸판(안)이
맞닿도록 어깨를 젖혀준다

왼쪽 뒷몸판
(겉)

오른쪽
뒷몸판
(겉)

③세 겹 봉합

0.5cm

④시접 정리

②앞몸판의 왼쪽
어깨를 사이에
끼운다

왼쪽 뒷몸판
(겉)

오른쪽
뒷몸판
(겉)

앞몸판
(겉)

⑤겉으로
뒤집는다

오른쪽
뒷몸판
(안)

⑥상침

왼쪽 뒷몸판
(겉)

0.5cm

앞몸판
(겉)

※반대쪽도 ①~⑥과정과 같은 방법으로 만든다

5 몸판의 옆선을 봉합한다

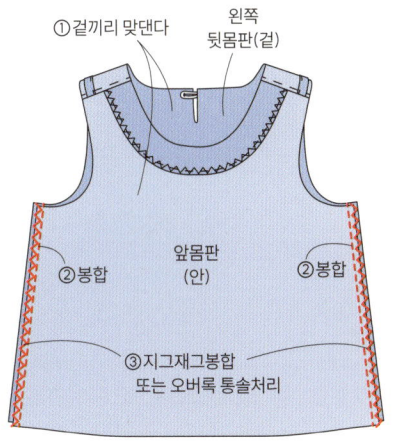

① 겉끼리 맞댄다
왼쪽 뒷몸판(겉)
② 봉합
앞몸판(안)
② 봉합
③ 지그재그봉합 또는 오버록 통솔처리

④ 시접을 뒷몸판쪽으로 넘긴다

※미리 접어 놓은 뒷몸판의 옆선쪽 밑단 시접을 다시 펼친 상태로 봉합한다

6 몸판의 암홀 둘레를 안바이어스 처리한다

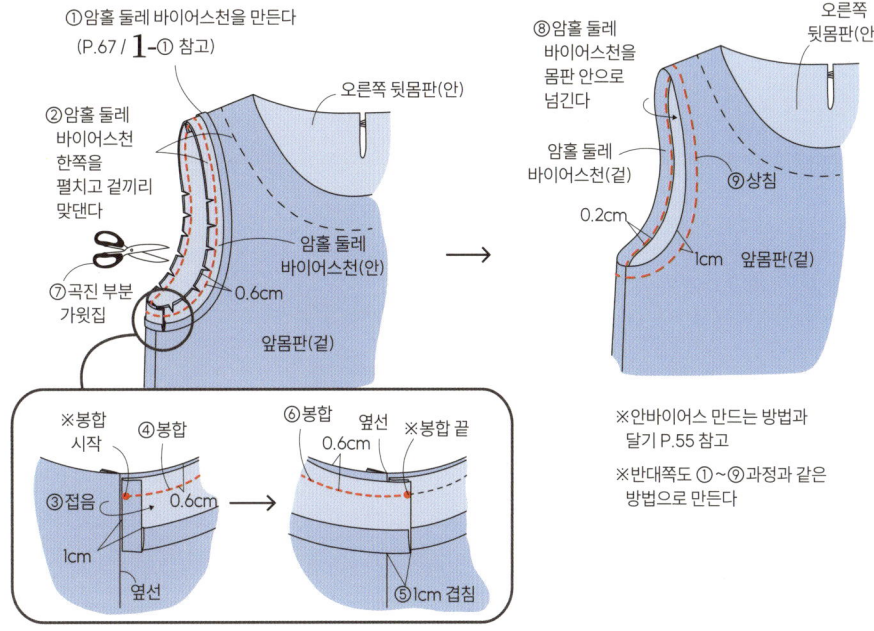

①암홀 둘레 바이어스천을 만든다
(P.67 / 1-① 참고)

②암홀 둘레 바이어스천 한쪽을 펼치고 겉끼리 맞댄다

오른쪽 뒷몸판(안)

⑦곡진 부분 가윗집

암홀 둘레 바이어스천(안)

0.6cm

앞몸판(겉)

※봉합 시작
④봉합
⑥봉합 옆선 0.6cm
※봉합 끝
③접음
0.6cm
1cm
옆선
⑤1cm 겹침

⑧암홀 둘레 바이어스천을 몸판 안으로 넘긴다

오른쪽 뒷몸판(안)

암홀 둘레 바이어스천(겉)

⑨상침

0.2cm
1cm
앞몸판(겉)

※안바이어스 만드는 방법과 달기 P.55 참고

※반대쪽도 ①~⑨과정과 같은 방법으로 만든다

7 몸판의 밑단과 목둘레를 정리한다

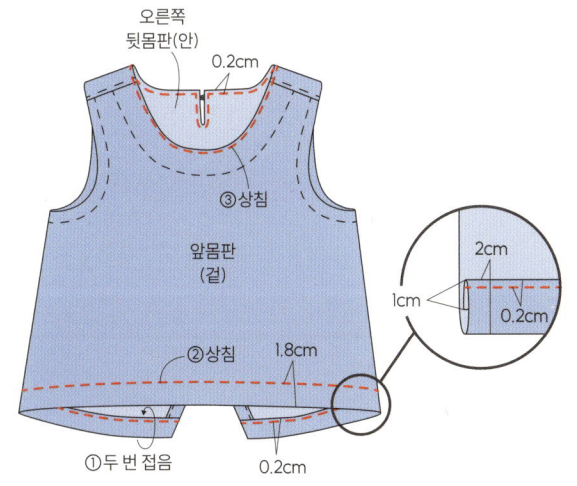

오른쪽 뒷몸판(안)
0.2cm

③상침

앞몸판(겉)

②상침 1.8cm

2cm
1cm
0.2cm

①두 번 접음
0.2cm

8 몸판에 단추를 단다

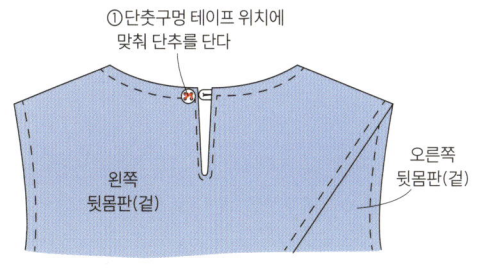

①단춧구멍 테이프 위치에 맞춰 단추를 단다

왼쪽 뒷몸판(겉)

오른쪽 뒷몸판(겉)

완성

[재단 배치도]

· 지정 이외의 시접은 1cm.
· ■ 부분에 소잉테이프 심지를 붙인다
· 끈감은 직접 제도하여 사용합니다

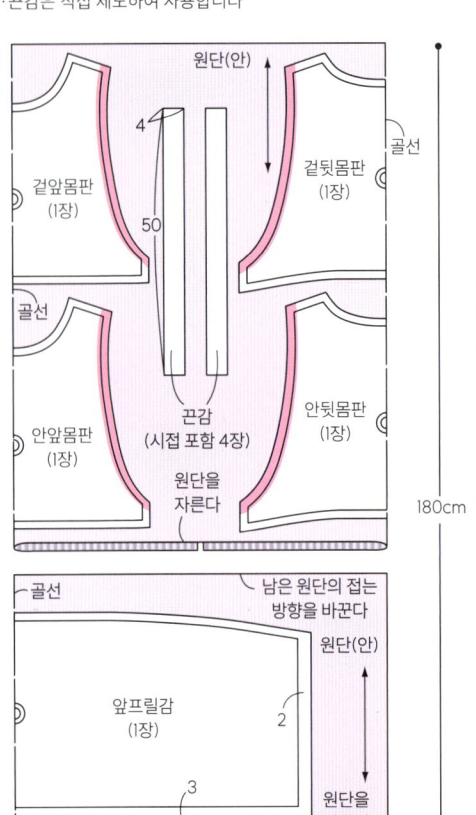

[재료]

· 겉감 … 140cm폭 x 180cm
· 1.2cm폭 소잉테이프 심지 … 1팩

[완성 사이즈]

사이즈\명칭	55/66	77/88
가슴둘레	102.5	110.5
옷길이	73	76.5

[만드는 순서]

1 끈감을 만들어 몸판에 단다

2 몸판을 만든다

3 프릴감을 만든다

4 몸판에 프릴감을 단다

[만드는 방법]

★치수가 기재되어 있지 않은 곳은 1cm로 봉합합니다.

1 끈감을 만들어 몸판에 단다

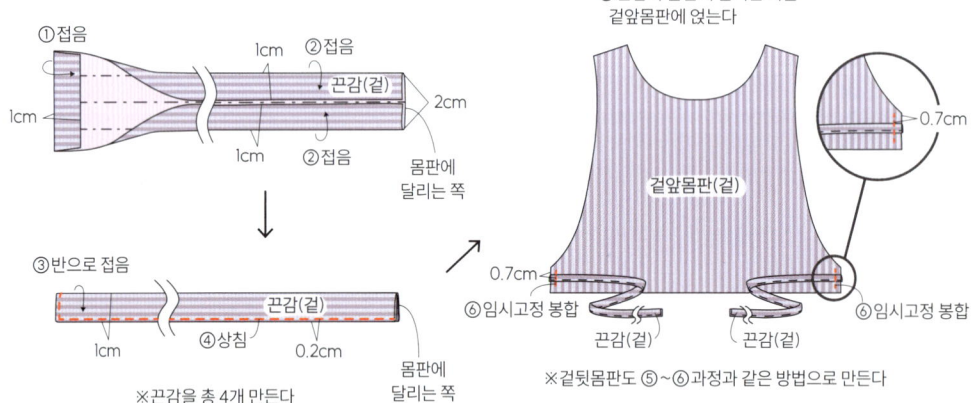

①접음
②접음
1cm
끈감(겉)
2cm
몸판에 달리는 쪽

③반으로 접음
④상침
1cm
0.2cm
끈감(겉)
몸판에 달리는 쪽

※끈감을 총 4개 만든다

⑤끈감의 몸판에 달리는 쪽을 겉앞몸판에 얹는다
0.7cm
겉앞몸판(겉)
0.7cm
⑥임시고정 봉합
끈감(겉)
끈감(겉)
⑥임시고정 봉합

※겉뒷몸판도 ⑤~⑥과정과 같은 방법으로 만든다

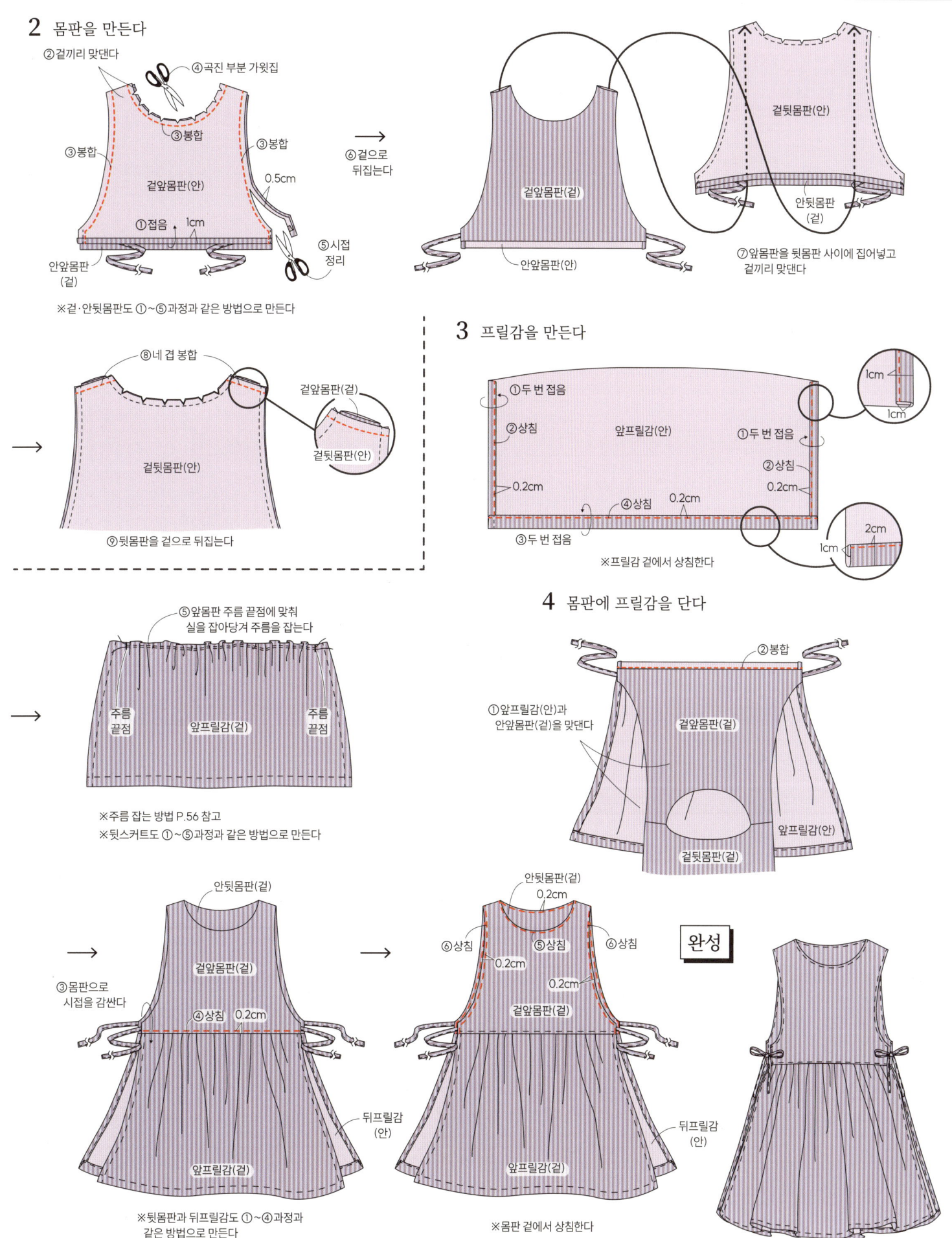

2 몸판을 만든다

②겉끼리 맞댄다
④곡진 부분 가윗집
③봉합
③봉합
③봉합
겉앞몸판(안)
0.5cm
①접음 ↑ 1cm
안앞몸판(겉)
⑤시접 정리
⑥겉으로 뒤집는다

※겉·안뒷몸판도 ①~⑤과정과 같은 방법으로 만든다

겉뒷몸판(안)
안뒷몸판(겉)
⑦앞몸판을 뒷몸판 사이에 집어넣고 겉끼리 맞댄다

겉앞몸판(겉)
안앞몸판(안)

⑧네 겹 봉합
겉뒷몸판(안)
겉앞몸판(겉)
겉뒷몸판(안)
⑨뒷몸판을 겉으로 뒤집는다

3 프릴감을 만든다

①두 번 접음
②상침
앞프릴감(안)
①두 번 접음
②상침
0.2cm
0.2cm
③두 번 접음
④상침
0.2cm
1cm
1cm
2cm
1cm
※프릴감 겉에서 상침한다

4 몸판에 프릴감을 단다

⑤앞몸판 주름 끝점에 맞춰 실을 잡아당겨 주름을 잡는다
주름 끝점
앞프릴감(겉)
주름 끝점

※주름 잡는 방법 P.56 참고
※뒷스커트도 ①~⑤과정과 같은 방법으로 만든다

②봉합
①앞프릴감(안)과 안앞몸판(겉)을 맞댄다
겉앞몸판(겉)
겉뒷몸판(겉)
앞프릴감(안)

안뒷몸판(겉)
겉앞몸판(겉)
③몸판으로 시접을 감싼다
④상침 0.2cm
뒤프릴감(안)
앞프릴감(겉)

※뒷몸판과 뒤프릴감도 ①~④과정과 같은 방법으로 만든다

안뒷몸판(겉)
0.2cm
⑥상침 ⑤상침 ⑥상침
0.2cm
0.2cm
겉앞몸판(겉)
뒤프릴감(안)
앞프릴감(겉)

※몸판 겉에서 상침한다

완성

71

[패턴에 대해서]

· 앞·뒤몸판 실물크기 패턴에서 앞·뒤안단을
  각각 베껴 사용합니다
※ 패턴 베끼는 방법 P.51 참고

[재단 배치도]

· 지정 이외의 시접은 1cm.
· ▨ 부분에 소잉심지를 붙인다
· 〰 표시된 부분은 지그재그봉제 또는 오버록 처리한다
· 끈감, 어깨끈감은 직접 제도하여 사용합니다
· 위에서부터 55/66/77/88 사이즈

[재료]

· 겉감 … 140cm폭 x 180cm
· 소잉심지 … 110cm폭 x 45cm

[완성 사이즈]

사이즈 명칭	55	66	77	88
가슴둘레	97	102	106.5	111.5
옷길이	61	63	65	67.5

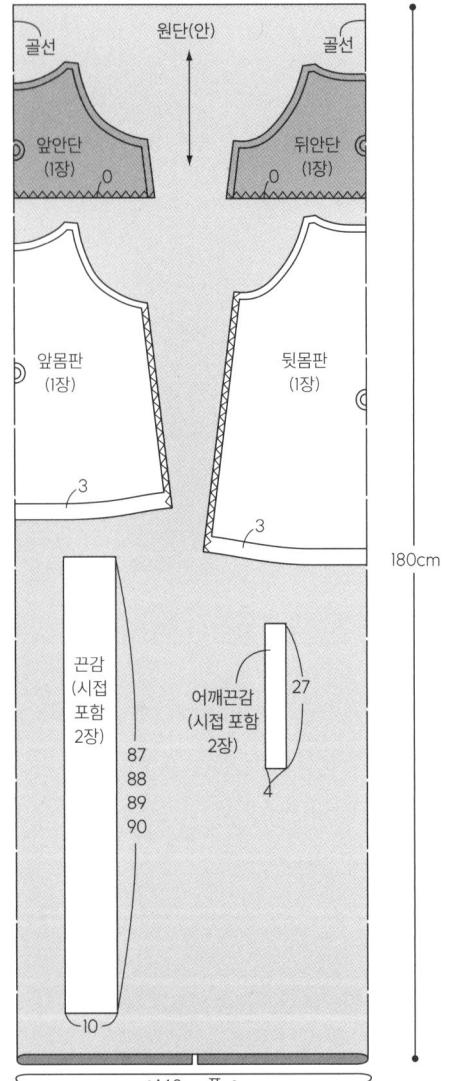

[만드는 순서]

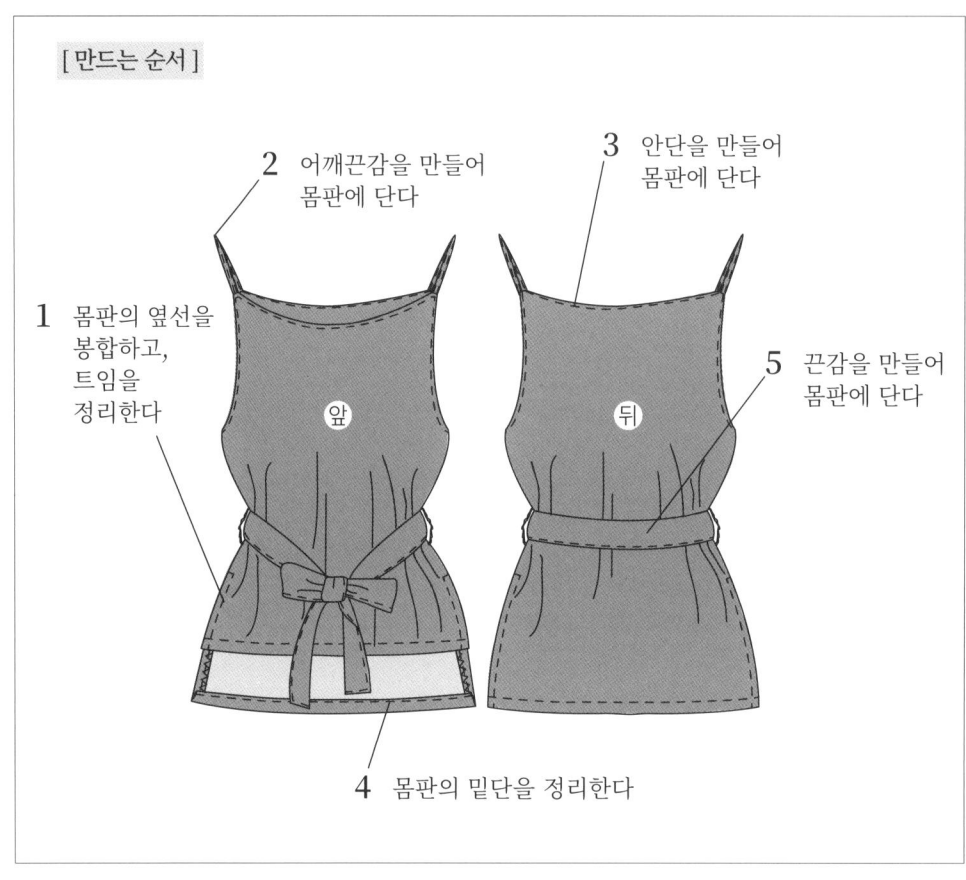

1 몸판의 옆선을 봉합하고, 트임을 정리한다

2 어깨끈감을 만들어 몸판에 단다

3 안단을 만들어 몸판에 단다

4 몸판의 밑단을 정리한다

5 끈감을 만들어 몸판에 단다

[만드는 방법]

★치수가 기재되어 있지 않은 곳은 1cm로 봉합합니다.

1 몸판의 옆선을 봉합하고, 트임을 정리한다

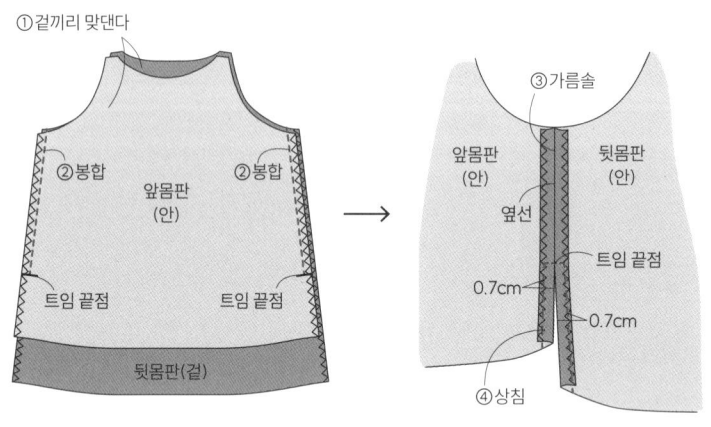

① 겉끼리 맞댄다
② 봉합
앞몸판 (안)
트임 끝점
뒷몸판 (겉)

③ 가름솔
앞몸판 (안)
뒷몸판 (안)
옆선
트임 끝점
0.7cm
0.7cm
④ 상침

※몸판 겉에서 상침한다
※반대쪽도 ③~④과정과 같은 방법으로 만든다

2 어깨끈감을 만들어 몸판에 단다

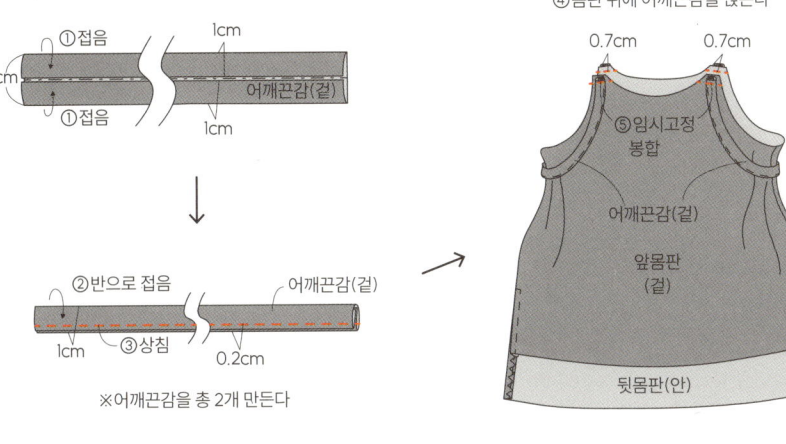

①접음
1cm
2cm
①접음
어깨끈감(겉)

↓

②반으로 접음
어깨끈감(겉)
1cm
③상침
0.2cm

※어깨끈감을 총 2개 만든다

④몸판 위에 어깨끈감을 얹는다
0.7cm 0.7cm
⑤임시고정
봉합
어깨끈감(겉)
앞몸판
(겉)
뒷몸판(안)

→

④겉끼리
맞댄다
뒤안단(겉)
⑥곡진 부분
가윗집
⑤봉합
앞안단(안)
앞몸판
(겉)
뒷몸판(안)

→ ⑦안단을
겉으로
뒤집는다

0.2cm
⑧상침
앞안단(겉)
앞몸판
(안)
뒷몸판(겉)

※몸판 겉에서 상침한다

3 안단을 만들어 몸판에 단다

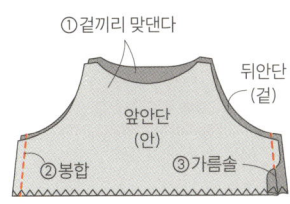

①겉끼리 맞댄다
뒤안단
(겉)
앞안단
(안)
②봉합 ③가름솔

4 몸판의 밑단을 정리한다

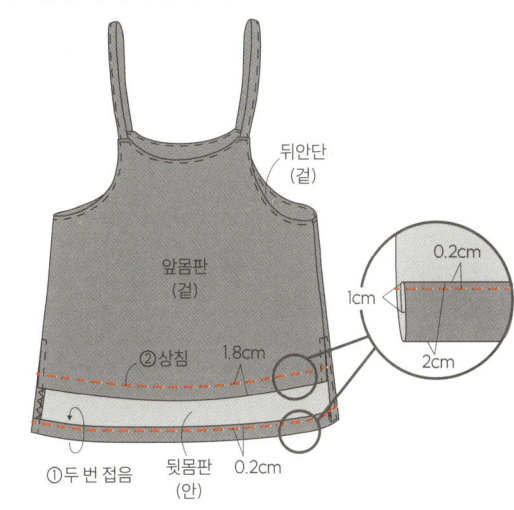

뒤안단
(겉)
앞몸판
(겉)
②상침 1.8cm
①두 번 접음 뒷몸판
(안) 0.2cm

0.2cm
1cm
2cm

5 끈감을 만들어 몸판에 단다

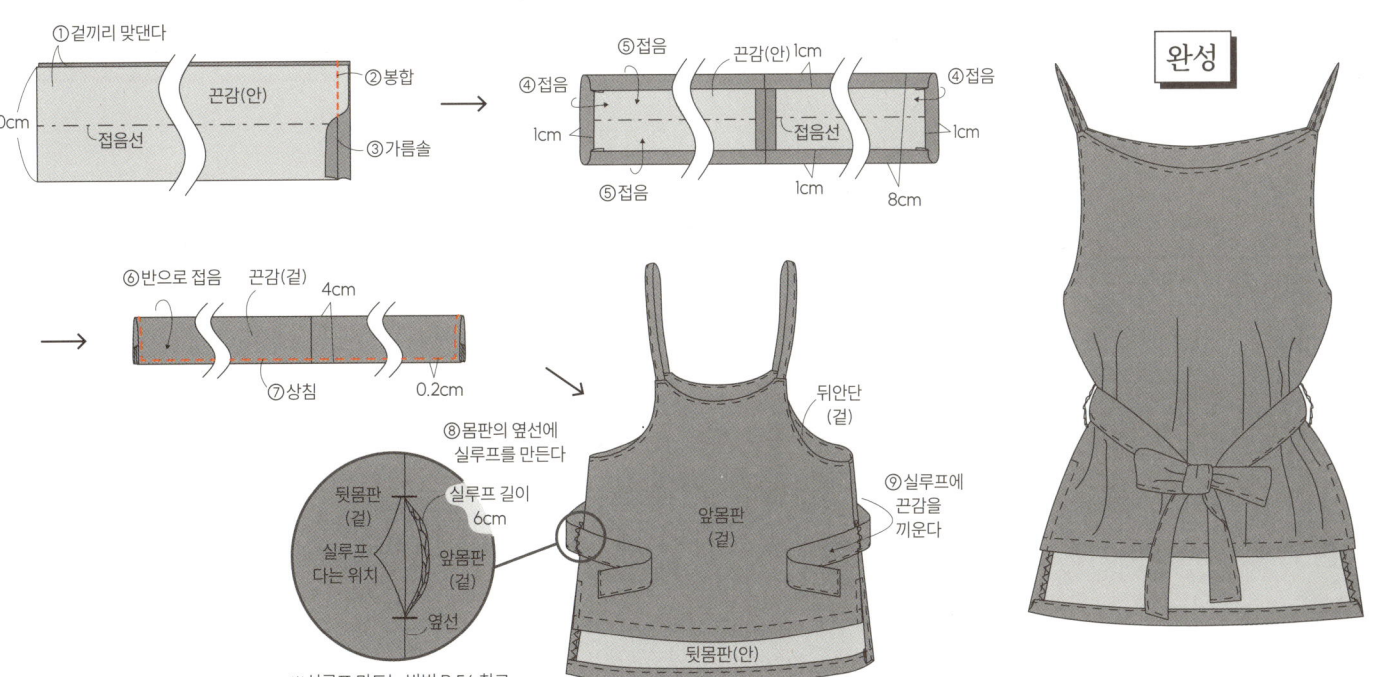

①겉끼리 맞댄다
②봉합
10cm 끈감(안)
접음선 ③가름솔

→

④접음 ⑤접음 끈감(안) 1cm ④접음
1cm 접음선 1cm
⑤접음 1cm 8cm

→

⑥반으로 접음 끈감(겉) 4cm
⑦상침 0.2cm

→

⑧몸판의 옆선에
실루프를 만든다
뒷몸판
(겉)
실루프 길이
6cm
실루프
다는 위치
앞몸판
(겉)
옆선

※실루프 만드는 방법 P.56 참고

뒤안단
(겉)
앞몸판
(겉)
⑨실루프에
끈감을
끼운다
뒷몸판(안)

완성

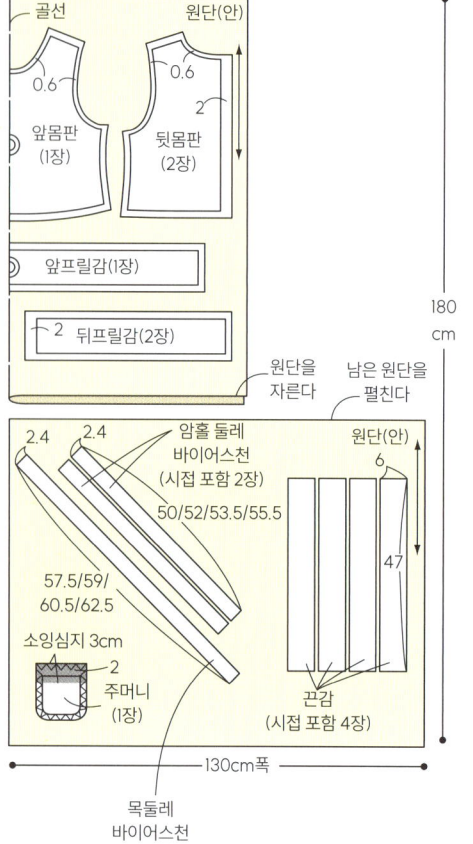

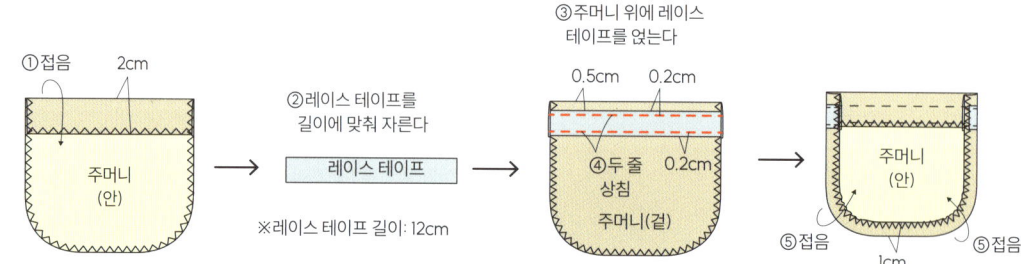

[재단 배치도]

· 지정 이외의 시접은 1cm.
· ▨ 부분에 소잉심지를 붙인다
· ∿∿ 표시된 부분은 지그재그봉제 또는 오버록 처리한다
· 암홀 둘레 바이어스천, 목둘레 바이어스천, 끈감은
  직접 제도하여 사용합니다
· 왼쪽에서부터 55/66/77/88 사이즈

골선
원단(안)
0.6 0.6
앞몸판 (1장) 2 뒷몸판 (2장)

앞프릴감(1장)
2 뒤프릴감(2장)

원단을 자른다
남은 원단을 펼친다

2.4 2.4 암홀 둘레 바이어스천 (시접 포함 2장)
50/52/53.5/55.5
57.5/59/ 60.5/62.5
소잉심지 3cm
2 주머니 (1장)

원단(안)
6
47
끈감 (시접 포함 4장)

180 cm

목둘레 바이어스천 (시접 포함 1장)

130cm폭

[재료]

· 겉감 … 130cm폭 x 180cm
· 소잉심지 … 15cm폭 x 15cm
· 1.2cm폭 바이어스 메이커 … 1개
· 1.5cm폭 레이스 테이프 … 1팩

[완성 사이즈]

사이즈 명칭	55	66	77	88
가슴둘레	97	102	107	112
옷길이	53.5	55	57.5	59

[만드는 순서]

2 몸판의 어깨와 옆선을 봉합한다
3 몸판의 목둘레와 암홀 둘레를 안바이어스 처리한다
6 끈감을 만들어 몸판에 단다
5 몸판의 뒷중심을 정리한다

앞 뒤

4 프릴감을 만들어 몸판에 단다
1 주머니를 만들어 몸판에 단다
7 프릴감의 밑단을 정리한다

[만드는 방법]

★치수가 기재되어 있지 않은 곳은 1cm로 봉합합니다.

1 주머니를 만들어 몸판에 단다

①접음 2cm
주머니 (안)

②레이스 테이프를 길이에 맞춰 자른다
레이스 테이프
※레이스 테이프 길이 : 12cm

③주머니 위에 레이스 테이프를 얹는다
0.5cm 0.2cm
④두 줄 상침 0.2cm
주머니(겉)

주머니 (안)
⑤접음 ⑤접음
1cm

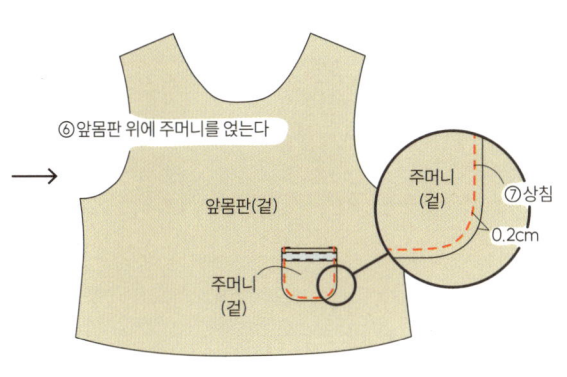

⑥앞몸판 위에 주머니를 얹는다

주머니(겉)
⑦상침
0.2cm
앞몸판(겉)
주머니(겉)

2 몸판의 어깨와 옆선을 봉합한다

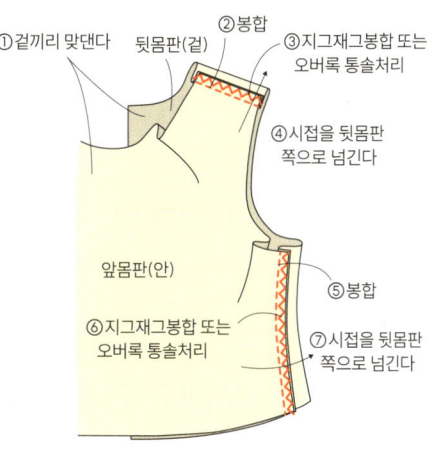

①겉끼리 맞댄다
②봉합
뒷몸판(겉)
③지그재그봉합 또는 오버록 통솔처리
④시접을 뒷몸판 쪽으로 넘긴다
앞몸판(안)
⑥지그재그봉합 또는 오버록 통솔처리
⑤봉합
⑦시접을 뒷몸판 쪽으로 넘긴다

※반대쪽도 ①~⑦과정과 같은 방법으로 만든다

3 몸판의 목둘레와 암홀 둘레를 안바이어스 처리한다

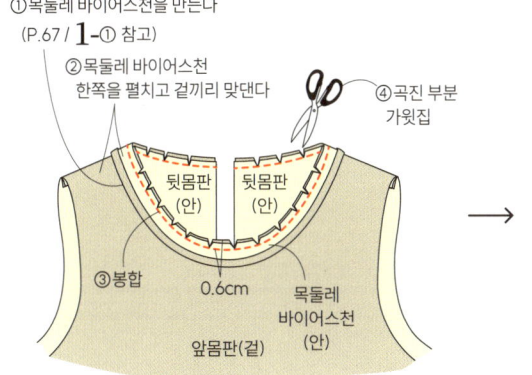

①목둘레 바이어스천을 만든다
(P.67 / 1-① 참고)
②목둘레 바이어스천 한쪽을 펼치고 겉끼리 맞댄다
④곡진 부분 가윗집
뒷몸판(안)   뒷몸판(안)
③봉합
0.6cm
목둘레 바이어스천(안)
앞몸판(겉)

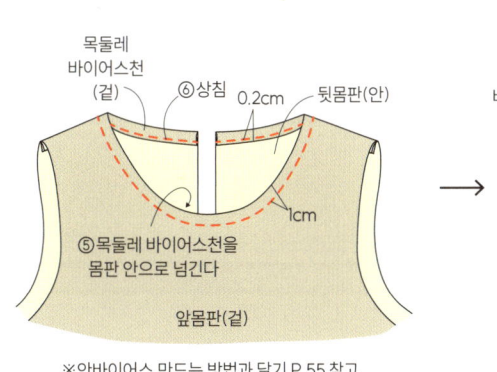

목둘레 바이어스천(겉)
⑥상침
0.2cm
뒷몸판(안)
⑤목둘레 바이어스천을 몸판 안으로 넘긴다
1cm
앞몸판(겉)

※안바이어스 만드는 방법과 달기 P.55 참고

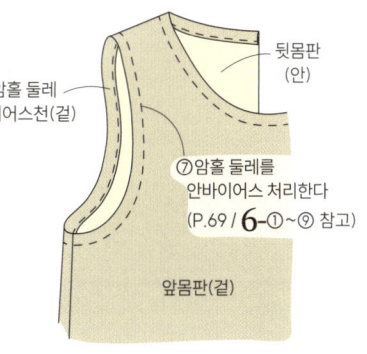

뒷몸판(안)
암홀 둘레 바이어스천(겉)
⑦암홀 둘레를 안바이어스 처리한다
(P.69 / 6-①~⑨ 참고)
앞몸판(겉)

※안바이어스 만드는 방법과 달기 P.55 참고
※반대쪽도 ⑦과정과 같은 방법으로 만든다

4 프릴감을 만들어 몸판에 단다

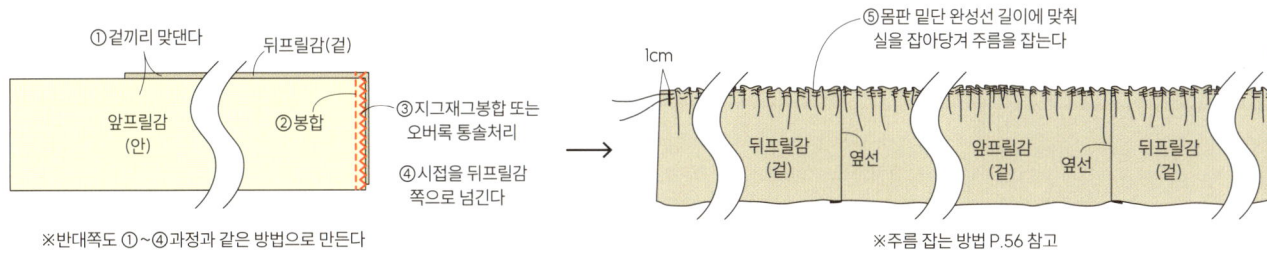

①겉끼리 맞댄다
뒤프릴감(겉)
앞프릴감(안)
②봉합
③지그재그봉합 또는 오버록 통솔처리
④시접을 뒤프릴감 쪽으로 넘긴다

※반대쪽도 ①~④과정과 같은 방법으로 만든다

1cm
⑤몸판 밑단 완성선 길이에 맞춰 실을 잡아당겨 주름을 잡는다
뒤프릴감(겉)   옆선   앞프릴감(겉)   옆선   뒤프릴감(겉)
1cm

※주름 잡는 방법 P.56 참고

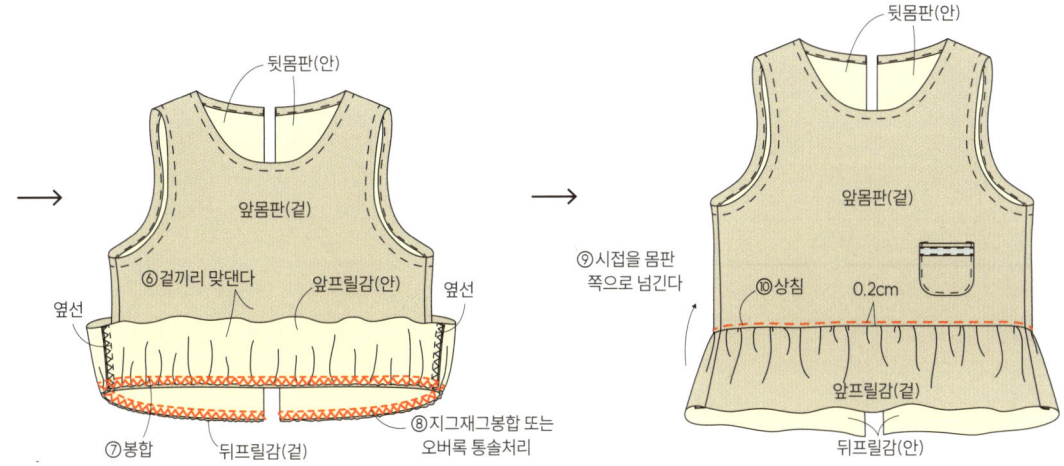

뒷몸판(안)
앞몸판(겉)
옆선
⑥겉끼리 맞댄다
앞프릴감(안)
옆선
옆선
⑦봉합
뒤프릴감(겉)
⑧지그재그봉합 또는 오버록 통솔처리

뒷몸판(안)
앞몸판(겉)
⑨시접을 몸판 쪽으로 넘긴다
⑩상침
0.2cm
앞프릴감(겉)
뒤프릴감(안)

5 몸판의 뒷중심을 정리한다

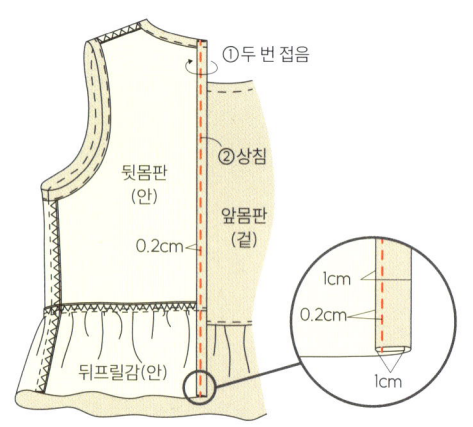

①두 번 접음
②상침
뒷몸판 (안)
앞몸판 (겉)
0.2cm
뒤프릴감(안)

1cm
0.2cm
1cm

※몸판 겉에서 상침한다
※반대쪽도 ①~②과정과 같은 방법으로 만든다

6 끈감을 만들어 몸판에 단다

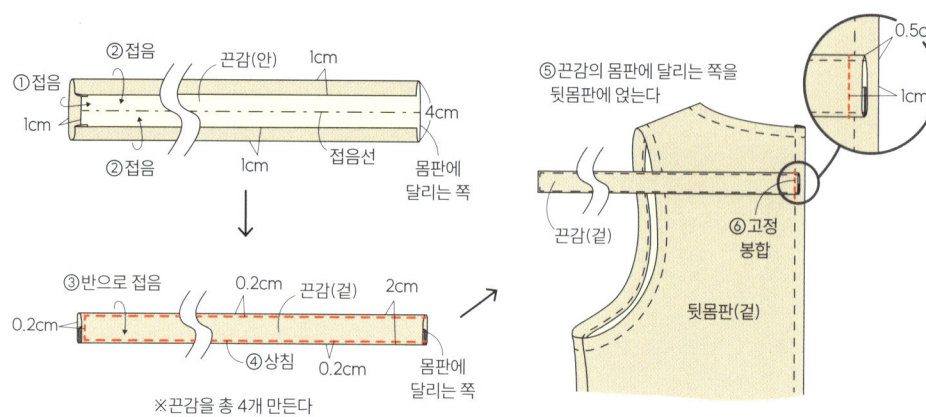

①접음
②접음
끈감(안) 1cm
1cm
②접음
4cm
접음선
몸판에 달리는 쪽

③반으로 접음
0.2cm
0.2cm 끈감(겉) 2cm
④상침
0.2cm
몸판에 달리는 쪽

※끈감을 총 4개 만든다

⑤끈감의 몸판에 달리는 쪽을 뒷몸판에 얹는다
0.5cm
1cm
끈감(겉)
⑥고정 봉합
뒷몸판(겉)

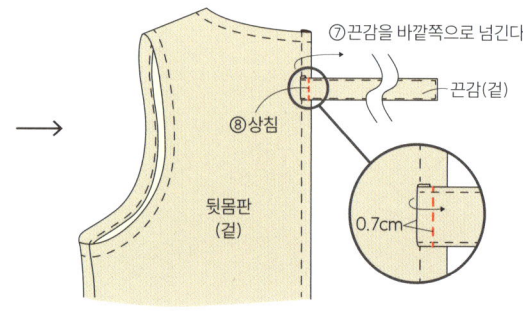

⑦끈감을 바깥쪽으로 넘긴다
끈감(겉)
⑧상침
뒷몸판 (겉)
0.7cm

※몸판 겉에서 상침한다
※나머지 끈감도 ⑤~⑧과정과 같은 방법으로 만든다

7 프릴감의 밑단을 정리한다

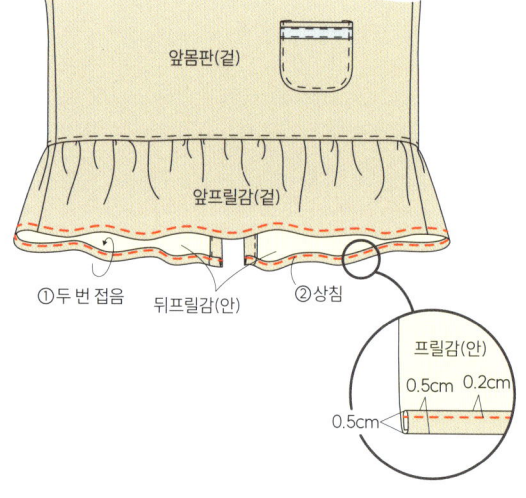

앞몸판(겉)
앞프릴감(겉)
①두 번 접음
뒤프릴감(안)
②상침
프릴감(안)
0.5cm 0.2cm
0.5cm

완성

[재단 배치도]

· 지정 이외의 시접은 1cm.
· ⋙ 표시된 부분은 지그재그봉제 또는 오버록 처리한다

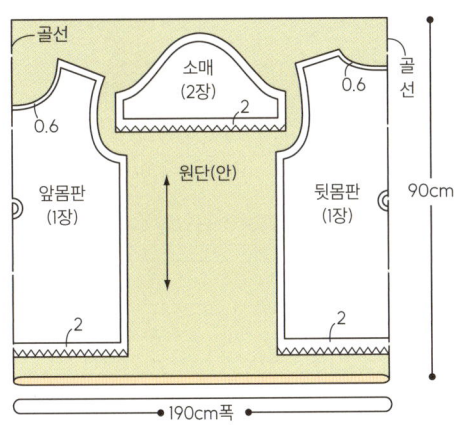

골선
소매
(2장)
2
골선
앞몸판
(1장)
원단(안)
뒷몸판
(1장)
0.6
0.6
2
2
90cm
190cm폭

[재료]

· 겉감 … 190cm폭(환형) x 90cm
· 1.2cm폭 바이어스 메이커 … 1개
· 1cm(완성폭) 니트 바이어스 테이프 … 1개

[완성 사이즈]

사이즈 명칭	55	66	77	88
가슴둘레	90.5	95.5	100.5	105.5
옷길이	59	61	63.5	66
소매길이	16	17	18	19

[만드는 순서]

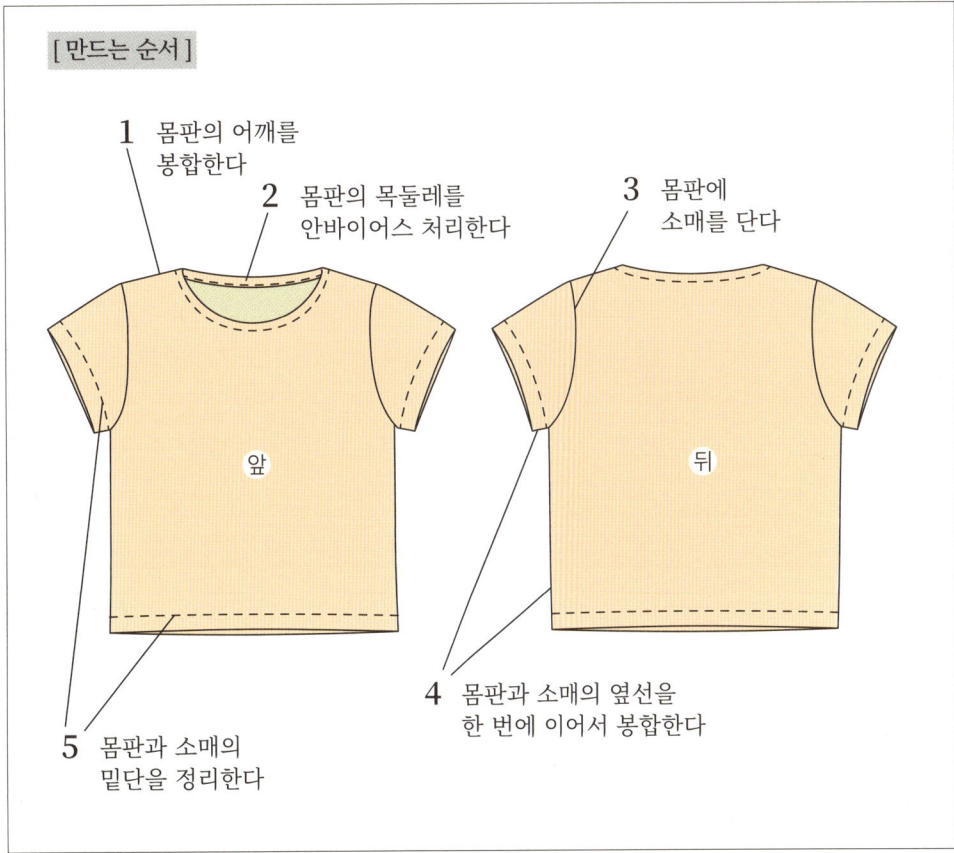

1 몸판의 어깨를 봉합한다

2 몸판의 목둘레를 안바이어스 처리한다

3 몸판에 소매를 단다

앞

뒤

4 몸판과 소매의 옆선을 한 번에 이어서 봉합한다

5 몸판과 소매의 밑단을 정리한다

[만드는 방법]

★치수가 기재되어 있지 않은 곳은 1cm로 봉합합니다.

1 몸판의 어깨를 봉합한다 (P.75 / 2-①~④ 참고)

2 몸판의 목둘레를 안바이어스 처리한다

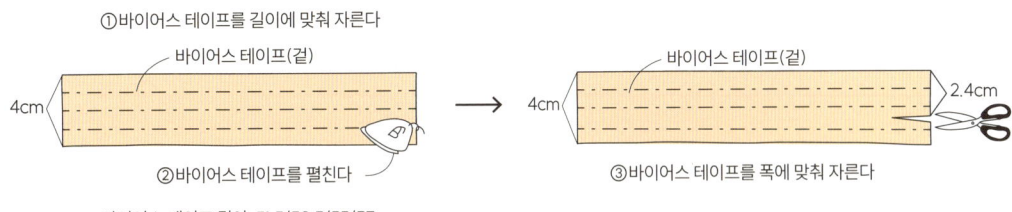

①바이어스 테이프를 길이에 맞춰 자른다
바이어스 테이프(겉)
4cm
②바이어스 테이프를 펼친다

바이어스 테이프(겉)
4cm
2.4cm
③바이어스 테이프를 폭에 맞춰 자른다

※바이어스 테이프 길이 : 51.5/53.5/55/57cm

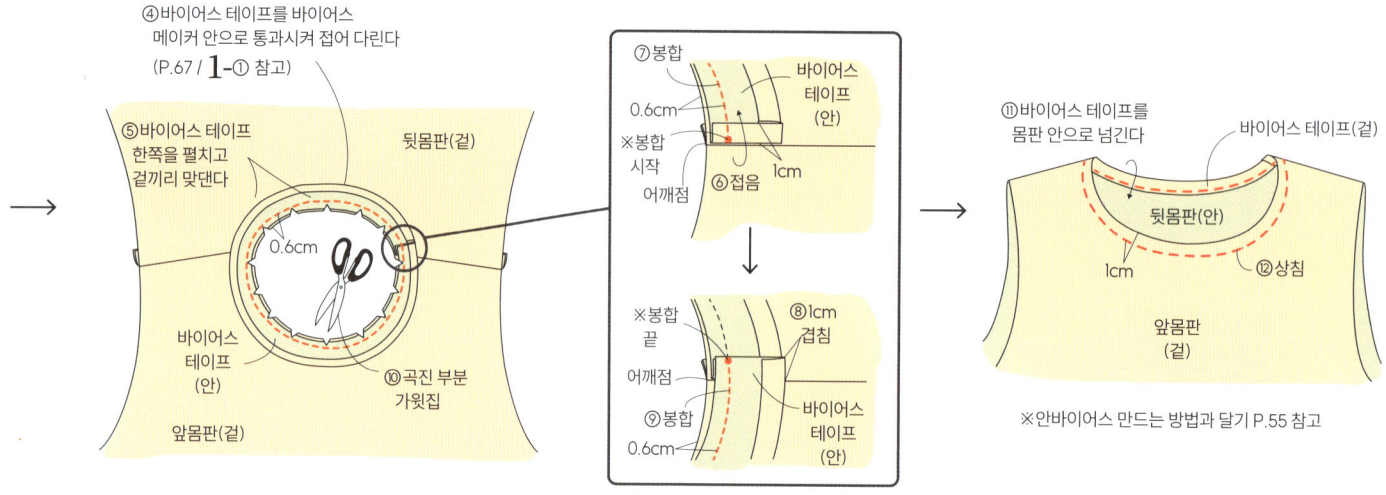

3 몸판에 소매를 단다

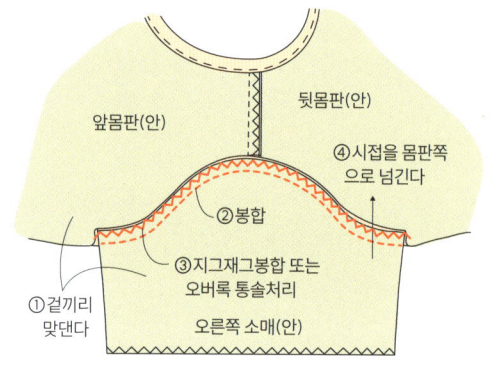

※왼쪽 소매도 ①~④과정과 같은 방법으로 만든다

4 몸판과 소매의 옆선을 한 번에 이어서 봉합한다

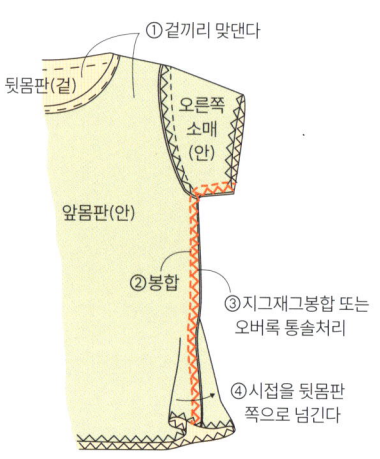

※반대쪽도 ①~④과정과 같은 방법으로 만든다

5 몸판과 소매의 밑단을 정리한다

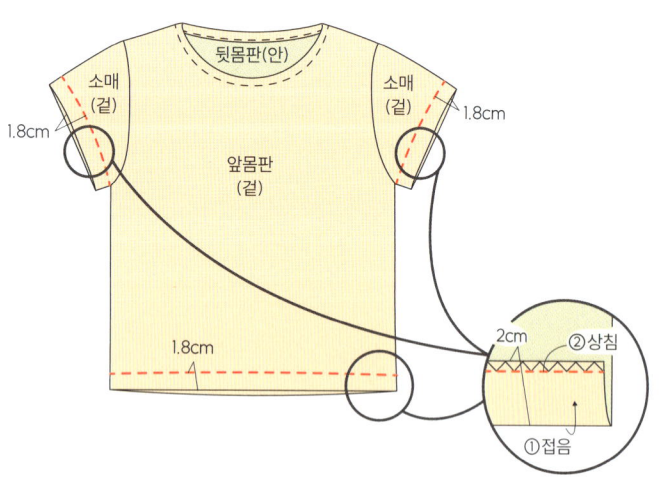

완성

[재단 배치도]

·지정 이외의 시접은 1cm.

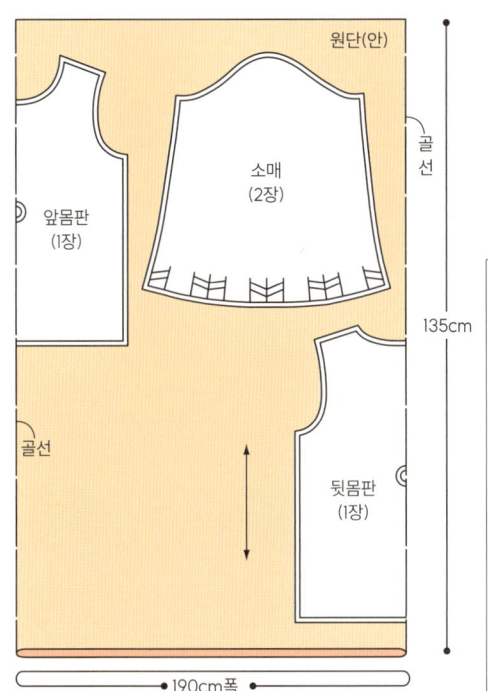

[재료]

·겉감 … 190cm폭(환형) x 135cm
·시보리감 … 110cm폭(환형) x 45cm

[완성 사이즈]

사이즈 명칭	55	66	77	88
가슴둘레	90.5	95.5	100.5	105.5
옷길이	68	70	72.5	75
소매길이	57.5	58.5	60	61.5

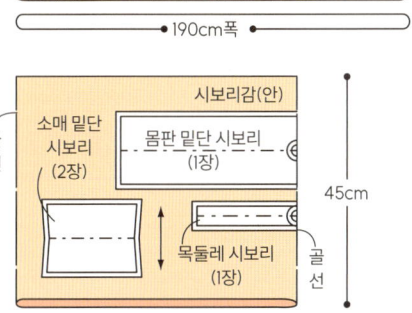

[만드는 순서]

1 몸판의 어깨를 봉합한다
2 목둘레 시보리를 만들어 몸판에 단다
5 몸판과 소매의 옆선을 한 번에 이어서 봉합한다
4 몸판에 소매를 단다
3 소매의 밑단에 턱을 잡는다
6 몸판 밑단 시보리를 만들어 몸판에 단다
7 소매 밑단 시보리를 만들어 소매에 단다

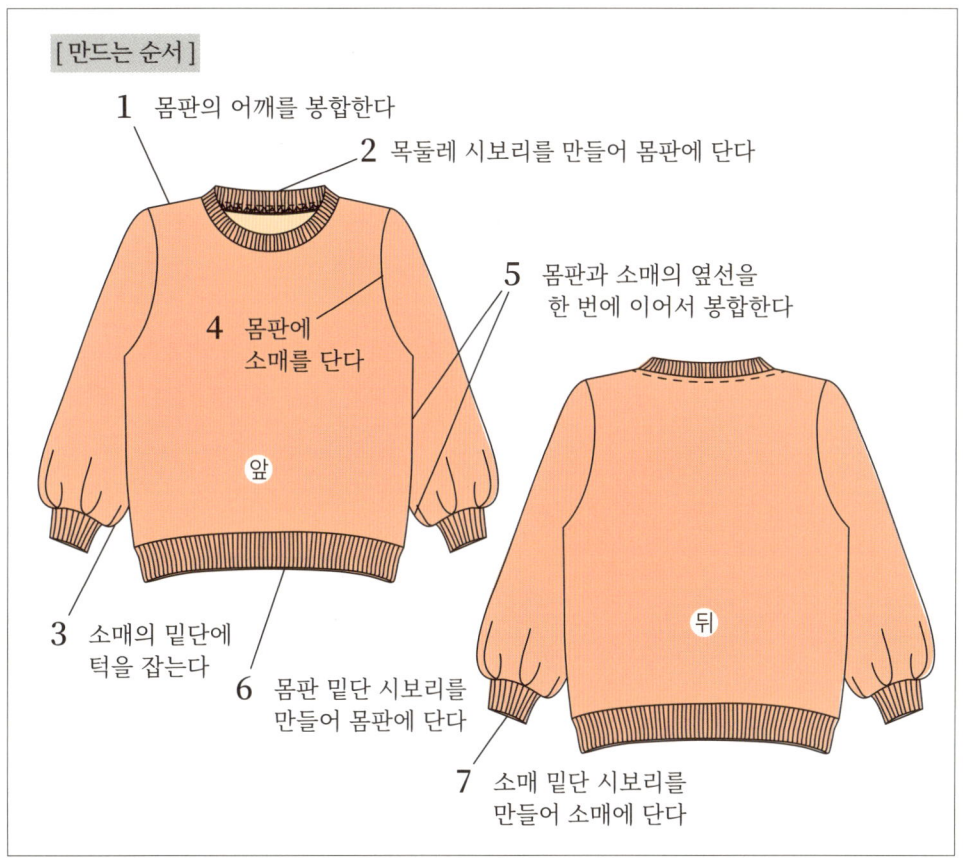

[만드는 방법]

★치수가 기재되어 있지 않은 곳은 1cm로 봉합합니다.

1 몸판의 어깨를 봉합한다 (P.75 / **2**-①~④ 참고)

2 목둘레 시보리를 만들어 몸판에 단다

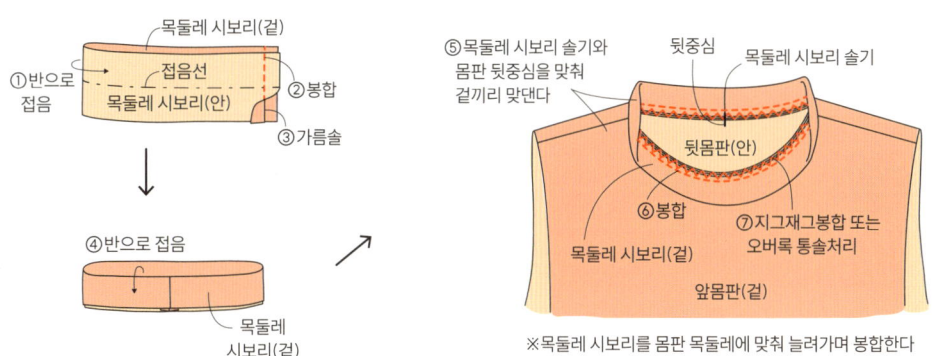

①반으로 접음
접음선
목둘레 시보리(겉)
목둘레 시보리(안)
②봉합
③가름솔

④반으로 접음

목둘레 시보리(겉)

⑤목둘레 시보리 솔기와 몸판 뒷중심을 맞춰 겉끼리 맞댄다
뒷중심
목둘레 시보리 솔기
뒷몸판(안)
⑥봉합
⑦지그재그봉합 또는 오버록 통솔처리
목둘레 시보리(겉)
앞몸판(겉)

※목둘레 시보리를 몸판 목둘레에 맞춰 늘려가며 봉합한다

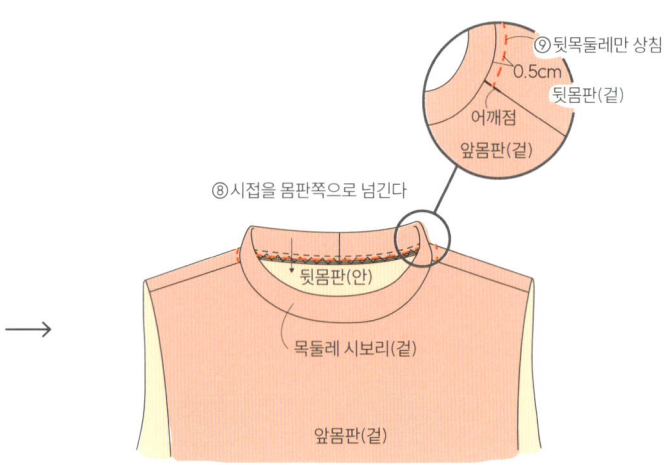
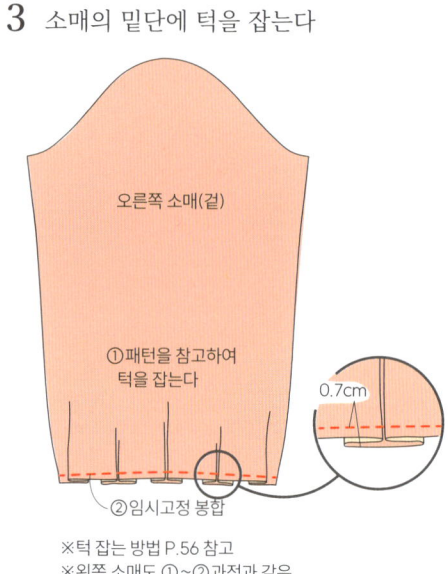

3 소매의 밑단에 턱을 잡는다

⑨뒷목둘레만 상침
0.5cm
뒷몸판(겉)
어깨점
앞몸판(겉)
⑧시접을 몸판쪽으로 넘긴다
뒷몸판(안)
목둘레 시보리(겉)
앞몸판(겉)

오른쪽 소매(겉)
①패턴을 참고하여 턱을 잡는다
0.7cm
②임시고정 봉합

※턱 잡는 방법 P.56 참고
※왼쪽 소매도 ①~②과정과 같은 방법으로 만든다

4 몸판에 소매를 단다 (P.78 / **3**-①~④ 참고)

5 몸판과 소매의 옆선을 한 번에 이어서 봉합한다 (P.78 / **4**-①~④ 참고)

6 몸판 밑단 시보리를 만들어 몸판에 단다

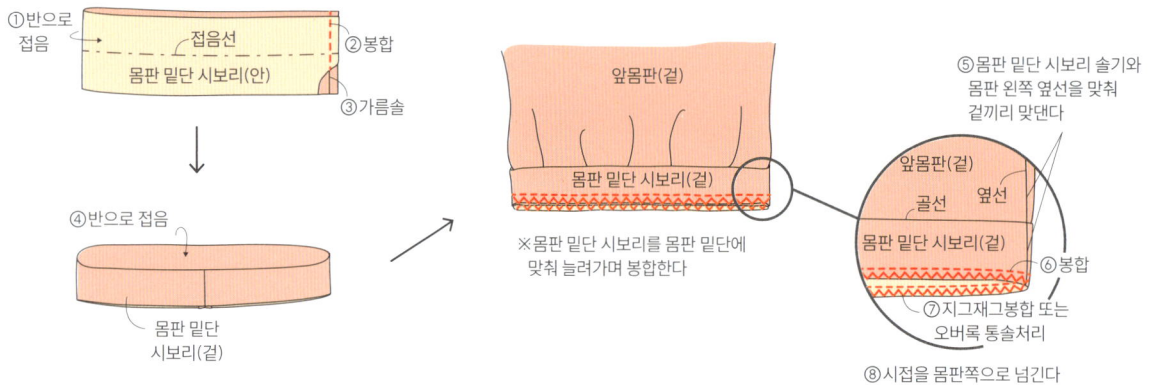

①반으로 접음
접음선
몸판 밑단 시보리(안)
②봉합
③가름솔
④반으로 접음
몸판 밑단 시보리(겉)

앞몸판(겉)
몸판 밑단 시보리(겉)
※몸판 밑단 시보리를 몸판 밑단에 맞춰 늘려가며 봉합한다

⑤몸판 밑단 시보리 솔기와 몸판 왼쪽 옆선을 맞춰 겉끼리 맞댄다
앞몸판(겉)
골선
옆선
몸판 밑단 시보리(겉)
⑥봉합
⑦지그재그봉합 또는 오버록 통솔처리
⑧시접을 몸판쪽으로 넘긴다

7 소매 밑단 시보리를 만들어 소매에 단다

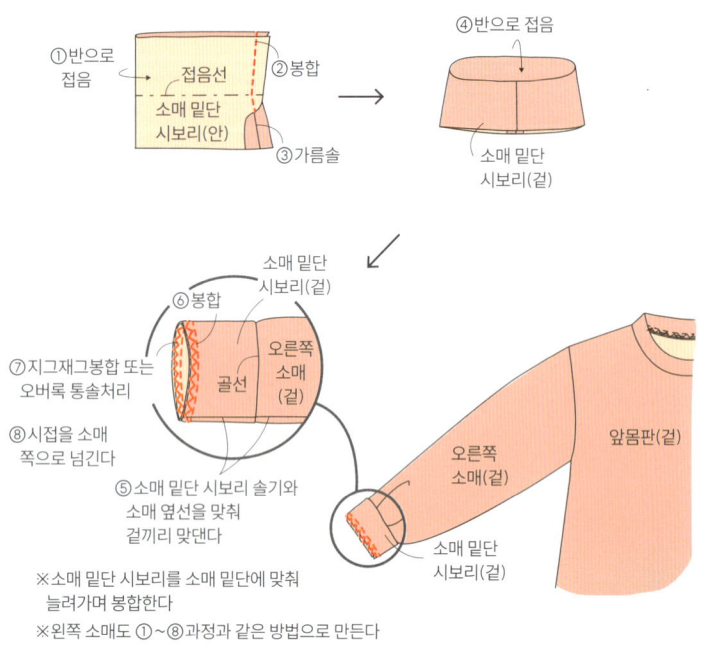

①반으로 접음
접음선
소매 밑단 시보리(안)
②봉합
③가름솔
④반으로 접음
소매 밑단 시보리(겉)

⑥봉합
소매 밑단 시보리(겉)
오른쪽 소매(겉)
⑦지그재그봉합 또는 오버록 통솔처리
골선
⑧시접을 소매 쪽으로 넘긴다
⑤소매 밑단 시보리 솔기와 소매 옆선을 맞춰 겉끼리 맞댄다
오른쪽 소매(겉)
앞몸판(겉)
소매 밑단 시보리(겉)
※소매 밑단 시보리를 소매 밑단에 맞춰 늘려가며 봉합한다
※왼쪽 소매도 ①~⑧과정과 같은 방법으로 만든다

완성

[재단 배치도]

· 지정 이외의 시접은 1cm.
· ▨ 부분에 소잉테이프 심지를 붙인다
· ∿ 표시된 부분은 지그재그봉제 또는 오버록 처리한다
· 목둘레 바이어스천은 직접 제도하여 사용합니다

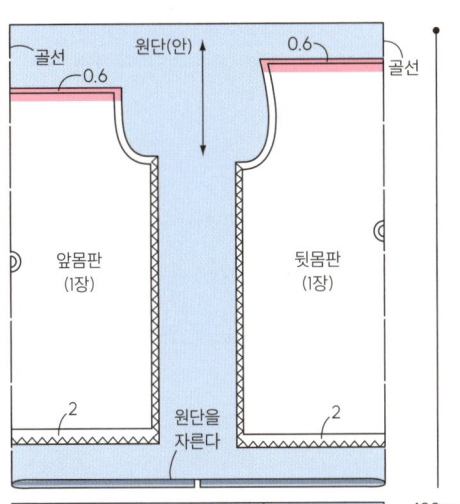

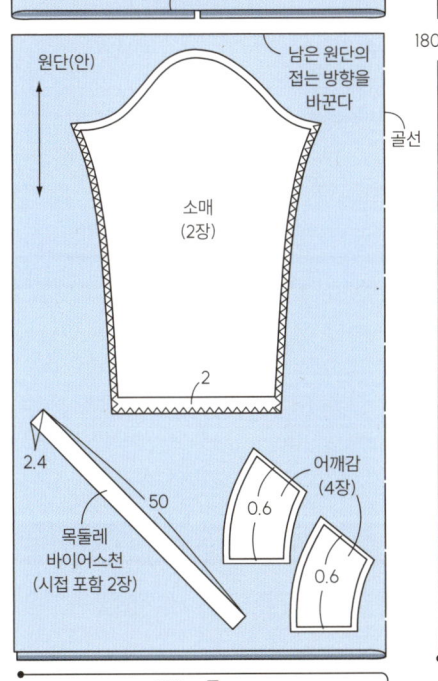

[재료]

· 겉감 … 190cm폭 x 180cm
· 1.2cm폭 소잉테이프 심지 … 1팩
· 1.2cm폭 바이어스 메이커 … 1개

[완성 사이즈]

사이즈 명칭	55	66	77	88
가슴둘레	98	102.5	107.5	112
옷길이	72	73.5	75.5	77
소매길이	57.5	59	60	61

[만드는 순서]

1 어깨감을 만들어 몸판에 달고, 목둘레를 안바이어스 처리한다

2 몸판에 소매를 단다

3 몸판과 소매의 옆선을 한 번에 이어서 봉합한다

4 몸판과 소매의 밑단을 정리한다

[만드는 방법]

★치수가 기재되어 있지 않은 곳은 1cm로 봉합합니다.

1 어깨감을 만들어 몸판에 달고, 목둘레를 안바이어스 처리한다

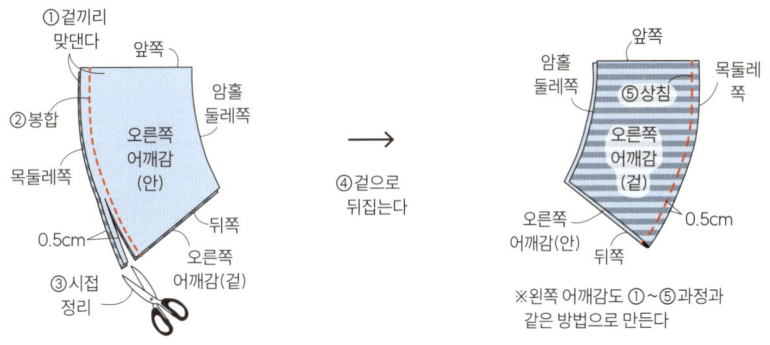

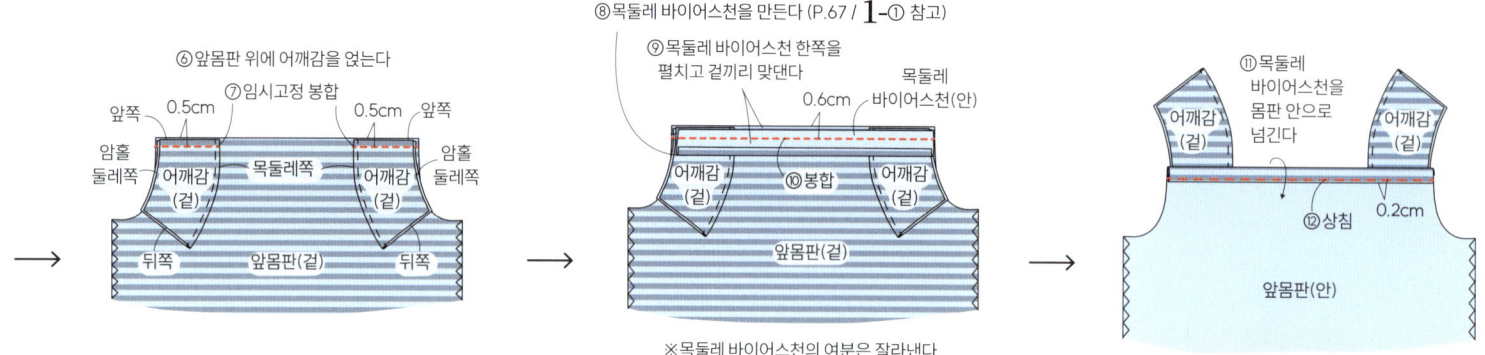

⑥앞몸판 위에 어깨감을 얹는다
⑦임시고정 봉합
0.5cm
0.5cm
앞쪽
앞쪽
암홀
둘레쪽
어깨감
(겉)
목둘레쪽
어깨감
(겉)
암홀
둘레쪽
뒤쪽
앞몸판(겉)
뒤쪽

⑧목둘레 바이어스천을 만든다 (P.67 / 1-① 참고)
⑨목둘레 바이어스천 한쪽을 펼치고 겉끼리 맞댄다
목둘레 바이어스천(안)
0.6cm
어깨감(겉)
⑩봉합
어깨감(겉)
앞몸판(겉)
※목둘레 바이어스천의 여분은 잘라낸다

⑪목둘레 바이어스천을 몸판 안으로 넘긴다
어깨감(겉)
어깨감(겉)
⑫상침
0.2cm
앞몸판(안)
※안바이어스 만드는 방법과 달기 P.55 참고
※몸판 겉에서 상침한다
※뒷몸판도 ⑥~⑫과정과 같은 방법으로 만든다

2 몸판에 소매를 단다 (P.78 / 3-①~④ 참고)

3 몸판과 소매의 옆선을 한 번에 이어서 봉합한다

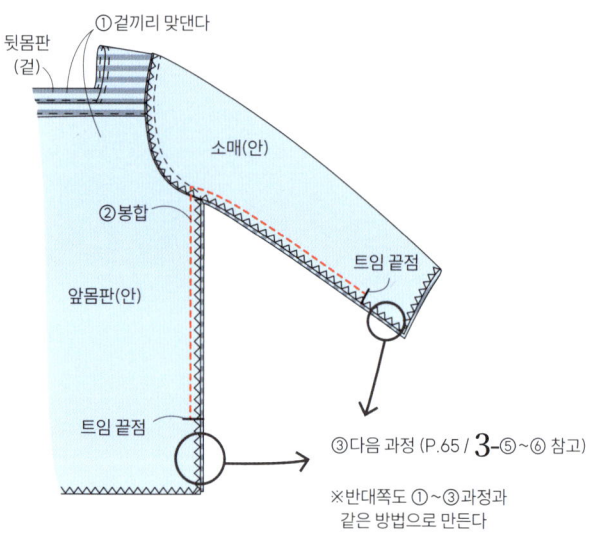

①겉끼리 맞댄다
뒷몸판(겉)
소매(안)
②봉합
앞몸판(안)
트임 끝점
트임 끝점
③다음 과정 (P.65 / 3-⑤~⑥ 참고)
※반대쪽도 ①~③과정과 같은 방법으로 만든다

완성

4 몸판과 소매의 밑단을 정리한다 (P.78 / 5-①~② 참고)

[재단 배치도]

· 지정 이외의 시접은 1cm.
· ▬ 부분에 소잉테이프 심지를 붙인다
· ∿ 표시된 부분은 지그재그봉제 또는 오버록 처리한다
· 목둘레 바이어스천은 직접 제도하여 사용합니다

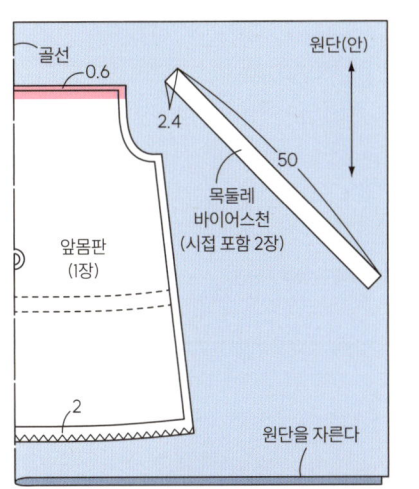

골선
0.6
2.4
50
원단(안)
목둘레
바이어스천
(시접 포함 2장)
앞몸판
(1장)
2
원단을 자른다

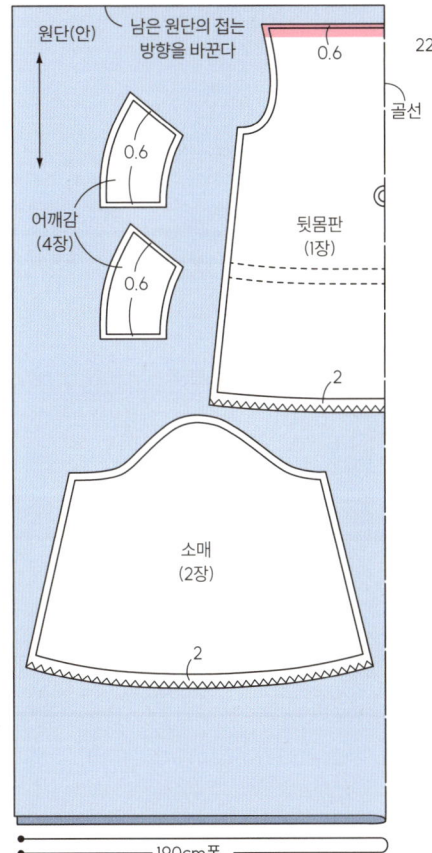

원단(안)
남은 원단의 접는
방향을 바꾼다
0.6
골선
어깨감
(4장)
0.6
0.6
뒷몸판
(1장)
2
소매
(2장)
2
225cm
190cm폭

[재료]

· 겉감 ··· 190cm폭 x 225cm
· 1.2cm폭 소잉테이프 심지 ··· 1팩
· 1.2cm폭 바이어스 메이커 ··· 1개
· 2.5cm폭 소프트 테이프 ··· 1팩
· 1.5cm폭 고무줄(허리용) ··· 1팩
· 1cm폭 고무줄(소매용) ··· 1팩

[완성 사이즈]

사이즈 명칭	55	66	77	88
가슴둘레	98	102.5	107.5	112
옷길이	72	73.5	75.5	77
소매길이	39.5	40.5	41.5	42.5

[만드는 순서]

1 어깨감을 만들어
몸판에 달고, 목둘레를
안바이어스 처리한다

2 몸판에 소매를 단다

앞

뒤

3 몸판에 고무줄을 달고,
몸판을 만든다

4 소매의 밑단을 정리하고,
고무줄을 통과시킨다

5 몸판의
밑단을
정리한다

[만드는 방법]

★치수가 기재되어 있지 않은 곳은 1cm로 봉합합니다.

1 어깨감을 만들어 몸판에 달고, 목둘레를 안바이어스 처리한다 (P.81 / **1**-①~⑫ 참고)

2 몸판에 소매를 단다 (P.78 / **3**-①~④ 참고)

3 몸판에 고무줄을 달고, 몸판을 만든다

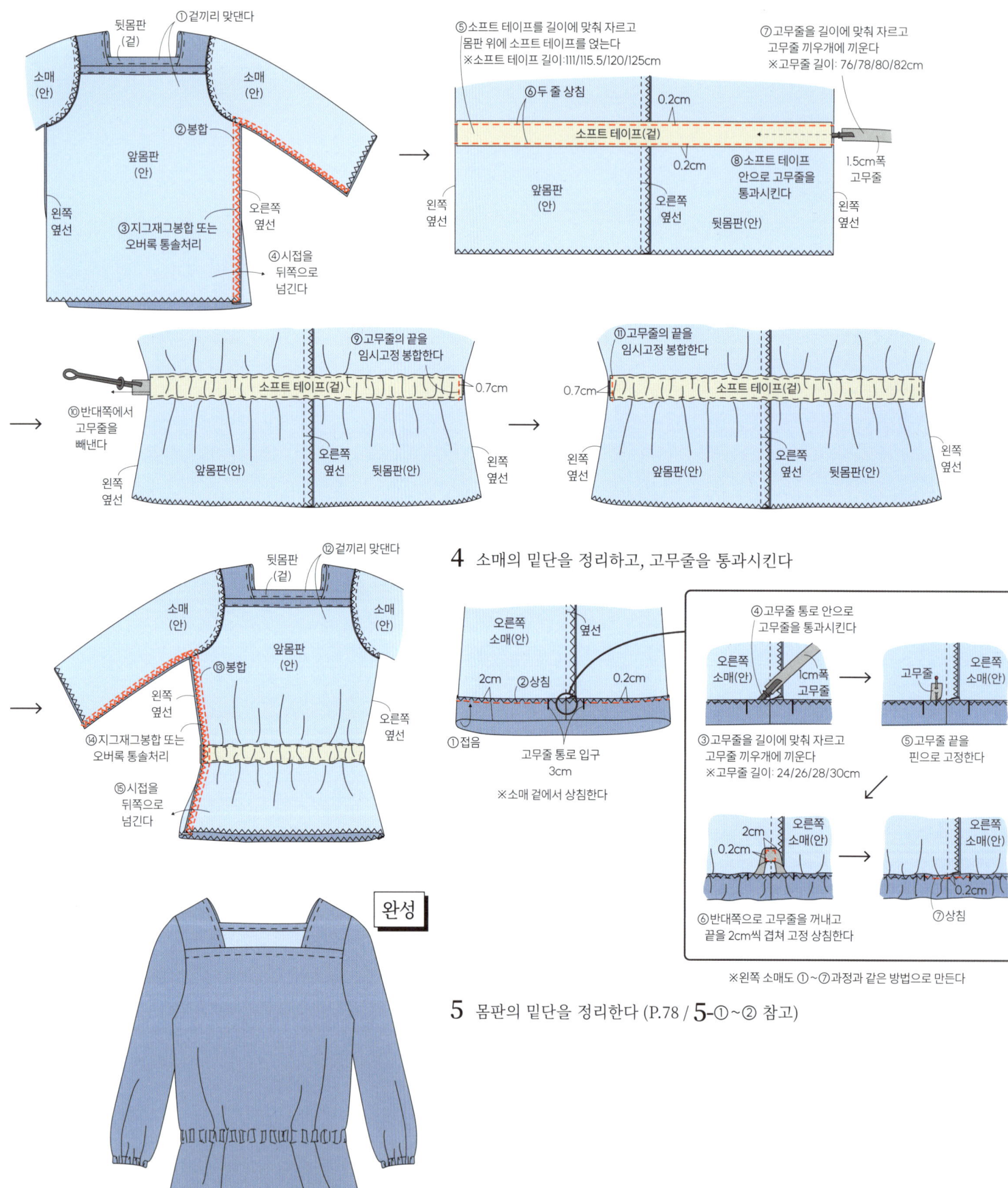

뒷몸판(겉)
①겉끼리 맞댄다
소매(안)
소매(안)
②봉합
앞몸판(안)
왼쪽 옆선
③지그재그봉합 또는 오버록 통솔처리
오른쪽 옆선
④시접을 뒤쪽으로 넘긴다

⑤소프트 테이프를 길이에 맞춰 자르고 몸판 위에 소프트 테이프를 얹는다
※소프트 테이프 길이:111/115.5/120/125cm
⑦고무줄을 길이에 맞춰 자르고 고무줄 끼우개에 끼운다
※고무줄 길이: 76/78/80/82cm
⑥두 줄 상침
0.2cm
소프트 테이프(겉)
0.2cm
앞몸판(안)
오른쪽 옆선
⑧소프트 테이프 안으로 고무줄을 통과시킨다
뒷몸판(안)
1.5cm폭 고무줄
왼쪽 옆선
왼쪽 옆선

⑨고무줄의 끝을 임시고정 봉합한다
소프트 테이프(겉)
0.7cm
⑩반대쪽에서 고무줄을 빼낸다
앞몸판(안)
오른쪽 옆선
뒷몸판(안)
왼쪽 옆선
왼쪽 옆선

⑪고무줄의 끝을 임시고정 봉합한다
0.7cm
소프트 테이프(겉)
앞몸판(안)
오른쪽 옆선
뒷몸판(안)
왼쪽 옆선
왼쪽 옆선

뒷몸판(겉)
⑫겉끼리 맞댄다
소매(안)
소매(안)
앞몸판(안)
⑬봉합
왼쪽 옆선
⑭지그재그봉합 또는 오버록 통솔처리
오른쪽 옆선
⑮시접을 뒤쪽으로 넘긴다

4 소매의 밑단을 정리하고, 고무줄을 통과시킨다

오른쪽 소매(안)
옆선
2cm
②상침
0.2cm
①접음
고무줄 통로 입구 3cm
※소매 겉에서 상침한다

④고무줄 통로 안으로 고무줄을 통과시킨다
오른쪽 소매(안)
1cm폭 고무줄
오른쪽 소매(안)
고무줄
③고무줄을 길이에 맞춰 자르고 고무줄 끼우개에 끼운다
※고무줄 길이: 24/26/28/30cm
⑤고무줄 끝을 핀으로 고정한다
2cm
0.2cm
오른쪽 소매(안)
오른쪽 소매(안)
0.2cm
⑥반대쪽으로 고무줄을 꺼내고 끝을 2cm씩 겹쳐 고정 상침한다
⑦상침

※왼쪽 소매도 ①~⑦과정과 같은 방법으로 만든다

5 몸판의 밑단을 정리한다 (P.78 / 5-①~② 참고)

완성

[재단 배치도]

· 지정 이외의 시접은 1cm.
· ∿∿ 표시된 부분은 지그재그봉제 또는 오버록 처리한다
· 목둘레 바이어스천은 직접 제도하여 사용합니다
· 왼쪽에서부터 55/66/77/88 사이즈

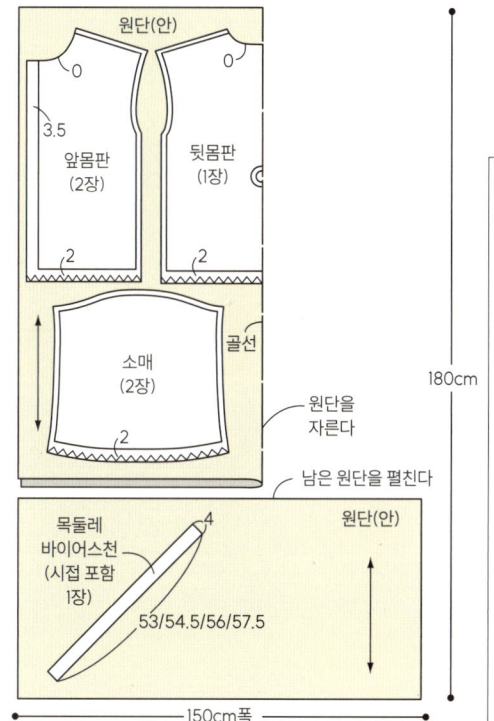

[재료]

· 겉감 ··· 150cm폭 x 180cm

[완성 사이즈]

사이즈 명칭	55	66	77	88
가슴둘레	113.5	118	122.5	127
옷길이	68.5	70.5	72	74
소매길이	42	43	44	45

[만드는 순서]

1 앞몸판을 만든다
2 몸판의 어깨를 봉합한다
3 몸판의 목둘레를 바이어스 처리한다
4 몸판에 소매를 단다
5 몸판과 소매의 옆선을 한 번에 이어서 봉합한다
6 몸판과 소매의 밑단을 정리한다

[만드는 방법]

★치수가 기재되어 있지 않은 곳은 1cm로 봉합합니다.

1 앞몸판을 만든다

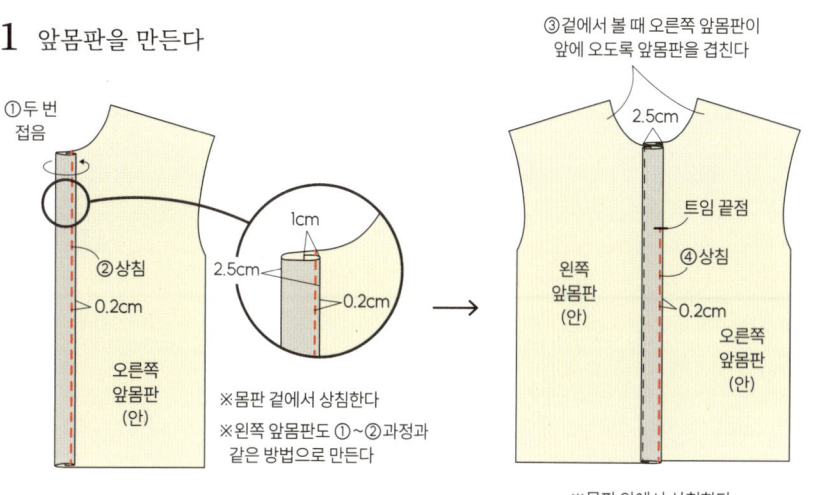

①두번 접음
②상침
0.2cm
오른쪽 앞몸판 (안)
1cm
2.5cm
0.2cm
※몸판 겉에서 상침한다
※왼쪽 앞몸판도 ①~②과정과 같은 방법으로 만든다

③겉에서 볼 때 오른쪽 앞몸판이 앞에 오도록 앞몸판을 겹친다
2.5cm
트임 끝점
④상침
0.2cm
왼쪽 앞몸판 (안)
오른쪽 앞몸판 (안)
※몸판 안에서 상침한다

2 몸판의 어깨를 봉합한다 (P.75 / **2**-①~④ 참고)

3 몸판의 목둘레를 바이어스 처리한다

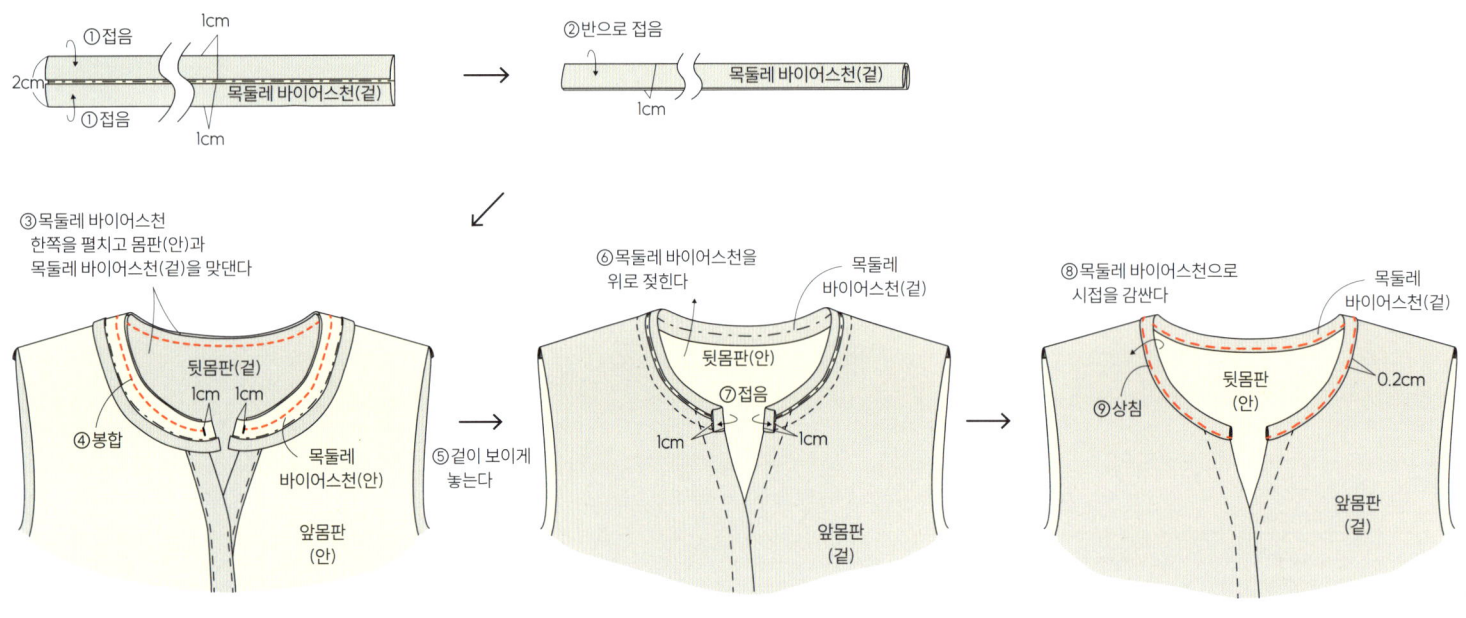

①접음
1cm
2cm
①접음
1cm
목둘레 바이어스천(겉)

②반으로 접음
1cm
목둘레 바이어스천(겉)

③목둘레 바이어스천
한쪽을 펼치고 몸판(안)과
목둘레 바이어스천(겉)을 맞댄다

뒷몸판(겉)
1cm 1cm
④봉합
목둘레
바이어스천(안)
앞몸판
(안)

⑤겉이 보이게
놓는다

⑥목둘레 바이어스천을
위로 젖힌다
목둘레
바이어스천(겉)
뒷몸판(안)
⑦접음
1cm   1cm
앞몸판
(겉)

⑧목둘레 바이어스천으로
시접을 감싼다
목둘레
바이어스천(겉)
뒷몸판
(안)
0.2cm
⑨상침
앞몸판
(겉)

※바이어스 만드는 방법과 달기 P.55 참고

4 몸판에 소매를 단다 (P.78 / **3**-①~④ 참고)

5 몸판과 소매의 옆선을 한 번에 이어서 봉합한다 (P.78 / **4**-①~④ 참고)

6 몸판과 소매의 밑단을 정리한다 (P.78 / **5**-①~② 참고)

완성

[패턴에 대해서]

· 앞·뒤몸판 실물크기 패턴에서 앞·뒤안단을 각각 베껴
사용합니다
※패턴 베끼는 방법 P.51 참고

[재단 배치도]

· 지정 이외의 시접은 1cm.
· ▨ 부분에 소잉심지를 붙인다
· ▧ 부분에 소잉테이프 심지를 붙인다
· ∿∿ 표시된 부분은 지그재그봉제 또는 오버록 처리한다

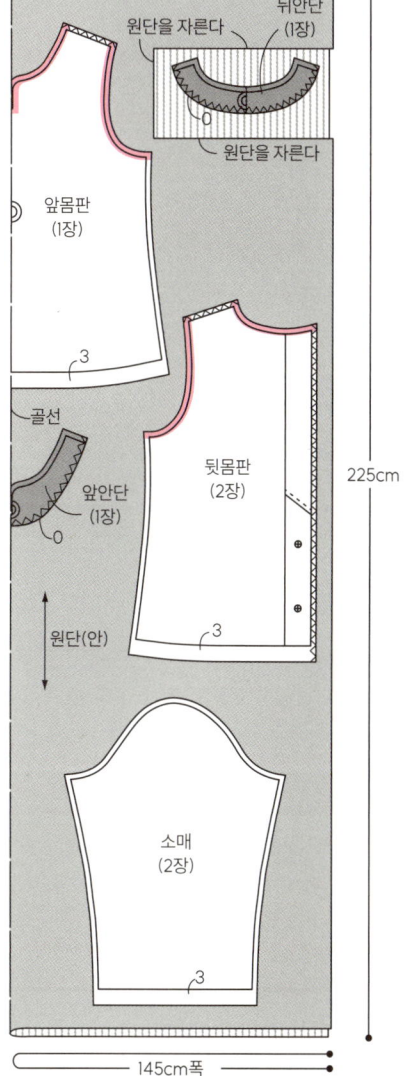

[재료]

· 겉감 … 145cm폭 x 225cm
· 소잉심지 … 55cm폭 x 45cm
· 1.2cm폭 소잉테이프 심지 … 1팩
· 1.25cm폭 단추 … 2개

[완성 사이즈]

사이즈\n명칭	55	66	77	88
가슴둘레	103.5	108.5	113	118
옷길이	63.5	66	68.5	71
소매길이	53.5	55	56	57.5

[만드는 순서]

2 몸판의 어깨를 봉합한다
3 안단을 만들어 몸판에 단다
1 뒷몸판의 뒷트임을 만든다
4 몸판에 소매를 단다
6 몸판의 밑단을 정리한다
5 몸판과 소매의 옆선을 한 번에 이어서 봉합한다
8 몸판에 단추를 단다
7 소매의 밑단을 정리한다

[만드는 방법]   ★치수가 기재되어 있지 않은 곳은 1cm로 봉합합니다.

1 뒷몸판의 뒷트임을 만든다

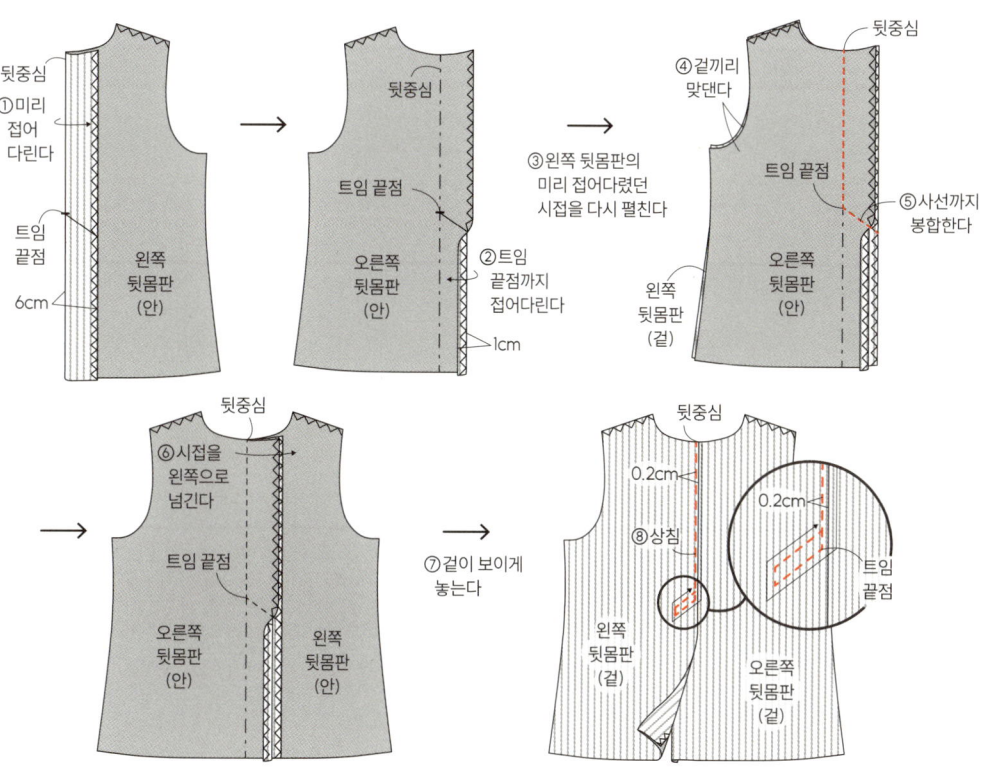

2 몸판의 어깨를 봉합한다

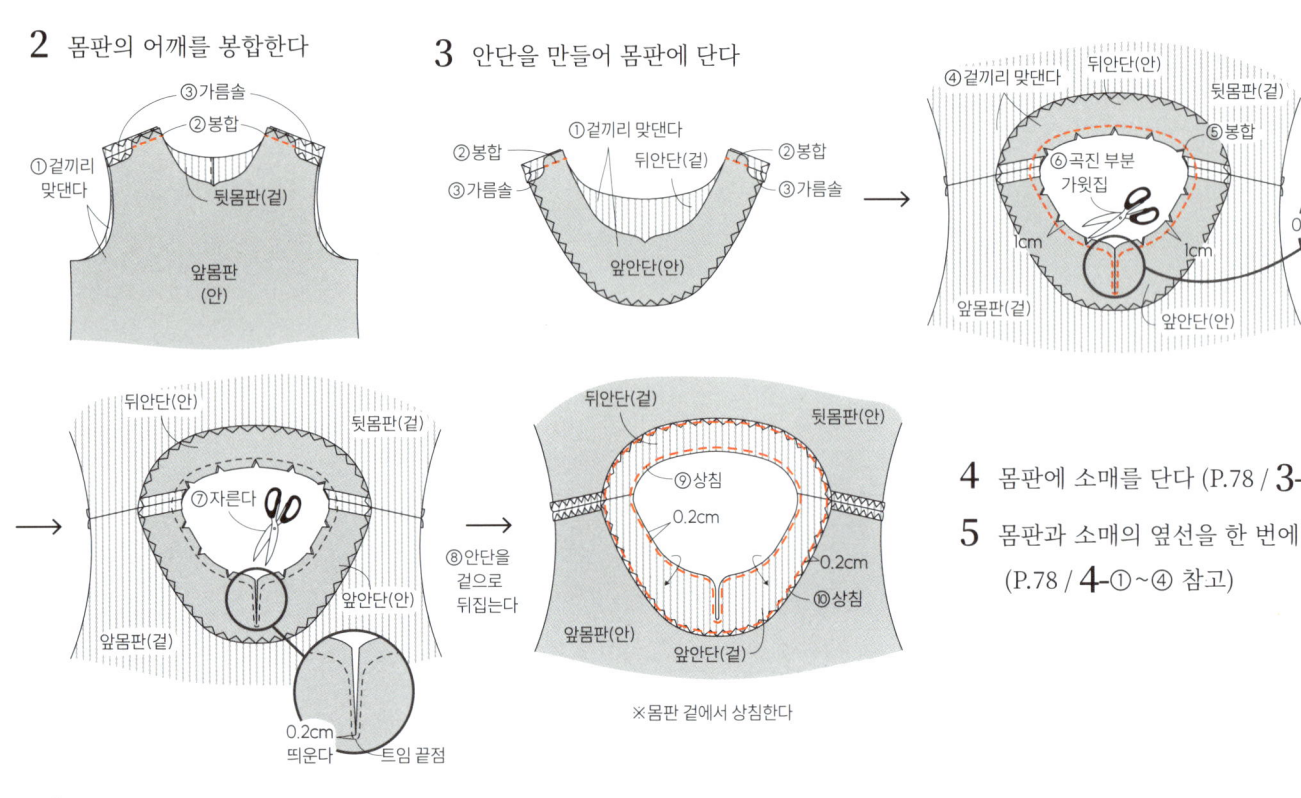

③가름솔
②봉합
①겉끼리 맞댄다
뒷몸판(겉)
앞몸판(안)

3 안단을 만들어 몸판에 단다

①겉끼리 맞댄다
②봉합
③가름솔
뒤안단(겉)
②봉합
③가름솔
앞안단(안)

④겉끼리 맞댄다
뒤안단(안)
뒷몸판(겉)
⑤봉합
⑥곡진 부분 가윗집
1cm
1cm
앞몸판(겉)
앞안단(안)
0.2cm 0.2cm
트임 끝점

뒤안단(안)
뒷몸판(겉)
⑦자른다
앞몸판(겉)
앞안단(안)
0.2cm 띄운다
트임 끝점

⑧안단을 겉으로 뒤집는다

뒤안단(겉)
뒷몸판(안)
⑨상침
0.2cm
0.2cm
⑩상침
앞몸판(안)
앞안단(겉)
※몸판 겉에서 상침한다

4 몸판에 소매를 단다 (P.78 / **3**-①~④ 참고)

5 몸판과 소매의 옆선을 한 번에 이어서 봉합한다
(P.78 / **4**-①~④ 참고)

6 몸판의 밑단을 정리한다

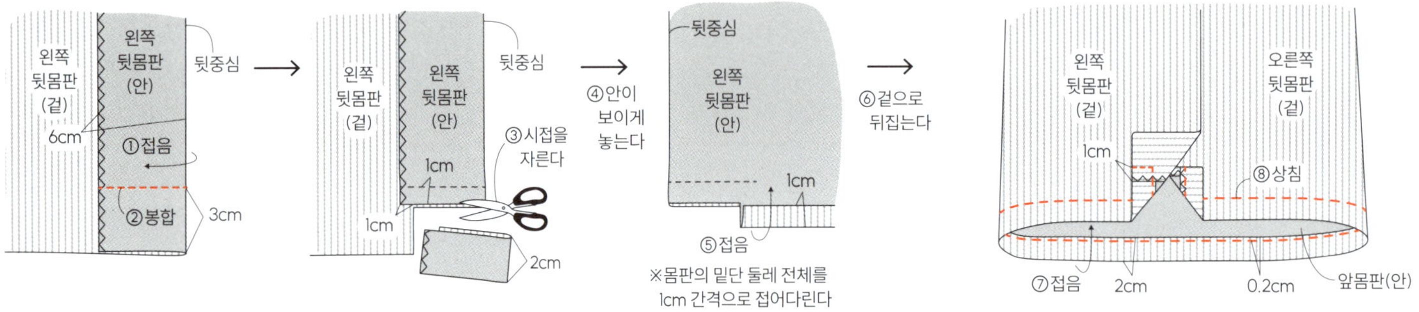

왼쪽 뒷몸판(겉)
왼쪽 뒷몸판(안)
뒷중심
6cm
①접음
②봉합
3cm

왼쪽 뒷몸판(겉)
왼쪽 뒷몸판(안)
뒷중심
③시접을 자른다
1cm
1cm
2cm

뒷중심
왼쪽 뒷몸판(안)
④안이 보이게 놓는다
⑤접음
1cm
※몸판의 밑단 둘레 전체를 1cm 간격으로 접어다린다

왼쪽 뒷몸판(겉)
오른쪽 뒷몸판(겉)
1cm
⑧상침
⑦접음
2cm
0.2cm
앞몸판(안)

7 소매의 밑단을 정리한다

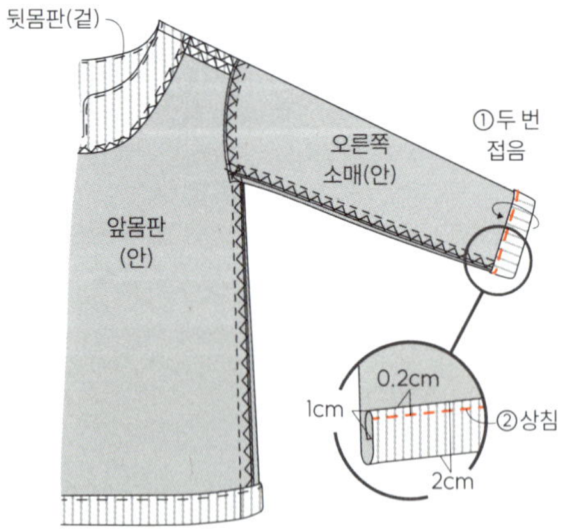

뒷몸판(겉)
앞몸판(안)
오른쪽 소매(안)
①두 번 접음
0.2cm
1cm
②상침
2cm

※소매 겉에서 상침한다
※왼쪽 소매도 ①~②과정과 같은 방법으로 만든다

8 몸판에 단추를 단다

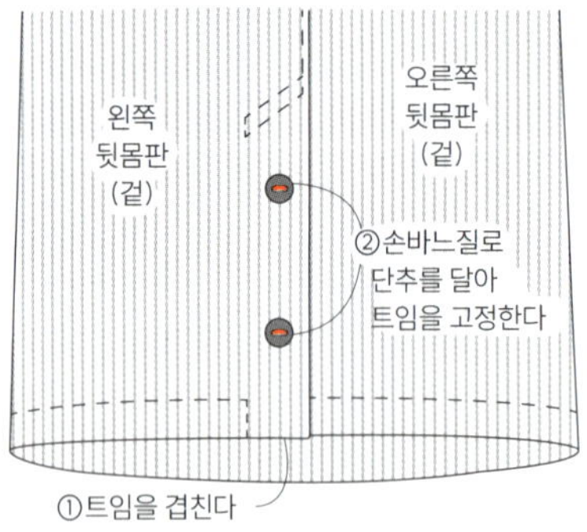

왼쪽 뒷몸판(겉)
오른쪽 뒷몸판(겉)
②손바느질로 단추를 달아 트임을 고정한다
①트임을 겹친다

※단추를 달 때 앞몸판이 함께 봉합되지 않도록 주의합니다

※단춧구멍을 뚫고 단추를 달면 여미는 스타일로도 가능합니다

완성

[패턴에 대해서]

· 뒷몸판 실물크기 패턴에서 뒤안단을 각각 베껴 사용합니다
※ 패턴 베끼는 방법 P.51 참고

[재단 배치도]

· 지정 이외의 시접은 1cm.
· ▨ 부분에 소잉심지를 붙인다
· ▨ 부분에 소잉테이프 심지를 붙인다
· ⋎⋎⋎ 표시된 부분은 지그재그봉제 또는 오버록 처리한다
· 목둘레 바이어스천은 직접 제도하여 사용합니다
· 왼쪽에서부터 55/66/77/88 사이즈

[재료]

· 겉감 … 110cm폭 x 270cm
· 소잉심지 … 55cm폭 x 45cm
· 1.2cm폭 소잉테이프 심지 … 1팩
· 1.2cm폭 바이어스 메이커 … 1개
· 단춧구멍 테이프 … 1개
· 1.1cm폭 단추 … 3개

[완성 사이즈]

명칭＼사이즈	55	66	77	88
가슴둘레	114.5	119	124	128.5
옷길이	64	65.5	67.5	69
소매길이	33	34	35	36

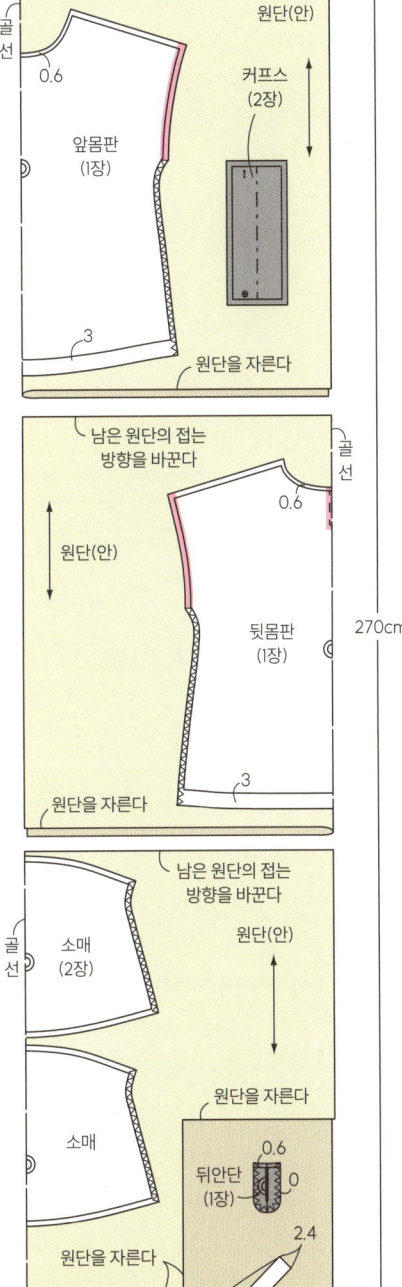

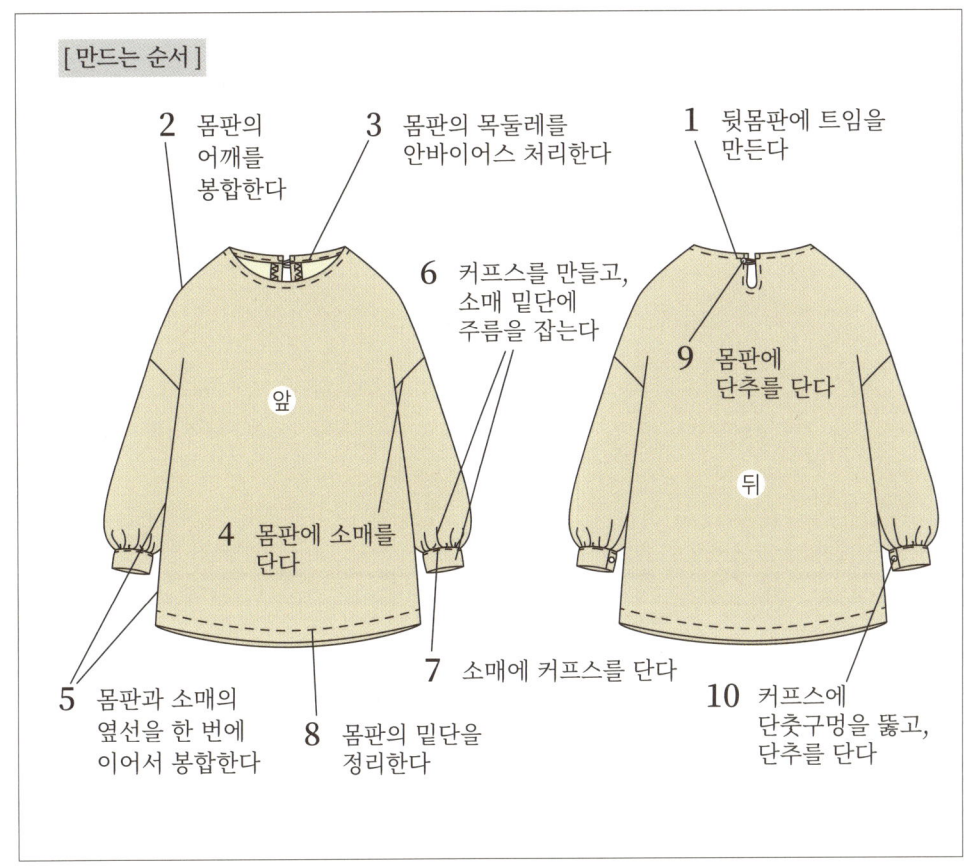

[만드는 순서]

1 뒷몸판에 트임을 만든다
2 몸판의 어깨를 봉합한다
3 몸판의 목둘레를 안바이어스 처리한다
4 몸판에 소매를 단다
5 몸판과 소매의 옆선을 한 번에 이어서 봉합한다
6 커프스를 만들고, 소매 밑단에 주름을 잡는다
7 소매에 커프스를 단다
8 몸판의 밑단을 정리한다
9 몸판에 단추를 단다
10 커프스에 단춧구멍을 뚫고, 단추를 단다

[만드는 방법]

★ 치수가 기재되어 있지 않은 곳은 1cm로 봉합합니다.

1 뒷몸판에 트임을 만든다

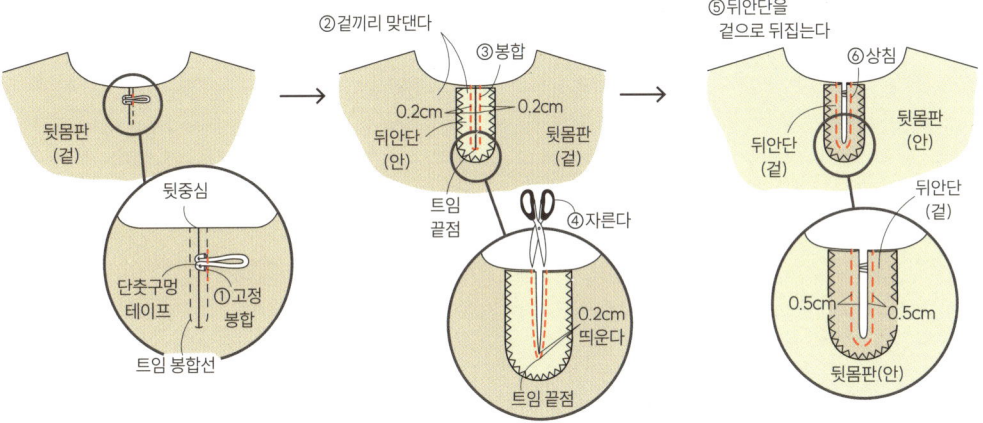

2 몸판의 어깨를 봉합한다 (P.75 / **2**-①~④ 참고)

3 몸판의 목둘레를 안바이어스 처리한다

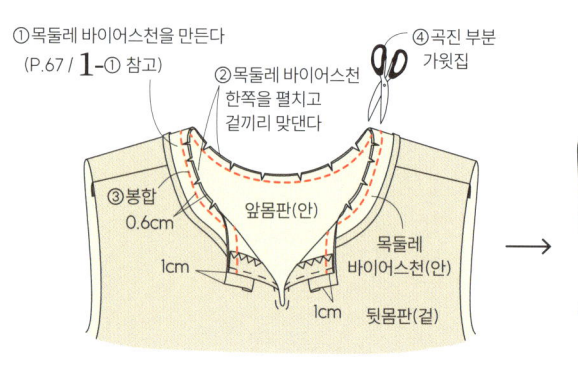
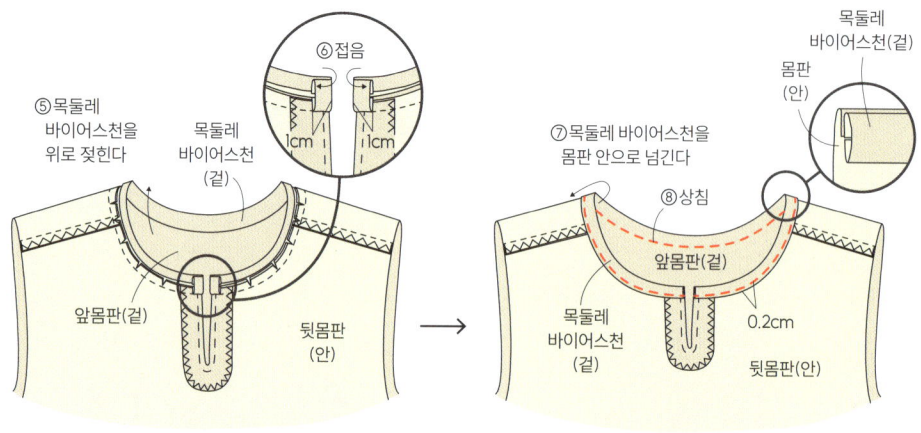

①목둘레 바이어스천을 만든다 (P.67 / **1**-① 참고)

④곡진 부분 가윗집

②목둘레 바이어스천 한쪽을 펼치고 겉끼리 맞댄다

⑥접음

③봉합 0.6cm

앞몸판(안)

목둘레 바이어스천(안)

1cm

1cm

뒷몸판(겉)

⑤목둘레 바이어스천을 위로 젖힌다

목둘레 바이어스천(겉)

1cm 1cm

앞몸판(겉)

뒷몸판(안)

⑦목둘레 바이어스천을 몸판 안으로 넘긴다

목둘레 바이어스천(겉)

몸판(안)

⑧상침

앞몸판(겉)

목둘레 바이어스천(겉)

0.2cm

뒷몸판(안)

※몸판 겉에서 상침한다
※안바이어스 만드는 방법과 달기 P.55 참고

4 몸판에 소매를 단다 (P.78 / **3**-①~④ 참고)

5 몸판과 소매의 옆선을 한 번에 이어서 봉합한다

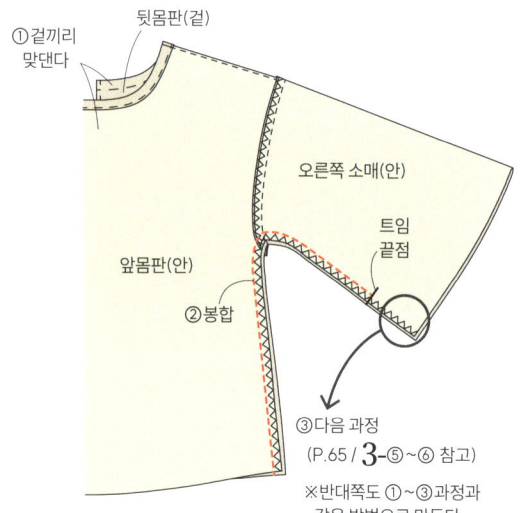

①겉끼리 맞댄다

뒷몸판(겉)

오른쪽 소매(안)

앞몸판(안)

②봉합

트임 끝점

③다음 과정 (P.65 / **3**-⑤~⑥ 참고)

※반대쪽도 ①~③과정과 같은 방법으로 만든다

6 커프스를 만들고, 소매 밑단에 주름을 잡는다

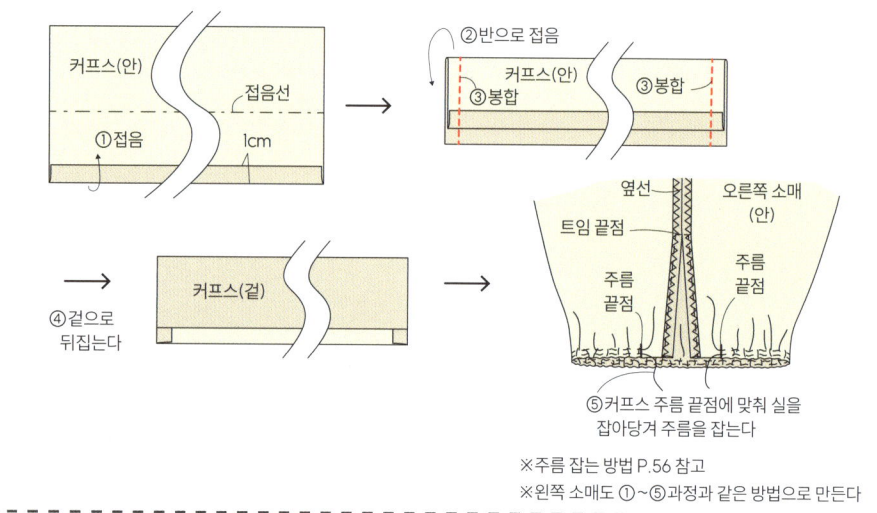

커프스(안)

접음선

①접음

1cm

②반으로 접음

커프스(안) ③봉합

④겉으로 뒤집는다

커프스(겉)

옆선

오른쪽 소매(안)

트임 끝점

주름 끝점

주름 끝점

⑤커프스 주름 끝점에 맞춰 실을 잡아당겨 주름을 잡는다

※주름 잡는 방법 P.56 참고
※왼쪽 소매도 ①~⑤과정과 같은 방법으로 만든다

7 소매에 커프스를 단다

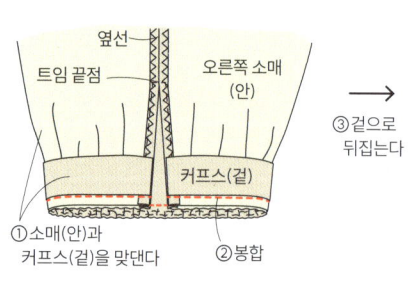

옆선

트임 끝점

오른쪽 소매(안)

커프스(겉)

①소매(안)과 커프스(겉)을 맞댄다

②봉합

③겉으로 뒤집는다

옆선

트임 끝점

오른쪽 소매(겉)

커프스(겉)

0.2cm

④커프스로 시접을 감싼다

⑤상침

※왼쪽 소매도 ①~⑤과정과 같은 방법으로 만든다

8 몸판의 밑단을 정리한다 (P.69 / **7**-①~② 참고)

9 몸판에 단추를 단다 (P.69 / **8**-① 참고)

완성

10 커프스에 단춧구멍을 뚫고, 단추를 단다

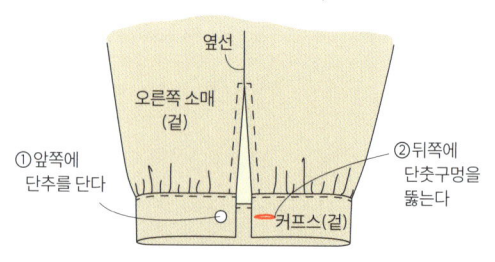

옆선

오른쪽 소매(겉)

①앞쪽에 단추를 단다

②뒤쪽에 단춧구멍을 뚫는다

커프스(겉)

※왼쪽 소매도 ①~②과정과 같은 방법으로 만든다

[패턴에 대해서]

· 뒷몸판 실물크기 패턴에서 뒤안단을 각각 베껴 사용합니다
※패턴 베끼는 방법 P.51 참고

[재단 배치도]

· 지정 이외의 시접은 1cm.
· ▨ 부분에 소잉심지를 붙인다
· ▨ 부분에 소잉테이프 심지를 붙인다
· ⋁⋁ 표시된 부분은 지그재그봉제 또는 오버록 처리한다

[재료]

· 겉감 … 110cm폭 x 315cm
· 소잉심지 … 15cm폭 x 15cm
· 1.2cm폭 소잉테이프 심지 … 1팩
· 1.2cm폭 바이어스 메이커 … 1개

[완성 사이즈]

사이즈 명칭	55	66	77	88
가슴둘레	114.5	119	124	128.5
옷길이	63.5	65.5	67.5	69
소매길이	33	34	35	36

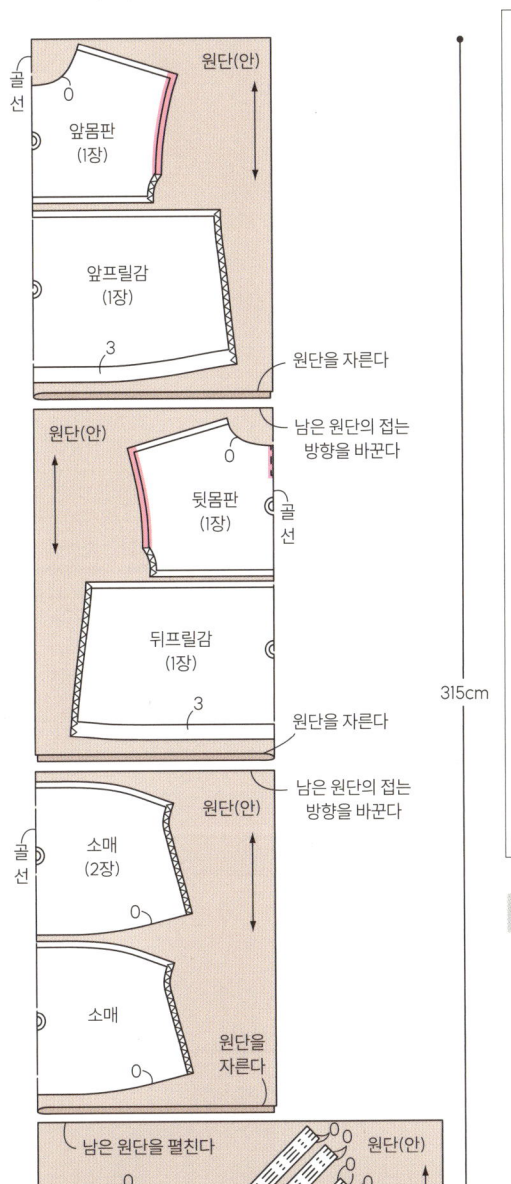

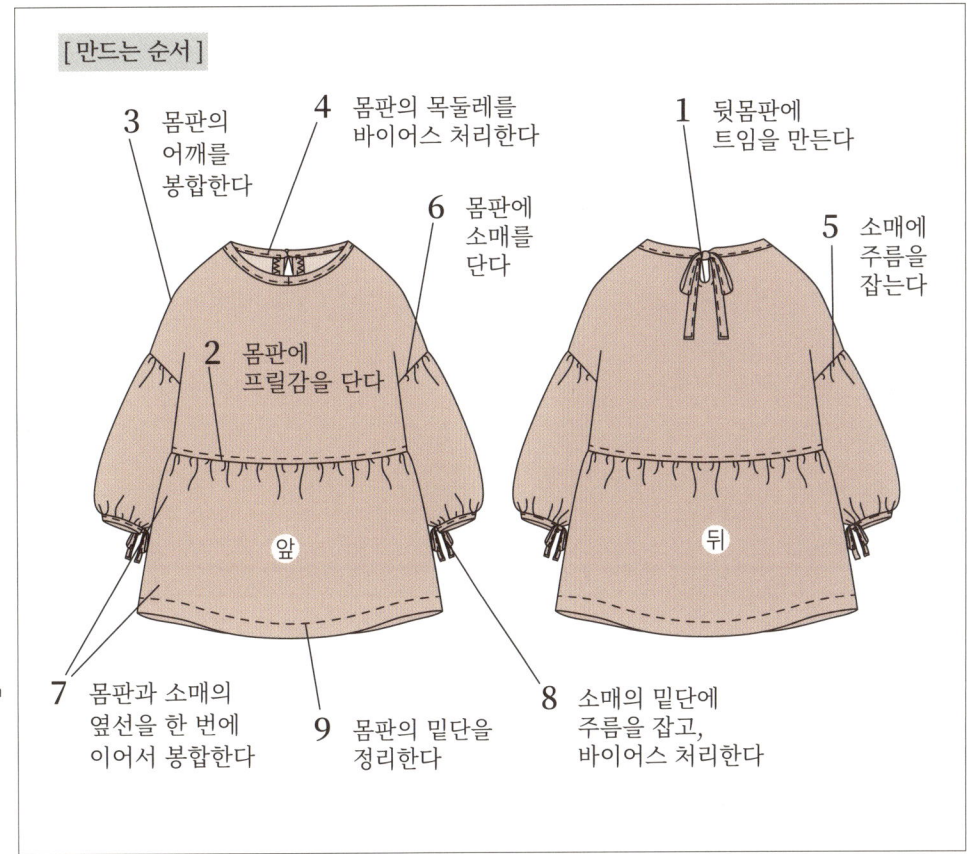

[만드는 순서]

1 뒷몸판에 트임을 만든다
2 몸판에 프릴감을 단다
3 몸판의 어깨를 봉합한다
4 몸판의 목둘레를 바이어스 처리한다
5 소매에 주름을 잡는다
6 몸판에 소매를 단다
7 몸판과 소매의 옆선을 한 번에 이어서 봉합한다
8 소매의 밑단에 주름을 잡고, 바이어스 처리한다
9 몸판의 밑단을 정리한다

앞 / 뒤

[만드는 방법]

★치수가 기재되어 있지 않은 곳은 1cm로 봉합합니다.

1 뒷몸판에 트임을 만든다 (P.89 / 1-①~⑥ 참고)

2 몸판에 프릴감을 단다

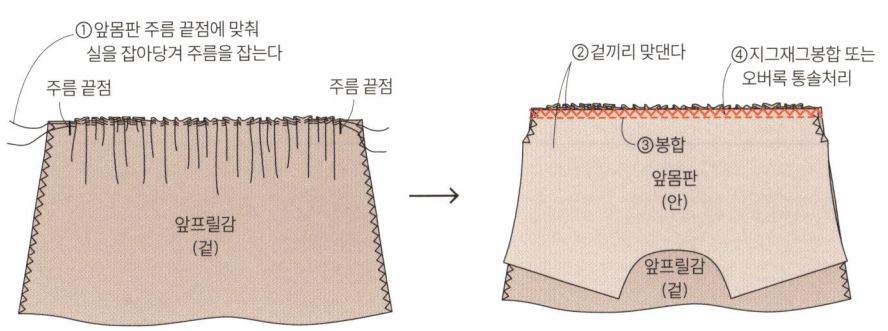

①앞몸판 주름 끝점에 맞춰 실을 잡아당겨 주름을 잡는다
주름 끝점
주름 끝점
앞프릴감 (겉)

②겉끼리 맞댄다
④지그재그봉합 또는 오버록 통솔처리
③봉합
앞몸판 (안)
앞프릴감 (겉)

※주름 잡는 방법 P.56 참고

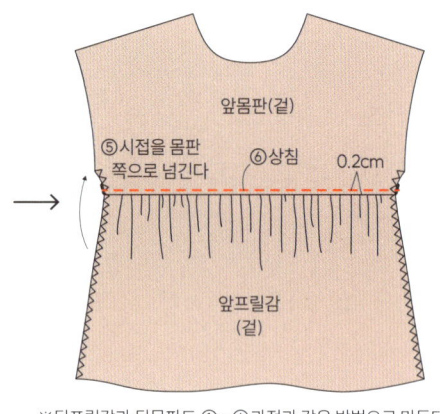

⑤시접을 몸판 쪽으로 넘긴다
⑥상침
0.2cm
앞몸판(겉)
앞프릴감(겉)

※뒤프릴감과 뒷몸판도 ①~⑥과정과 같은 방법으로 만든다

3 몸판의 어깨를 봉합한다 (P.75 / **2**-①~④ 참고)

4 몸판의 목둘레를 바이어스 처리한다

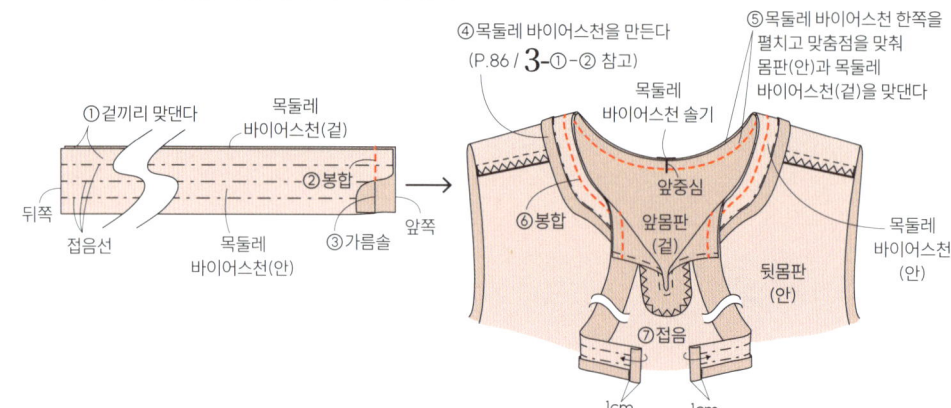

④목둘레 바이어스천을 만든다 (P.86 / **3**-①~② 참고)
①겉끼리 맞댄다
목둘레 바이어스천(겉)
②봉합
목둘레 바이어스천(안)
뒤쪽
접음선
목둘레 바이어스천(안)
③가름솔
앞쪽

⑤목둘레 바이어스천 한쪽을 펼치고 맞춤점을 맞춰 몸판(안)과 목둘레 바이어스천(겉)을 맞댄다
목둘레 바이어스천 솔기
앞중심
⑥봉합
앞몸판(겉)
⑦접음
뒷몸판(안)
목둘레 바이어스천(안)
1cm 1cm

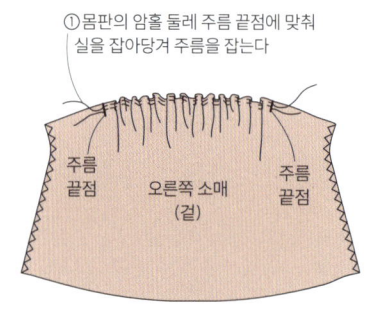

⑧목둘레 바이어스천으로 시접을 감싼다
목둘레 바이어스천(겉)
0.2cm
앞몸판(안)
⑨상침
뒷몸판(겉)
0.2cm

※바이어스 만드는 방법과 달기 P.55 참고

5 소매에 주름을 잡는다

①몸판의 암홀 둘레 주름 끝점에 맞춰 실을 잡아당겨 주름을 잡는다
주름 끝점
오른쪽 소매(겉)
주름 끝점

※주름 잡는 방법 P.56 참고

6 몸판에 소매를 단다 (P.78 / **3**-①~④ 참고)

7 몸판과 소매의 옆선을 한 번에 이어서 봉합한다 (P.90 / **5**-①~③ 참고)

8 소매의 밑단에 주름을 잡고, 바이어스 처리한다

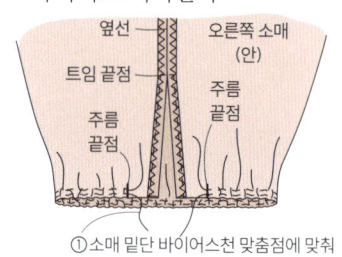

옆선
오른쪽 소매(안)
트임 끝점
주름 끝점
주름 끝점

①소매 밑단 바이어스천 맞춤점에 맞춰 실을 잡아당겨 주름을 잡는다

※주름 잡는 방법 P.56 참고

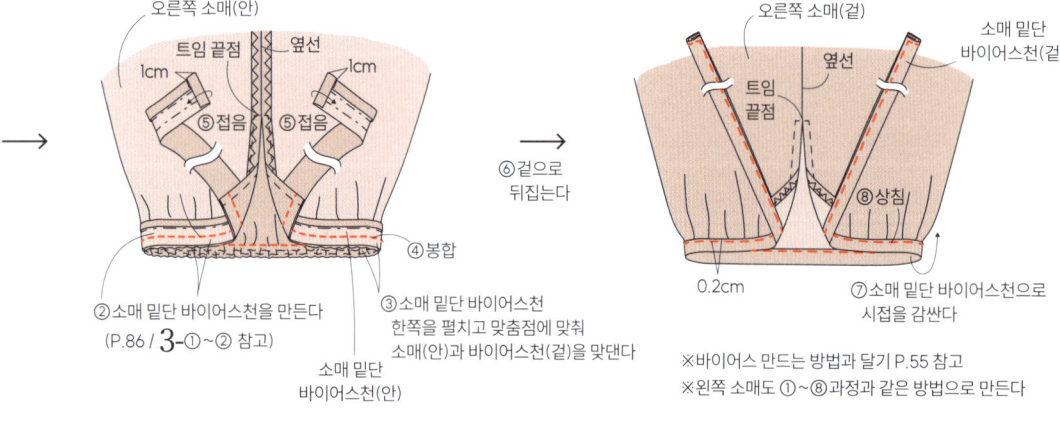

오른쪽 소매(안)
트임 끝점
옆선
1cm 1cm
⑤접음 ⑤접음
④봉합
②소매 밑단 바이어스천을 만든다 (P.86 / **3**-①~② 참고)
③소매 밑단 바이어스천 한쪽을 펼치고 맞춤점에 맞춰 소매(안)과 바이어스천(겉)을 맞댄다
소매 밑단 바이어스천(안)

⑥겉으로 뒤집는다

오른쪽 소매(겉)
트임 끝점
옆선
소매 밑단 바이어스천(겉)
⑧상침
0.2cm
⑦소매 밑단 바이어스천으로 시접을 감싼다

※바이어스 만드는 방법과 달기 P.55 참고
※왼쪽 소매도 ①~⑧과정과 같은 방법으로 만든다

완성

9 몸판의 밑단을 정리한다 (P.69 / **7**-①~② 참고)

[패턴에 대해서]

· 뒷몸판 실물크기 패턴에서 뒤안단을 각각 베껴 사용합니다
※패턴 베끼는 방법 P.51 참고

[재단 배치도]

· 지정 이외의 시접은 1cm.
· ▨ 부분에 소잉심지를 붙인다
· ▰ 부분에 소잉테이프 심지를 붙인다
· ∿∿ 표시된 부분은 지그재그봉제 또는 오버록 처리한다
· 싸개단추감 실물크기 패턴 P.93 참고

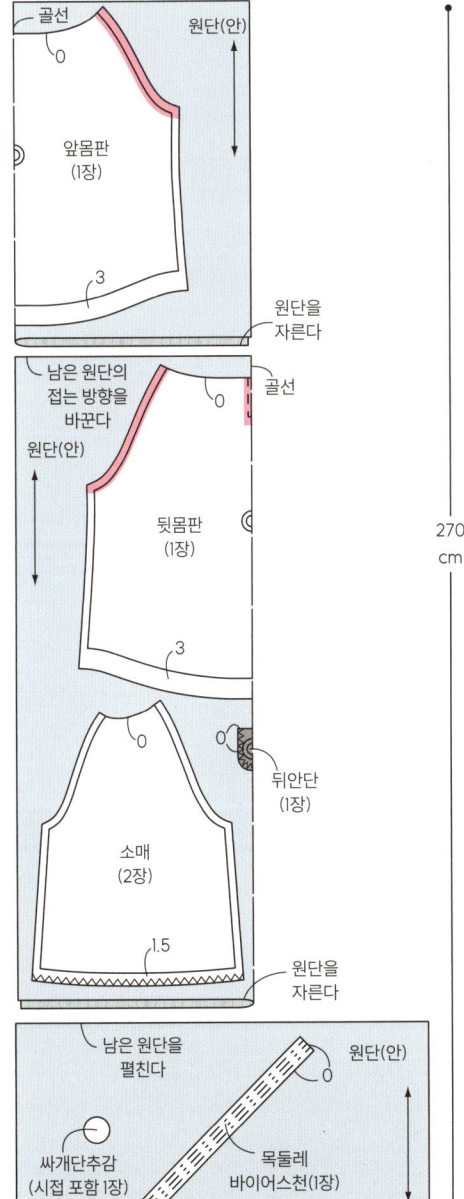

[싸개단추감 실물크기 패턴]

C-4
싸개단추감

[재료]

· 겉감 … 130cm폭 x 270cm
· 소잉심지 … 15cm폭 x 15cm
· 1.2cm폭 소잉테이프 심지 … 1팩
· 1.8cm폭 레이스 테이프 … 1팩
· 단춧구멍 테이프 … 1개
· 1.3cm폭 싸개단추(고리형) … 1개
· 0.8cm폭 고무줄 … 1팩

[완성 사이즈]

사이즈\명칭	55	66	77	88
가슴둘레	132.5	137.5	142	147
옷길이	67.5	70	72.5	75
소매길이	51	52.5	54	55

[만드는 순서]

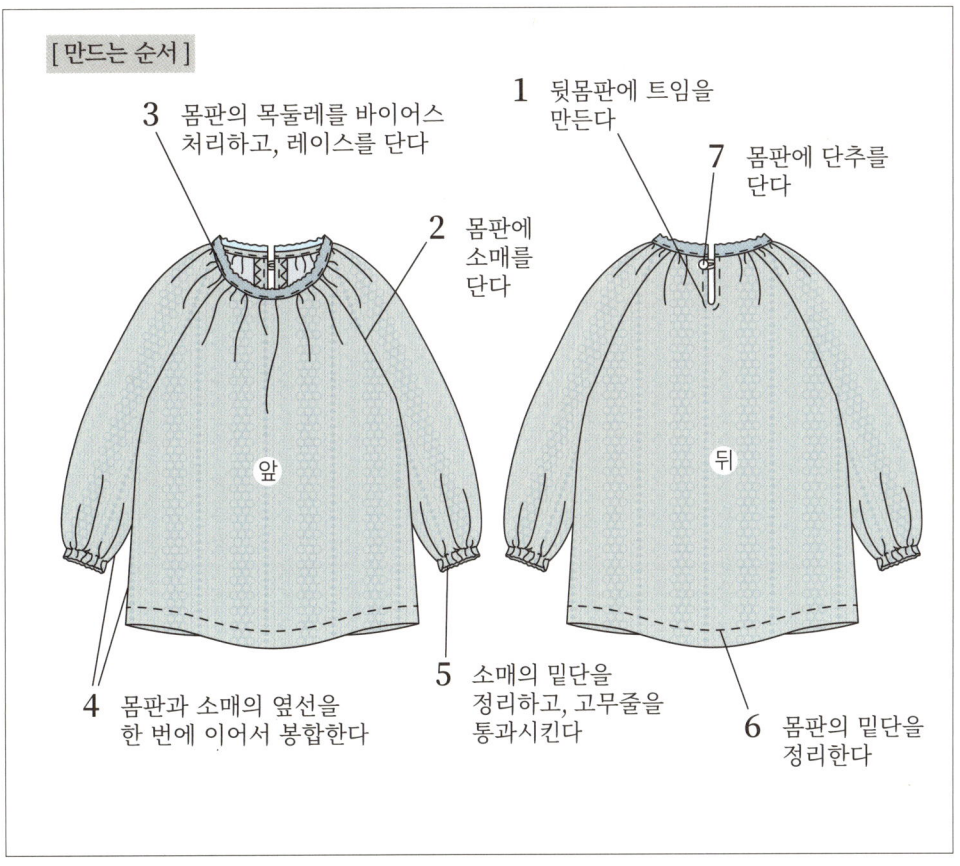

3 몸판의 목둘레를 바이어스 처리하고, 레이스를 단다
2 몸판에 소매를 단다
1 뒷몸판에 트임을 만든다
7 몸판에 단추를 단다
4 몸판과 소매의 옆선을 한 번에 이어서 봉합한다
5 소매의 밑단을 정리하고, 고무줄을 통과시킨다
6 몸판의 밑단을 정리한다

[만드는 방법]

★치수가 기재되어 있지 않은 곳은 1cm로 봉합합니다.

1 뒷몸판에 트임을 만든다 (P.89 / 1-① ~ ⑥ 참고)

2 몸판에 소매를 단다

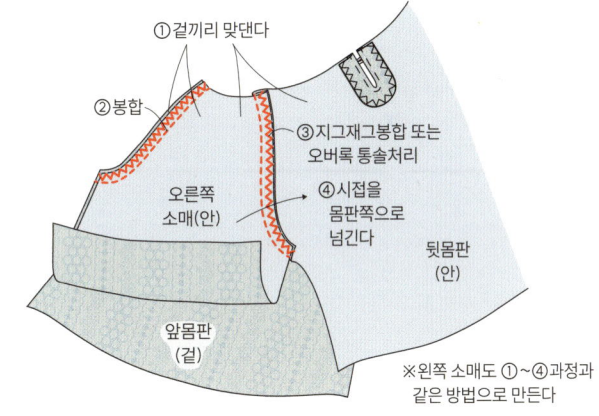

①겉끼리 맞댄다
②봉합
③지그재그봉합 또는 오버록 통솔처리
④시접을 몸판쪽으로 넘긴다
오른쪽 소매(안)
뒷몸판 (안)
앞몸판 (겉)
※왼쪽 소매도 ①~④과정과 같은 방법으로 만든다

3 몸판의 목둘레를 바이어스 처리하고, 레이스를 단다

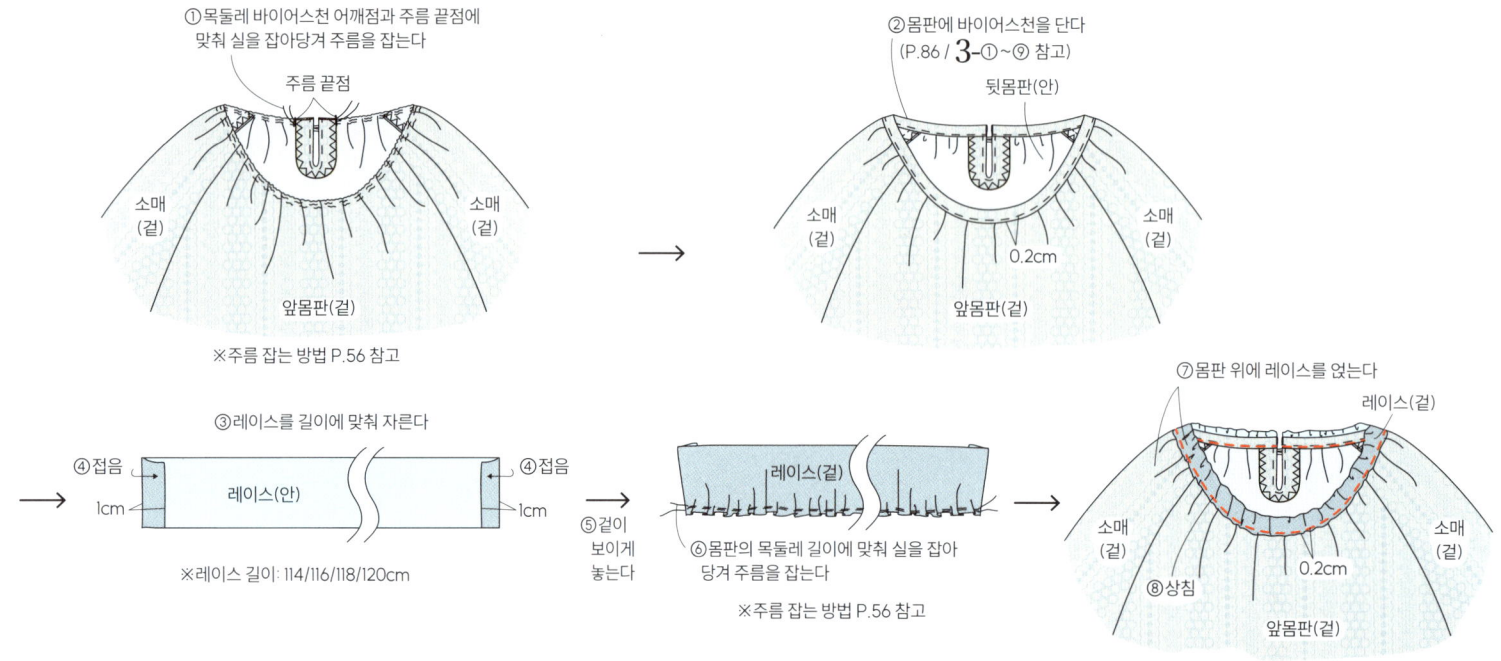

①목둘레 바이어스천 어깨점과 주름 끝점에
맞춰 실을 잡아당겨 주름을 잡는다

주름 끝점

소매(겉)　소매(겉)

앞몸판(겉)

※주름 잡는 방법 P.56 참고

②몸판에 바이어스천을 단다
(P.86 / 3-①~⑨ 참고)

뒷몸판(안)

소매(겉)　소매(겉)

0.2cm

앞몸판(겉)

③레이스를 길이에 맞춰 자른다

④접음　④접음
1cm　레이스(안)　1cm

※레이스 길이: 114/116/118/120cm

⑤겉이
보이게
놓는다

레이스(겉)

⑥몸판의 목둘레 길이에 맞춰 실을 잡아
당겨 주름을 잡는다

※주름 잡는 방법 P.56 참고

⑦몸판 위에 레이스를 얹는다
레이스(겉)

소매(겉)　소매(겉)

0.2cm

⑧상침

앞몸판(겉)

4 몸판과 소매의 옆선을 한 번에 이어서 봉합한다 (P.78 / 4-①~④ 참고)

5 소매의 밑단을 정리하고, 고무줄을 통과시킨다

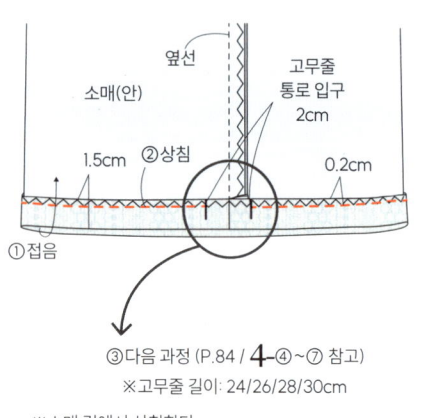

옆선

소매(안)

고무줄
통로 입구
2cm

1.5cm　②상침　0.2cm

①접음

③다음 과정 (P.84 / 4-④~⑦ 참고)
※고무줄 길이: 24/26/28/30cm

※소매 겉에서 상침한다
※반대쪽도 ①~③과정과 같은 방법으로 만든다

6 몸판의 밑단을 정리한다 (P.69 / 7-①~② 참고)

7 몸판에 단추를 단다

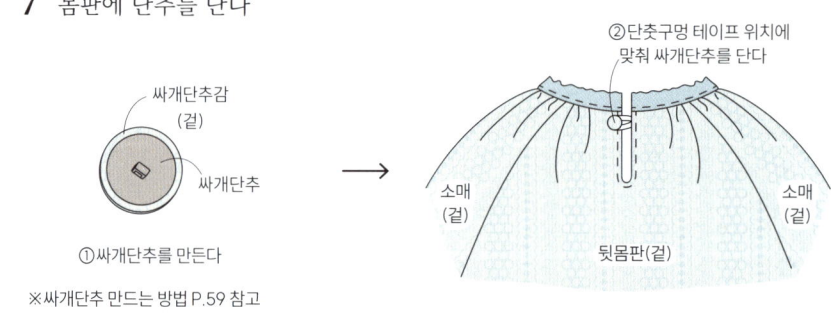

싸개단추감
(겉)

싸개단추

①싸개단추를 만든다

※싸개단추 만드는 방법 P.59 참고

②단춧구멍 테이프 위치에
맞춰 싸개단추를 단다

소매(겉)　소매(겉)

뒷몸판(겉)

완성

[재단 배치도]

· 지정 이외의 시접은 1cm.
· ▨ 부분에 소잉심지를 붙인다
· ▨ 부분에 소잉테이프 심지를 붙인다
· ∿∿ 표시된 부분은 지그재그봉제 또는 오버록 처리한다
· 소매 트임 바이어스천은 직접 제도하여 사용합니다

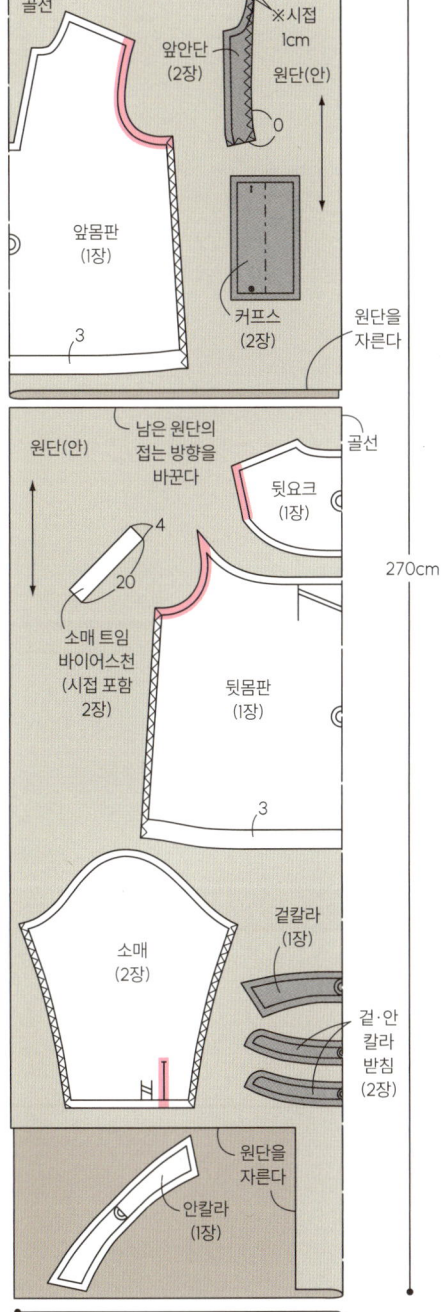

[재료]

· 겉감 … 140cm폭 x 270cm
· 소잉심지 … 110cm폭 x 45cm
· 1.2cm폭 소잉테이프 심지 … 1팩
· 1.1cm폭 단추 … 2개

[완성 사이즈]

사이즈 명칭	55	66	77	88
가슴둘레	111.5	116	121	125.5
옷길이	72.5	74	76	78
소매길이	59.5	61	62	63.5

[만드는 순서]

3 몸판의 어깨를 봉합한다
6 소매를 만든다
5 몸판에 칼라를 단다
1 뒷몸판에 턱을 잡고, 뒷요크를 단다
4 칼라를 만든다
7 몸판에 소매를 단다
8 몸판과 소매의 옆선을 한 번에 이어서 봉합한다
2 앞몸판에 앞안단을 달고, 턱을 잡는다
9 커프스를 만들어 소매에 단다
11 커프스에 단춧구멍을 뚫고, 단추를 단다
10 몸판의 밑단을 정리한다

[만드는 방법]

★치수가 기재되어 있지 않은 곳은 1cm로 봉합합니다.

1 뒷몸판에 턱을 잡고, 뒷요크를 단다

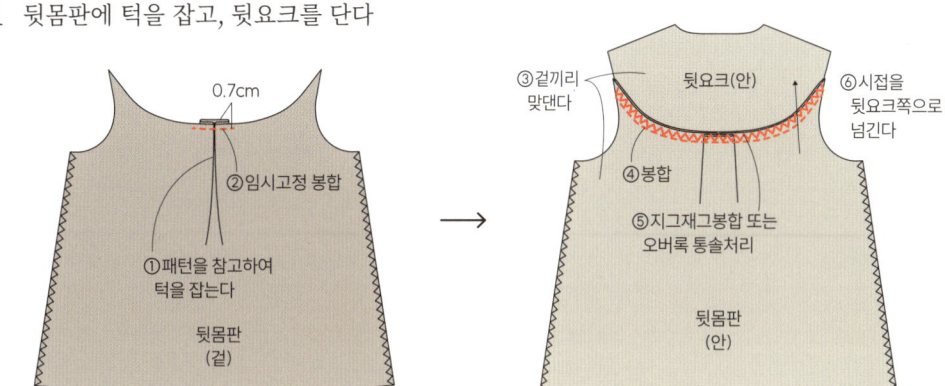

※턱 잡는 방법 P.56 참고

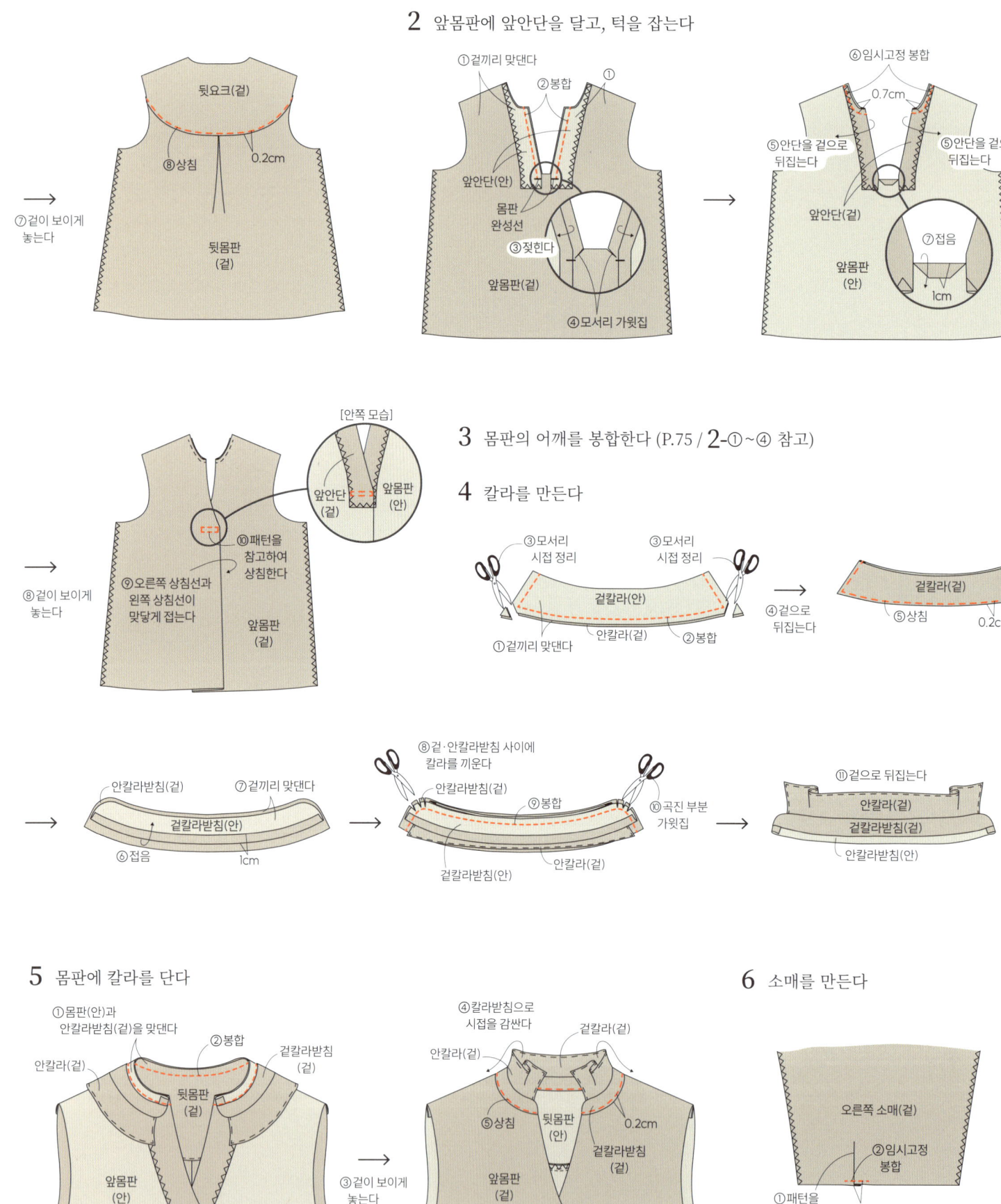

2 앞몸판에 앞안단을 달고, 턱을 잡는다

①겉끼리 맞댄다
②봉합
①
⑥임시고정 봉합
0.7cm
⑤안단을 겉으로 뒤집는다
⑤안단을 겉으로 뒤집는다
앞안단(안)
몸판 완성선
③젖힌다
앞안단(겉)
⑦접음
앞몸판(겉)
④모서리 가윗집
앞몸판(안)
1cm

뒷요크(겉)
⑧상침
0.2cm
⑦겉이 보이게 놓는다
뒷몸판(겉)

[안쪽 모습]
⑧겉이 보이게 놓는다
앞안단(겉)
앞몸판(안)
⑨오른쪽 상침선과 왼쪽 상침선이 맞닿게 접는다
⑩패턴을 참고하여 상침한다
앞몸판(겉)

3 몸판의 어깨를 봉합한다 (P.75 / **2**-①~④ 참고)

4 칼라를 만든다

③모서리 시접 정리
③모서리 시접 정리
겉칼라(안)
①겉끼리 맞댄다
안칼라(겉)
②봉합
④겉으로 뒤집는다
겉칼라(겉)
⑤상침
0.2cm

안칼라받침(겉)
⑦겉끼리 맞댄다
겉칼라받침(안)
⑥접음
1cm
⑧겉·안칼라받침 사이에 칼라를 끼운다
안칼라받침(겉)
⑨봉합
⑩곡진 부분 가윗집
겉칼라받침(안)
안칼라(겉)
⑪겉으로 뒤집는다
안칼라(겉)
겉칼라받침(겉)
안칼라받침(안)

5 몸판에 칼라를 단다

①몸판(안)과 안칼라받침(겉)을 맞댄다
②봉합
겉칼라받침(겉)
안칼라(겉)
뒷몸판(겉)
앞몸판(안)
③겉이 보이게 놓는다
④칼라받침으로 시접을 감싼다
겉칼라(겉)
안칼라(겉)
⑤상침
뒷몸판(안)
0.2cm
겉칼라받침(겉)
앞몸판(겉)

6 소매를 만든다

오른쪽 소매(겉)
②임시고정 봉합
①패턴을 참고하여 턱을 잡는다
0.7cm
※턱 잡는 방법 P.56 참고

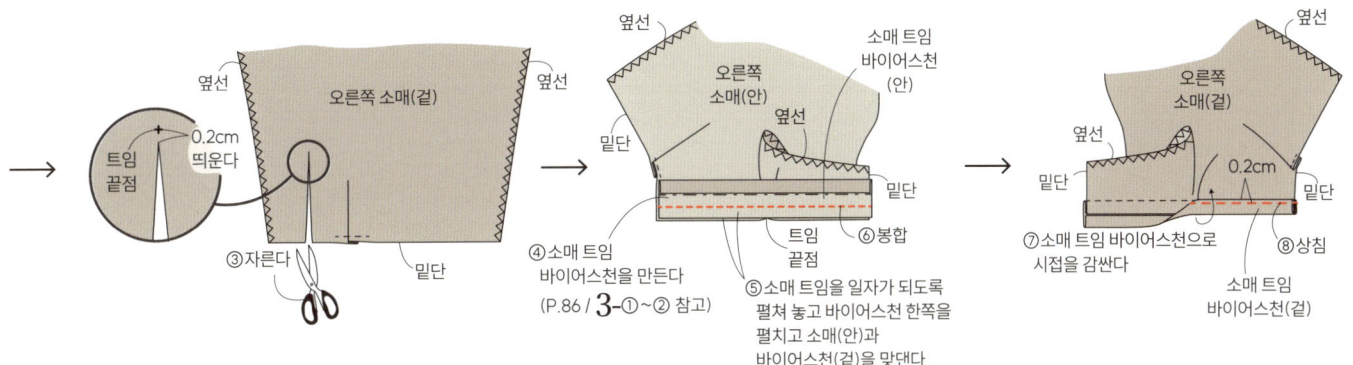

→
③자른다
트임 끝점
0.2cm 떼운다
오른쪽 소매(겉)
옆선
옆선
밑단

④소매 트임 바이어스천을 만든다 (P.86 / 3-①~② 참고)
⑤소매 트임을 일자가 되도록 펼쳐 놓고 바이어스천 한쪽을 펼치고 소매(안)과 바이어스천(겉)을 맞댄다
옆선
오른쪽 소매(안)
소매 트임 바이어스천 (안)
옆선
밑단
트임 끝점
⑥봉합
밑단

⑦소매 트임 바이어스천으로 시접을 감싼다
옆선
오른쪽 소매(겉)
0.2cm
밑단
밑단
⑧상침
소매 트임 바이어스천(겉)

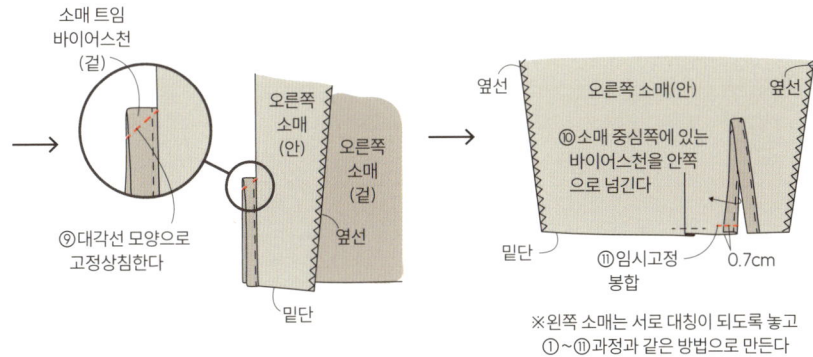

→
소매 트임 바이어스천 (겉)
오른쪽 소매 (안)
오른쪽 소매 (겉)
옆선
⑨대각선 모양으로 고정상침한다
밑단

오른쪽 소매(안)
옆선
옆선
⑩소매 중심쪽에 있는 바이어스천을 안쪽으로 넘긴다
밑단
⑪임시고정 봉합
0.7cm

※왼쪽 소매는 서로 대칭이 되도록 놓고 ①~⑪과정과 같은 방법으로 만든다

7 몸판에 소매를 단다 (P.78 / 3-①~④ 참고)

8 몸판과 소매의 옆선을 한 번에 이어서 봉합한다

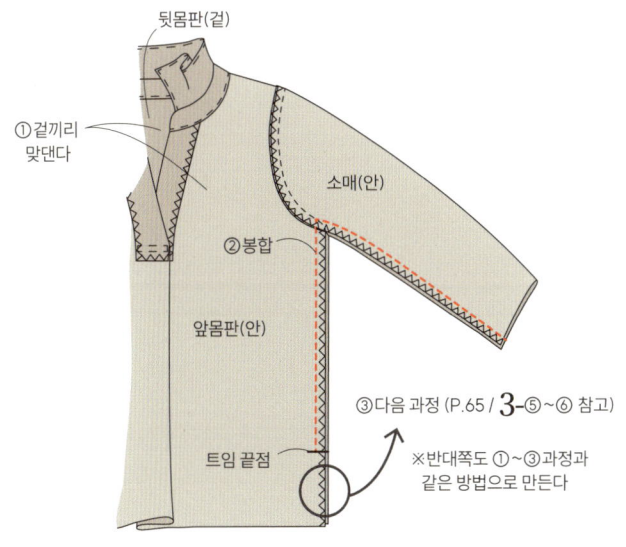

뒷몸판(겉)
①겉끼리 맞댄다
소매(안)
②봉합
앞몸판(안)
트임 끝점
③다음 과정 (P.65 / 3-⑤~⑥ 참고)
※반대쪽도 ①~③과정과 같은 방법으로 만든다

9 커프스를 만들어 소매에 단다

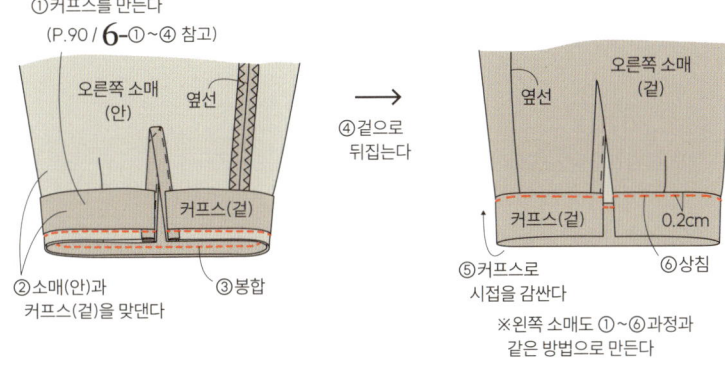

①커프스를 만든다 (P.90 / 6-①~④ 참고)
오른쪽 소매 (안)
옆선
②소매(안)과 커프스(겉)을 맞댄다
③봉합
커프스(겉)

④겉으로 뒤집는다

오른쪽 소매 (겉)
옆선
⑤커프스로 시접을 감싼다
커프스(겉)
0.2cm
⑥상침
※왼쪽 소매도 ①~⑥과정과 같은 방법으로 만든다

10 몸판의 밑단을 정리한다 (P.69 / 7-①~② 참고)

11 커프스에 단춧구멍을 뚫고, 단추를 단다

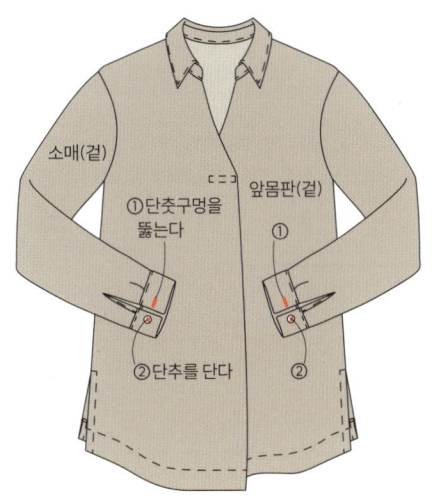

소매(겉)
①단춧구멍을 뚫는다
앞몸판(겉)
①
②단추를 단다
②

완성

[재단 배치도]

· 지정 이외의 시접은 1cm.
· ▨ 부분에 소잉심지를 붙인다
· ▨ 부분에 소잉테이프 심지를 붙인다
· ∿ 표시된 부분은 지그재그봉제 또는 오버록 처리한다
· 소매 밑단 바이어스천은 직접 제도하여 사용합니다
· 왼쪽에서부터 55/66/77/88 사이즈

[재료]

· 겉감 … 135cm폭 x 270cm
· 소잉심지 … 110cm폭 x 45cm
· 1.2cm폭 소잉테이프 심지 … 1팩

[완성 사이즈]

사이즈 명칭	55	66	77	88
가슴둘레	140	147.5	155	163
옷길이	68	70	71.5	73.5
소매길이	26.5	27.5	28.5	29.5

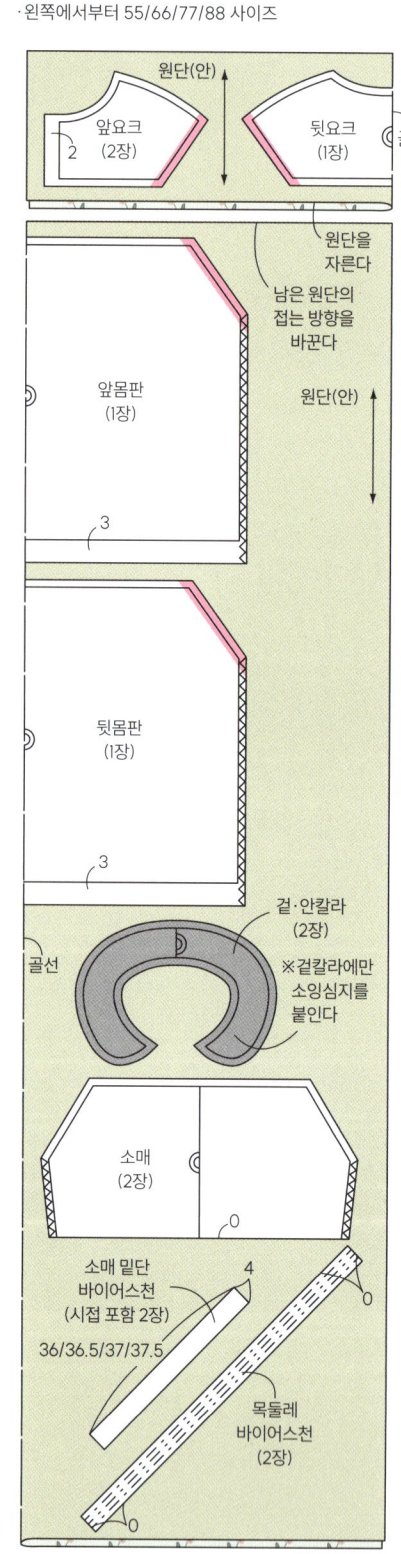

[만드는 순서]

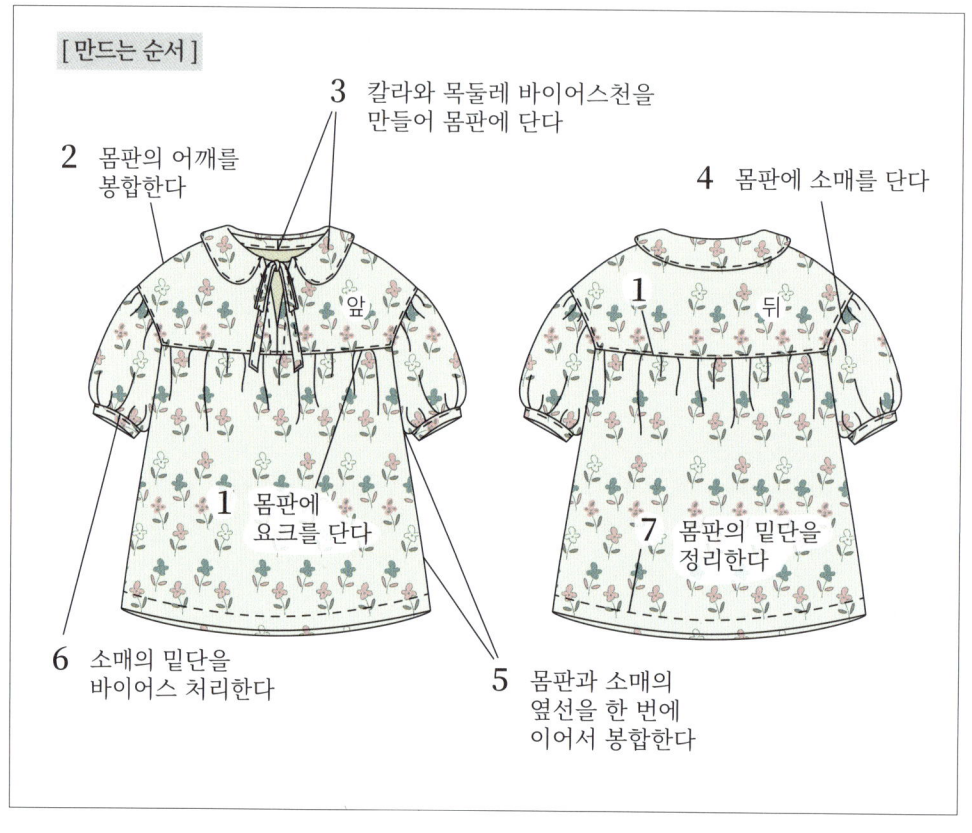

2 몸판의 어깨를 봉합한다

3 칼라와 목둘레 바이어스천을 만들어 몸판에 단다

4 몸판에 소매를 단다

1 몸판에 요크를 단다

6 소매의 밑단을 바이어스 처리한다

5 몸판과 소매의 옆선을 한 번에 이어서 봉합한다

7 몸판의 밑단을 정리한다

[만드는 방법]

★치수가 기재되어 있지 않은 곳은 1cm로 봉합합니다.

1 몸판에 요크를 단다

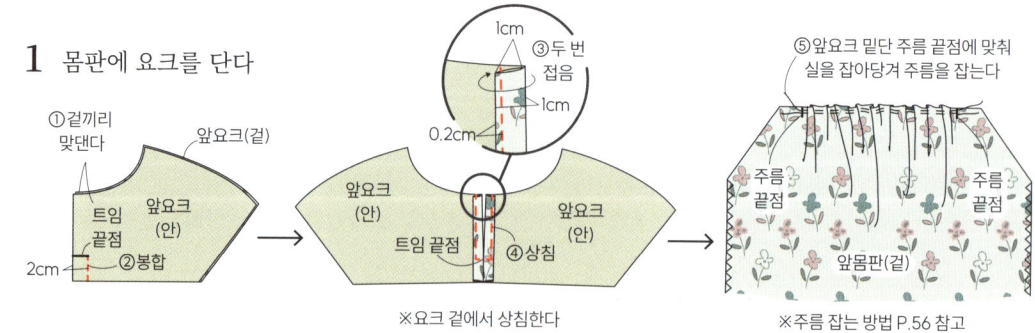

※뒷몸판과 뒷요크도 ⑤~⑩과정과 같은 방법으로 만든다

2 몸판의 어깨를 봉합한다 (P.75 / **2**-①~④ 참고)

3 칼라와 목둘레 바이어스천을 만들어 몸판에 단다

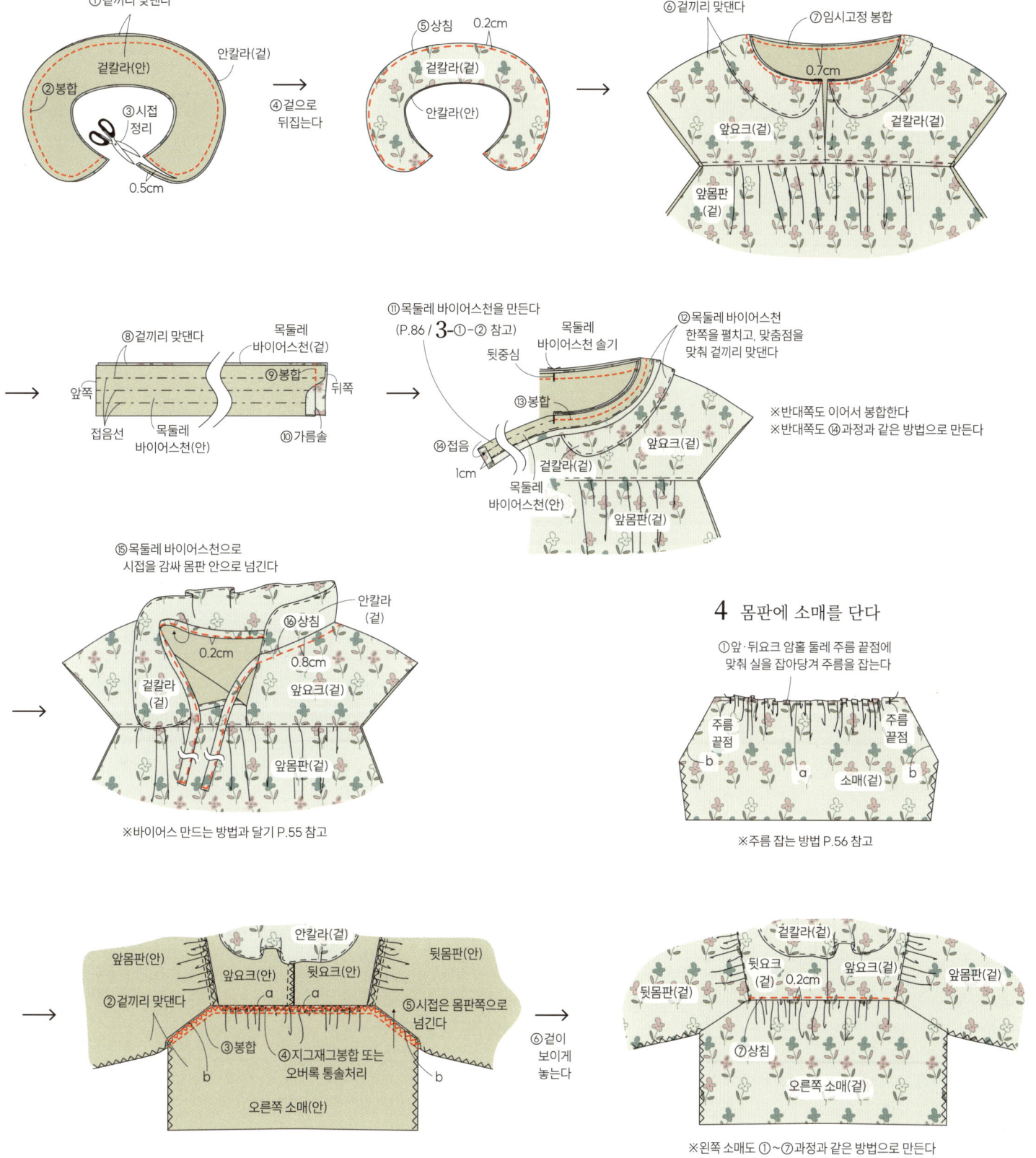

⑤겉끼리 맞댄다
①겉끼리 맞댄다
겉칼라(안)
②봉합
안칼라(겉)
③시접 정리
0.5cm
④겉으로 뒤집는다
⑤상침 0.2cm
겉칼라(겉)
안칼라(안)
⑥겉끼리 맞댄다 ⑦임시고정 봉합
0.7cm
앞요크(겉)
겉칼라(겉)
앞몸판(겉)

⑧겉끼리 맞댄다
목둘레 바이어스천(겉)
⑨봉합
앞쪽 뒤쪽
접음선 목둘레 바이어스천(안)
⑩가름솔
⑪목둘레 바이어스천을 만든다 (P.86 / **3**-①-② 참고)
목둘레 바이어스천 솔기
뒷중심
⑬봉합
⑭접음 1cm
겉칼라(겉)
목둘레 바이어스천(안)
⑫목둘레 바이어스천 한쪽을 펼치고, 맞춤점을 맞춰 겉끼리 맞댄다
앞요크(겉)
앞몸판(겉)
※반대쪽도 이어서 봉합한다
※반대쪽도 ⑭과정과 같은 방법으로 만든다

⑮목둘레 바이어스천으로 시접을 감싸 몸판 안으로 넘긴다
안칼라(겉)
⑯상침
0.2cm 0.8cm
겉칼라(겉)
앞요크(겉)
앞몸판(겉)
※바이어스 만드는 방법과 달기 P.55 참고

4 몸판에 소매를 단다

①앞·뒤요크 암홀 둘레 주름 끝점에 맞춰 실을 잡아당겨 주름을 잡는다
주름 끝점 주름 끝점
b a b
소매(겉)
※주름 잡는 방법 P.56 참고

앞몸판(안)
앞요크(안) 뒷요크(안)
뒷몸판(안)
a a
②겉끼리 맞댄다
b b
③봉합
④지그재그봉합 또는 오버록 통솔처리
⑤시접은 몸판쪽으로 넘긴다
⑥겉이 보이게 놓는다
오른쪽 소매(안)

겉칼라(겉)
뒷요크(겉) 앞요크(겉)
뒷몸판(겉) 0.2cm 앞몸판(겉)
⑦상침
오른쪽 소매(겉)
※왼쪽 소매도 ①~⑦과정과 같은 방법으로 만든다

99

5 몸판과 소매의 옆선을 한 번에 이어서 봉합한다

1cm   1cm

①소매 밑단 바이어스천 완성선 길이에
맞춰 실을 잡아당겨 주름을 잡는다

※소매 밑단 바이어스천
완성선 길이: 34/34.5/35/35.5cm

※주름 잡는 방법 P.56 참고

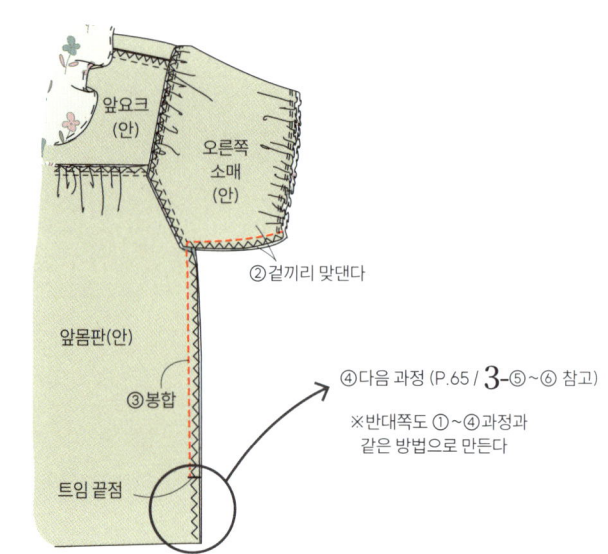

②겉끼리 맞댄다

③봉합

트임 끝점

④다음 과정 (P.65 / **3**-⑤~⑥ 참고)

※반대쪽도 ①~④과정과
같은 방법으로 만든다

6 소매의 밑단을 바이어스 처리한다

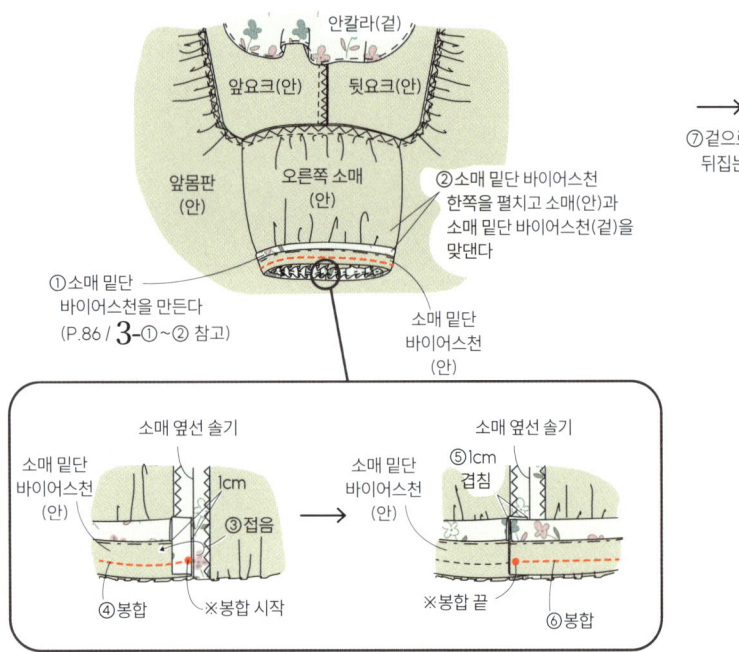

①소매 밑단
바이어스천을 만든다
(P.86 / **3**-①~② 참고)

②소매 밑단 바이어스천
한쪽을 펼치고 소매(안)과
소매 밑단 바이어스천(겉)을
맞댄다

소매 밑단
바이어스천
(안)

소매 옆선 솔기   소매 옆선 솔기

소매 밑단
바이어스천
(안)

1cm

③접음

⑤1cm
겹침

④봉합   ※봉합 시작   ※봉합 끝   ⑥봉합

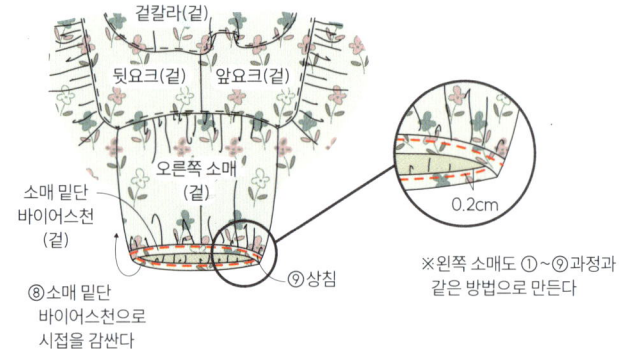

⑦겉으로
뒤집는다

소매 밑단
바이어스천
(겉)

⑧소매 밑단
바이어스천으로
시접을 감싼다

⑨상침

0.2cm

※왼쪽 소매도 ①~⑨과정과
같은 방법으로 만든다

※바이어스 만드는 방법과 달기 P.55 참고

7 몸판의 밑단을 정리한다 (P.69 / **7**-①~② 참고)

완성

[재단 배치도]

· 지정 이외의 시접은 1cm.

· ▨ 부분에 소잉심지를 붙인다

· ▨ 부분에 소잉테이프 심지를 붙인다

· 〰 표시된 부분은 지그재그봉제 또는 오버록 처리한다

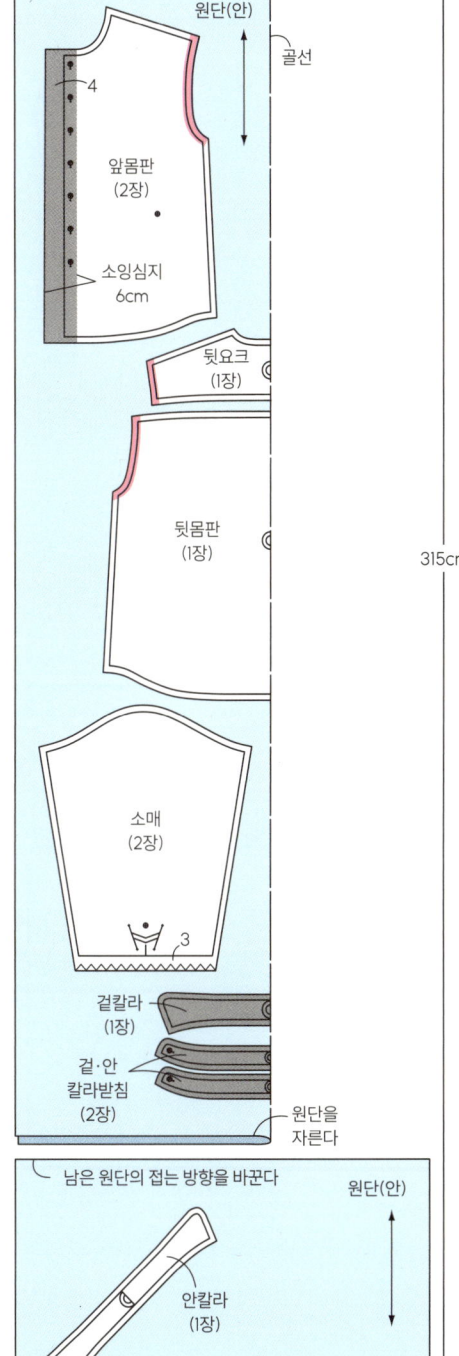

[재료]

· 겉감 … 110cm폭 x 315cm

· 소잉심지 … 110cm폭 x 90cm

· 1.2cm폭 소잉테이프 심지 … 1팩

· 1.2cm폭 단추 … 11개

[완성 사이즈]

사이즈 명칭	55	66	77	88
가슴둘레	120	126.5	130.5	135
옷길이	71	73	75	77
소매길이	53	54	55	56

[만드는 순서]

1 앞몸판의 앞끝을 정리한다

3 몸판의 어깨를 봉합한다

6 몸판에 소매를 단다

2 뒷몸판에 주름을 잡고, 뒷요크를 단다

4 칼라를 만든다

5 몸판에 칼라를 단다

7 몸판과 소매의 옆선을 한 번에 이어서 봉합한다

9 몸판에 단춧구멍을 뚫고, 몸판과 소매에 단추를 단다

8 몸판과 소매의 밑단을 정리한다

[만드는 방법]

★치수가 기재되어 있지 않은 곳은 1cm로 봉합합니다.

1 앞몸판의 앞끝을 정리한다

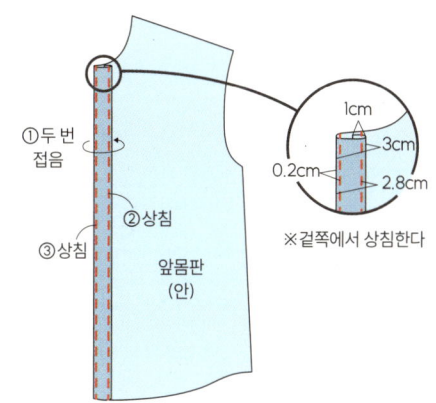

①두번 접음

②상침

③상침

앞몸판 (안)

1cm

3cm

0.2cm

2.8cm

※겉쪽에서 상침한다

※반대쪽도 ①~③과정과 같은 방법으로 만든다

2 뒷몸판에 주름을 잡고, 뒷요크를 단다

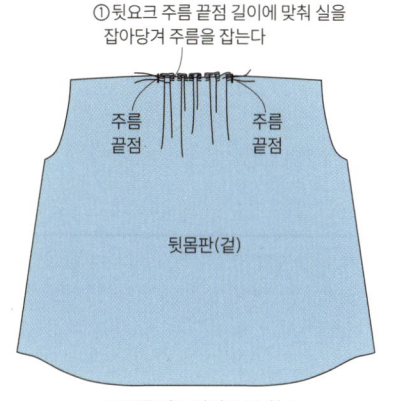

①뒷요크 주름 끝점 길이에 맞춰 실을 잡아당겨 주름을 잡는다

주름 끝점

주름 끝점

뒷몸판(겉)

※주름 잡는 방법 P.56 참고

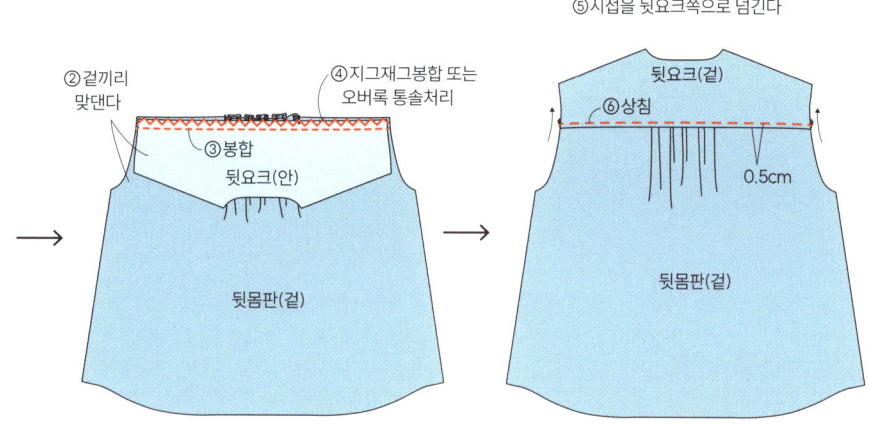

⑤시접을 뒷요크쪽으로 넘긴다

②겉끼리 맞댄다

④지그재그봉합 또는 오버록 통솔처리

③봉합

뒷요크(안)

뒷몸판(겉)

뒷요크(겉)

⑥상침

0.5cm

뒷몸판(겉)

3 몸판의 어깨를 봉합한다 (P.75 / **2**-①~④ 참고)

4 칼라를 만든다 (P.96 / **4**-①~⑪ 참고)

5 몸판에 칼라를 단다 (P.96 / **5**-①~⑤ 참고)

6 몸판에 소매를 단다 (P.78 / **3**-①~④ 참고)

7 몸판과 소매의 옆선을 한 번에 이어서 봉합한다 (P.78 / **4**-①~④ 참고)

8 몸판과 소매의 밑단을 정리한다

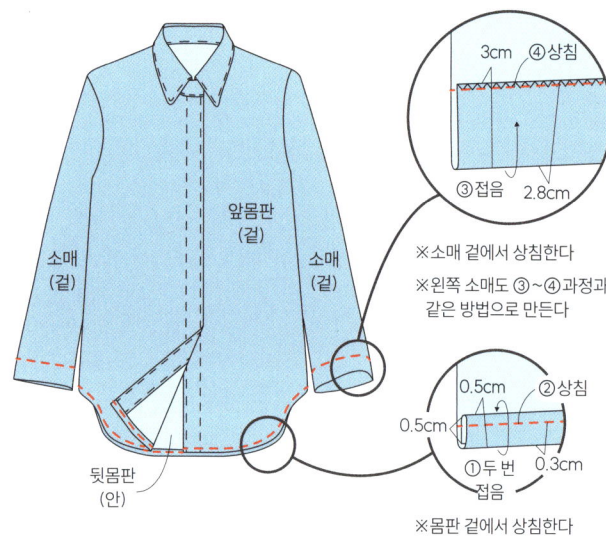

3cm ④상침

③접음 2.8cm

※소매 겉에서 상침한다

※왼쪽 소매도 ③~④과정과 같은 방법으로 만든다

앞몸판(겉)

소매(겉)

소매(겉)

뒷몸판(안)

0.5cm ②상침

0.5cm

①두 번 접음 0.3cm

※몸판 겉에서 상침한다

완성

9 몸판에 단춧구멍을 뚫고, 몸판과 소매에 단추를 단다

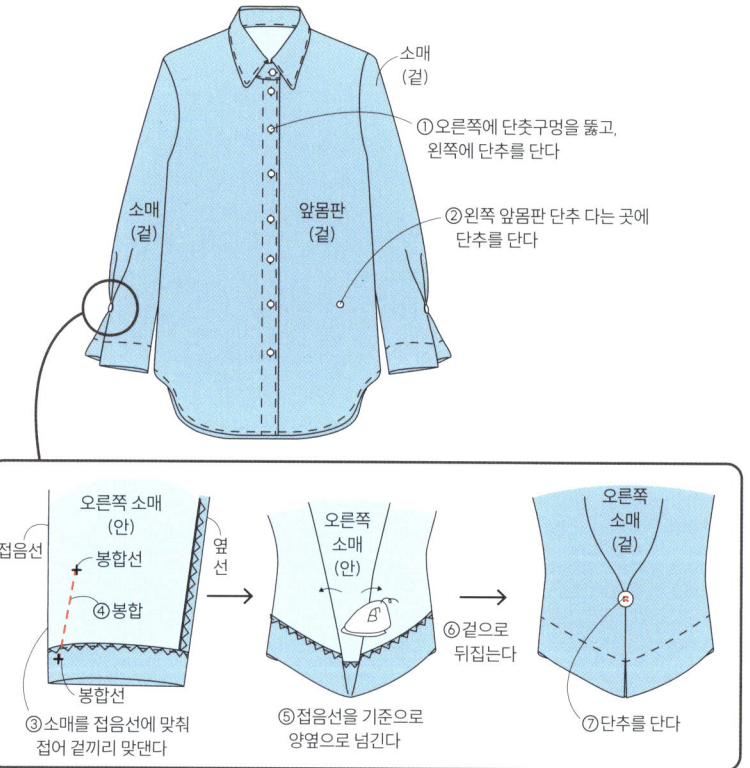

소매(겉)

①오른쪽에 단춧구멍을 뚫고, 왼쪽에 단추를 단다

②왼쪽 앞몸판 단추 다는 곳에 단추를 단다

소매(겉)

앞몸판(겉)

접음선

오른쪽 소매(안)

봉합선

옆선

④봉합

봉합선

③소매를 접음선에 맞춰 접어 겉끼리 맞댄다

오른쪽 소매(안)

⑤접음선을 기준으로 양옆으로 넘긴다

오른쪽 소매(겉)

⑥겉으로 뒤집는다

⑦단추를 단다

※왼쪽 소매도 ③~⑦과정과 같은 방법으로 만든다

[재단 배치도]

· 지정 이외의 시접은 1cm.
· ▓ 부분에 소잉심지를 붙인다
· ▨ 부분에 소잉테이프 심지를 붙인다
· 목둘레 바이어스천은 직접 제도하여 사용합니다

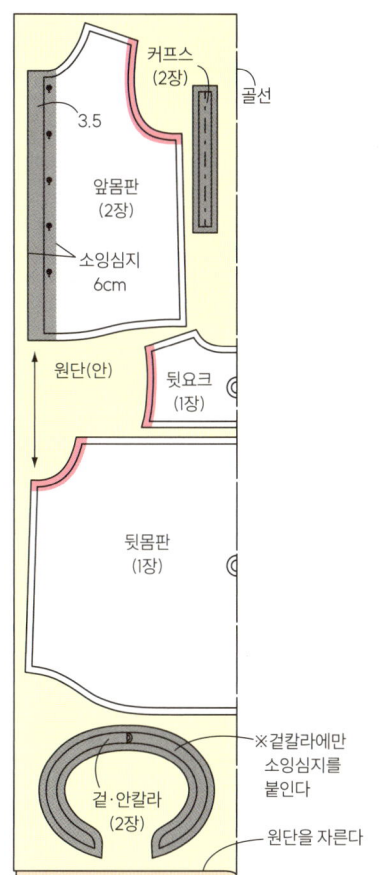

커프스
(2장)
골선
3.5
앞몸판
(2장)
소잉심지
6cm
뒷요크
(1장)
원단(안)
뒷몸판
(1장)
※겉칼라에만
소잉심지를
붙인다
겉·안칼라
(2장)
원단을 자른다

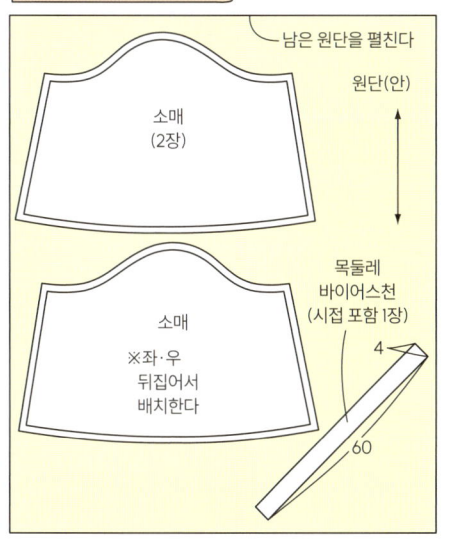

남은 원단을 펼친다
원단(안)
소매
(2장)
소매
※좌·우
뒤집어서
배치한다
목둘레
바이어스천
(시접 포함 1장)
4
60
110cm폭

[재료]

· 겉감 … 130cm폭 x 315cm
· 소잉심지 … 55cm폭 x 90cm
· 1.2cm폭 소잉테이프 심지 … 1팩
· 1.1cm폭 단추 … 5개

[완성 사이즈]

사이즈 명칭	55	66	77	88
가슴둘레	141.5	147	153	158.5
옷길이	76.5	78.5	80.5	82.5
소매길이	41	42	43	44

[만드는 순서]

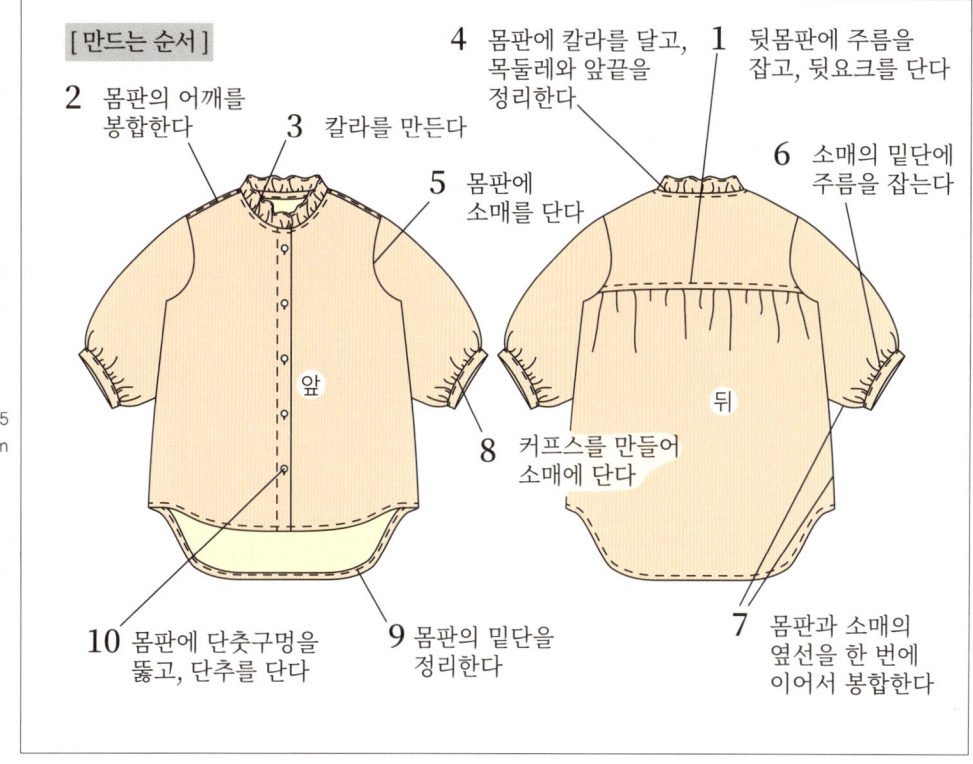

2 몸판의 어깨를 봉합한다
3 칼라를 만든다
4 몸판에 칼라를 달고, 목둘레와 앞끝을 정리한다
1 뒷몸판에 주름을 잡고, 뒷요크를 단다
5 몸판에 소매를 단다
6 소매의 밑단에 주름을 잡는다
8 커프스를 만들어 소매에 단다
7 몸판과 소매의 옆선을 한 번에 이어서 봉합한다
10 몸판에 단춧구멍을 뚫고, 단추를 단다
9 몸판의 밑단을 정리한다

앞
뒤

[만드는 방법]   ★치수가 기재되어 있지 않은 곳은 1cm로 봉합합니다.

1 뒷몸판에 주름을 잡고, 뒷요크를 단다 (P.101 / **2**-①~⑥ 참고)

2 몸판의 어깨를 봉합한다

①어깨를 봉합한다 (P.75 / **2**-①~④ 참고)
②상침
0.2cm
뒷요크(안)
앞몸판
(겉)
뒷몸판
(안)
※반대쪽도 ①~②과정과 같은 방법으로 만든다

3 칼라를 만든다

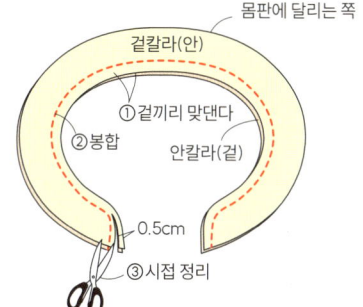

몸판에 달리는 쪽
겉칼라(안)
①겉끼리 맞댄다
②봉합
안칼라(겉)
0.5cm
③시접 정리

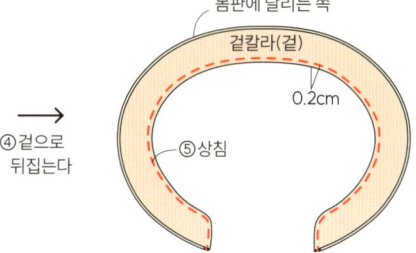

몸판에 달리는 쪽
겉칼라(겉)
0.2cm
④겉으로 뒤집는다
⑤상침

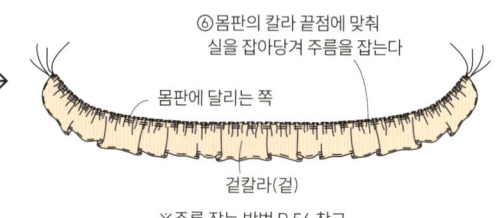

⑥몸판의 칼라 끝점에 맞춰 실을 잡아당겨 주름을 잡는다
몸판에 달리는 쪽
겉칼라(겉)
※주름 잡는 방법 P.56 참고

4 몸판에 칼라를 달고, 목둘레와 앞끝을 정리한다

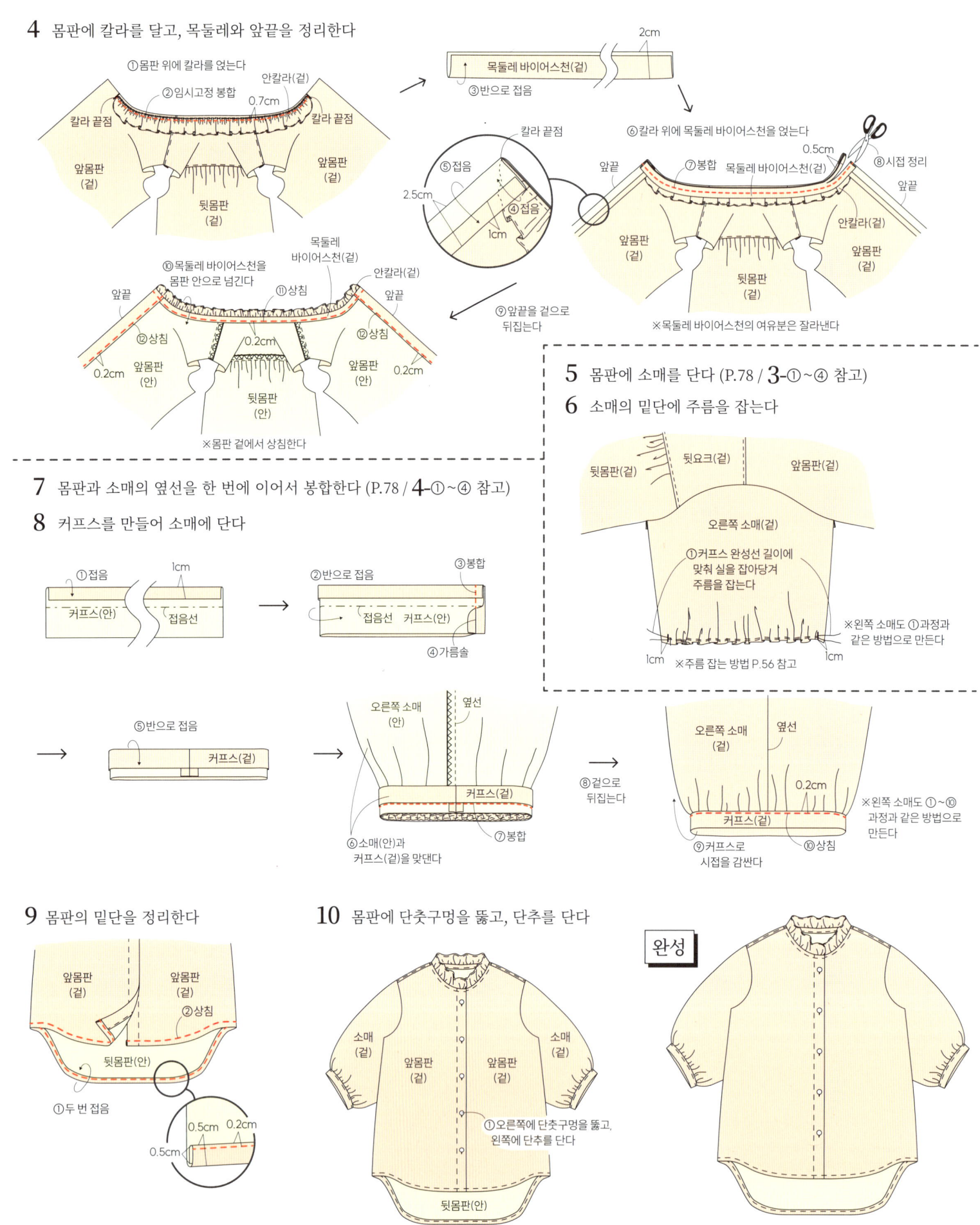

①몸판 위에 칼라를 얹는다
②임시고정 봉합
안칼라(겉)
0.7cm
칼라 끝점
칼라 끝점
앞몸판(겉)
앞몸판(겉)
뒷몸판(겉)

목둘레 바이어스천(겉)
2cm
③반으로 접음

⑥칼라 위에 목둘레 바이어스천을 얹는다
0.5cm
⑧시접 정리
앞끝
⑦봉합 목둘레 바이어스천(겉)
앞끝
안칼라(겉)
앞몸판(겉)
앞몸판(겉)
뒷몸판(겉)
※목둘레 바이어스천의 여유분은 잘라낸다

칼라 끝점
⑤접음
2.5cm
④접음
1cm

⑨앞끝을 겉으로 뒤집는다

⑩목둘레 바이어스천을 몸판 안으로 넘긴다
목둘레 바이어스천(겉)
안칼라(겉)
앞끝
⑪상침
앞끝
⑫상침
앞몸판(안)
0.2cm
0.2cm
앞몸판(안)
뒷몸판(안)
※몸판 겉에서 상침한다

5 몸판에 소매를 단다 (P.78 / **3**-①~④ 참고)

6 소매의 밑단에 주름을 잡는다

뒷몸판(겉)
뒷요크(겉)
앞몸판(겉)
오른쪽 소매(겉)
①커프스 완성선 길이에 맞춰 실을 잡아당겨 주름을 잡는다
※왼쪽 소매도 ①과정과 같은 방법으로 만든다
1cm
1cm
※주름 잡는 방법 P.56 참고

7 몸판과 소매의 옆선을 한 번에 이어서 봉합한다 (P.78 / **4**-①~④ 참고)

8 커프스를 만들어 소매에 단다

①접음
1cm
커프스(안)
접음선

②반으로 접음
③봉합
접음선 커프스(안)
④가름솔

⑤반으로 접음
커프스(겉)

오른쪽 소매(안)
옆선
커프스(겉)
⑥소매(안)과 커프스(겉)을 맞댄다
⑦봉합

⑧겉으로 뒤집는다

오른쪽 소매(겉)
옆선
0.2cm
커프스(겉)
⑨커프스로 시접을 감싼다
⑩상침
※왼쪽 소매도 ①~⑩ 과정과 같은 방법으로 만든다

9 몸판의 밑단을 정리한다

앞몸판(겉)
앞몸판(겉)
②상침
뒷몸판(안)
①두 번 접음
0.5cm 0.2cm
0.5cm

10 몸판에 단춧구멍을 뚫고, 단추를 단다

소매(겉)
앞몸판(겉)
앞몸판(겉)
소매(겉)
①오른쪽에 단춧구멍을 뚫고, 왼쪽에 단추를 단다
뒷몸판(안)

완성

[재단 배치도]

· 지정 이외의 시접은 1cm.
· ▓ 부분에 소잉심지를 붙인다
· ▨ 부분에 소잉테이프 심지를 붙인다
· ∿∿ 표시된 부분은 지그재그봉제 또는 오버록 처리한다
· 목둘레 바이어스천은 직접 제도하여 사용합니다

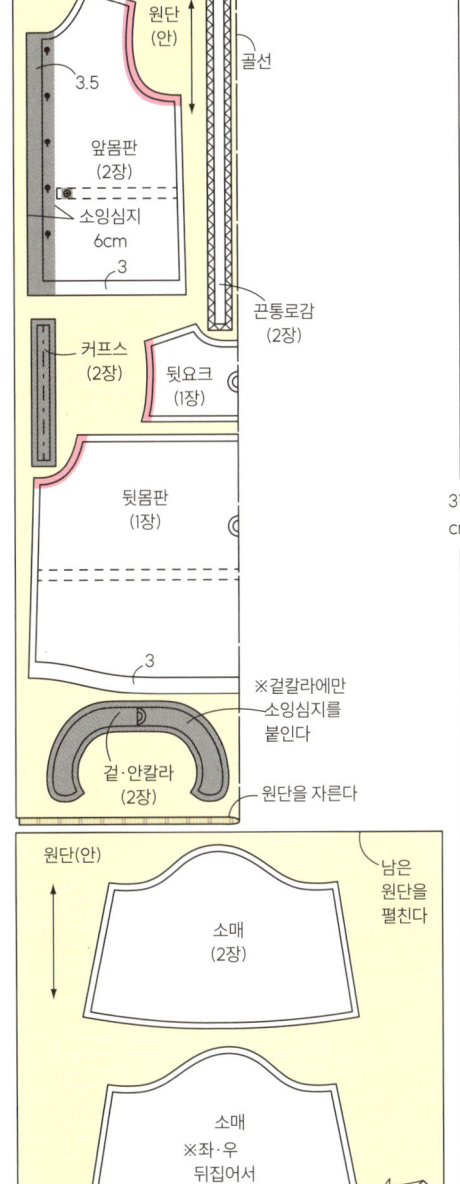

[재료]

· 겉감 ··· 110cm폭 x 315cm
· 소잉심지 ··· 55cm폭 x 90cm
· 1.2cm폭 소잉테이프 심지 ··· 1팩
· 1.1cm폭 단추 ··· 4개
· 1.5cm폭 아일렛 ··· 2쌍
· 0.5cm폭 스트링끈 ··· 1팩

[완성 사이즈]

사이즈 명칭	55	66	77	88
가슴둘레	141.5	147	153	158.5
옷길이	76.5	78.5	80.5	82.5
소매길이	70.5	72.5	74.5	76.5

[만드는 순서]

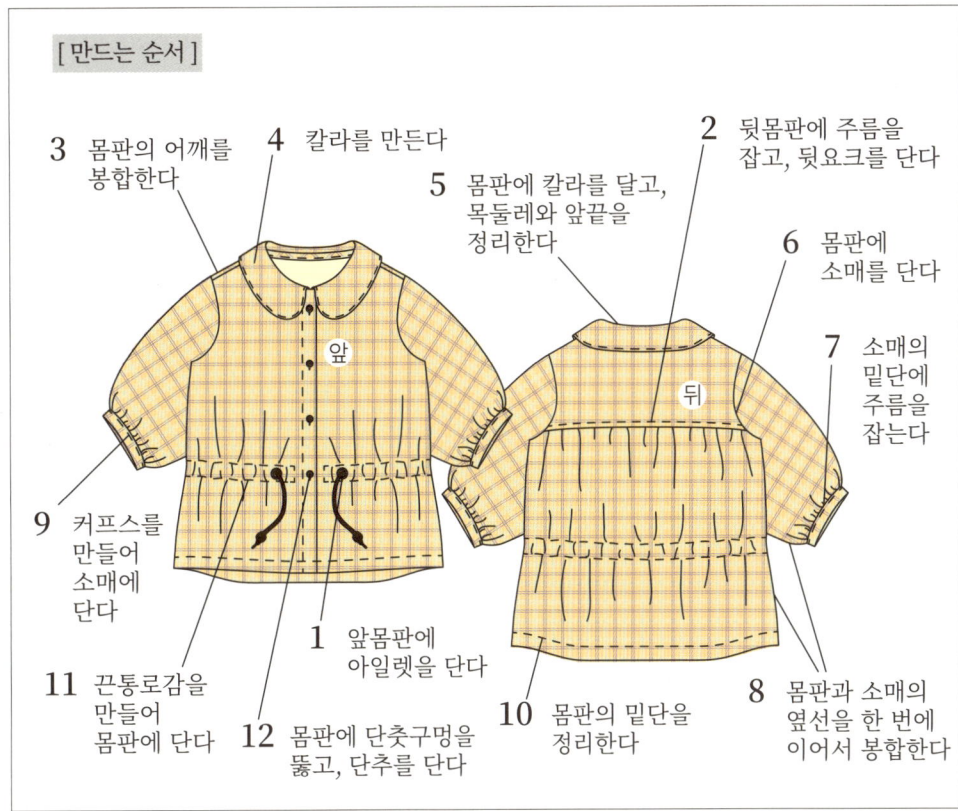

3 몸판의 어깨를 봉합한다
4 칼라를 만든다
2 뒷몸판에 주름을 잡고, 뒷요크를 단다
5 몸판에 칼라를 달고, 목둘레와 앞끝을 정리한다
6 몸판에 소매를 단다
7 소매의 밑단에 주름을 잡는다
9 커프스를 만들어 소매에 단다
1 앞몸판에 아일렛을 단다
11 끈통로감을 만들어 몸판에 단다
12 몸판에 단춧구멍을 뚫고, 단추를 단다
10 몸판의 밑단을 정리한다
8 몸판과 소매의 옆선을 한 번에 이어서 봉합한다

[만드는 방법]

★치수가 기재되어 있지 않은 곳은 1cm로 봉합합니다.

1 앞몸판에 아일렛을 단다

2 뒷몸판에 주름을 잡고, 뒷요크를 단다 (P.101 / **2**-①~⑥ 참고)

3 몸판의 어깨를 봉합한다 (P.75 / **2**-①~④ 참고)

4 칼라를 만든다 (P.99 / **3**-①~⑤ 참고)

5 몸판에 칼라를 달고, 목둘레와 앞끝을 정리한다

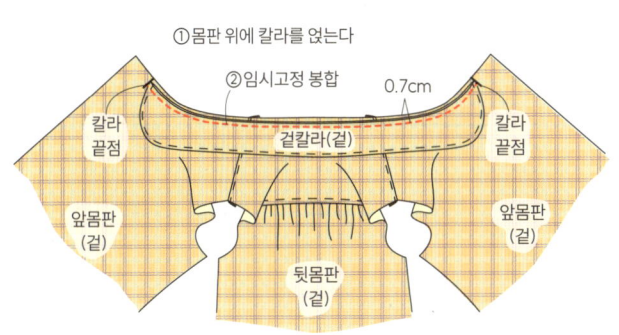

①몸판 위에 칼라를 얹는다
②임시고정 봉합
0.7cm
칼라 끝점
겉칼라(겉)
칼라 끝점
앞몸판(겉)
앞몸판(겉)
뒷몸판(겉)

※반대쪽도 ①과정과 같은 방법으로 만든다
※아일렛 다는 방법 P.59 참고

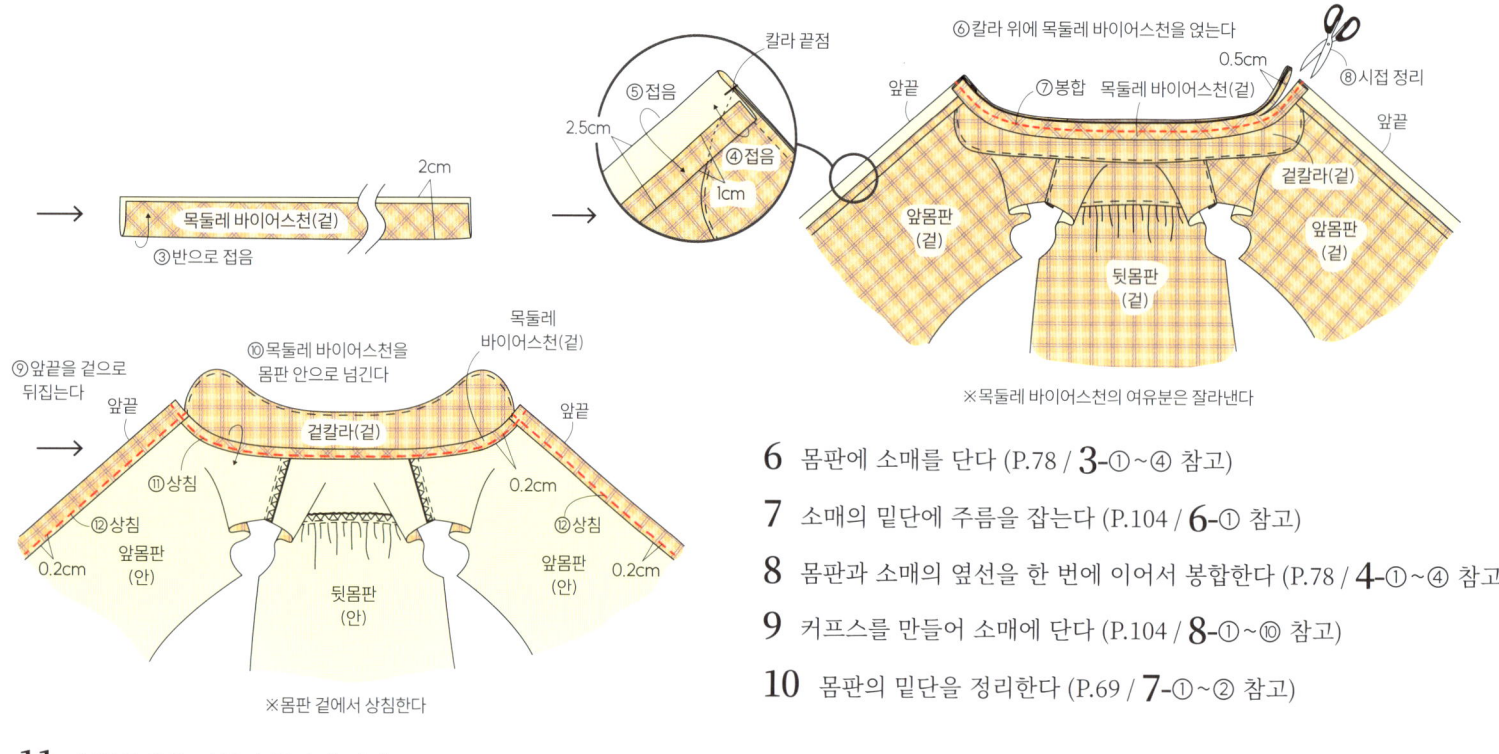

③반으로 접음
목둘레 바이어스천(겉)
2cm

⑤접음
칼라 끝점
2.5cm
④접음
1cm

⑥칼라 위에 목둘레 바이어스천을 얹는다
앞끝
⑦봉합 목둘레 바이어스천(겉)
0.5cm
⑧시접 정리
앞끝
겉칼라(겉)
앞몸판(겉)
뒷몸판(겉)
앞몸판(겉)

※목둘레 바이어스천의 여유분은 잘라낸다

⑨앞끝을 겉으로 뒤집는다
앞끝
⑩목둘레 바이어스천을 몸판 안으로 넘긴다
목둘레 바이어스천(겉)
겉칼라(겉)
앞끝
⑪상침
⑫상침
0.2cm
앞몸판(안)
뒷몸판(안)
⑫상침
앞몸판(안)
0.2cm

※몸판 겉에서 상침한다

6 몸판에 소매를 단다 (P.78 / **3**-①~④ 참고)

7 소매의 밑단에 주름을 잡는다 (P.104 / **6**-① 참고)

8 몸판과 소매의 옆선을 한 번에 이어서 봉합한다 (P.78 / **4**-①~④ 참고)

9 커프스를 만들어 소매에 단다 (P.104 / **8**-①~⑩ 참고)

10 몸판의 밑단을 정리한다 (P.69 / **7**-①~② 참고)

11 끈통로감을 만들어 몸판에 단다

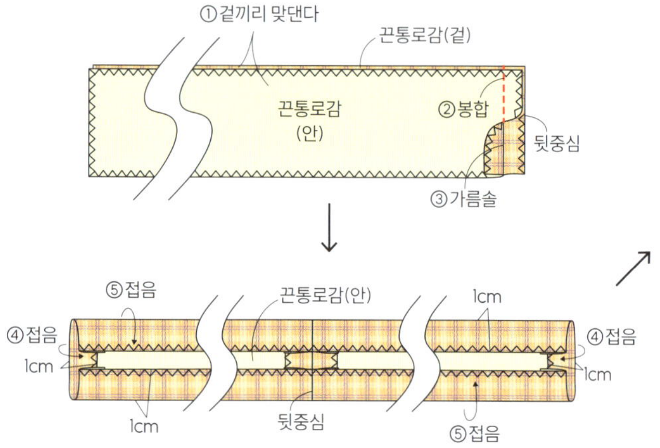

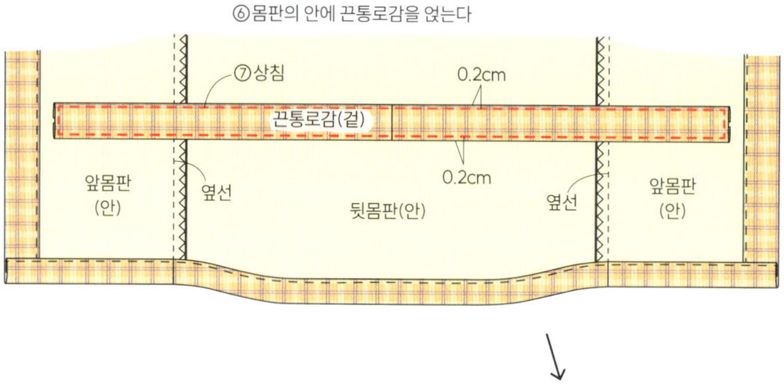

①겉끼리 맞댄다
끈통로감(겉)
끈통로감(안)
②봉합
뒷중심
③가름솔

⑥몸판의 안에 끈통로감을 얹는다
⑦상침
0.2cm
끈통로감(겉)
0.2cm
앞몸판(안)
옆선
뒷몸판(안)
옆선
앞몸판(안)

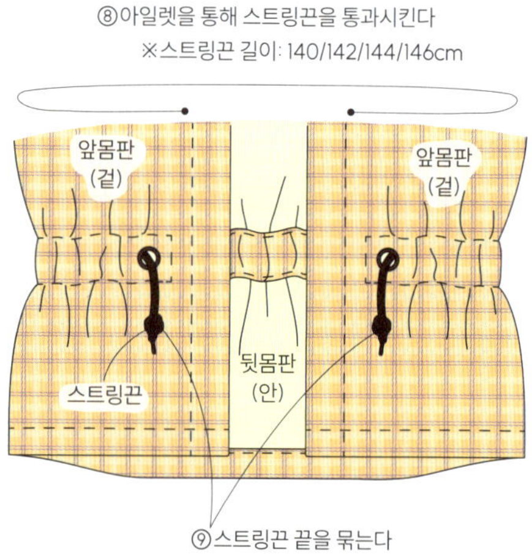

⑤접음
④접음
끈통로감(안)
1cm
④접음
1cm
뒷중심
1cm
⑤접음
1cm

⑧아일렛을 통해 스트링끈을 통과시킨다
※스트링끈 길이: 140/142/144/146cm

앞몸판(겉)
앞몸판(겉)
뒷몸판(안)
스트링끈
⑨스트링끈 끝을 묶는다

완성

12 몸판에 단춧구멍을 뚫고, 단추를 단다 (P.104 / **10**-① 참고)

[재단 배치도]

· 지정 이외의 시접은 1cm.
· ▨ 부분에 소잉심지를 붙인다
· ▨ 부분에 소잉테이프 심지를 붙인다
· 소매 트임 바이어스천은 직접 제도하여 사용합니다

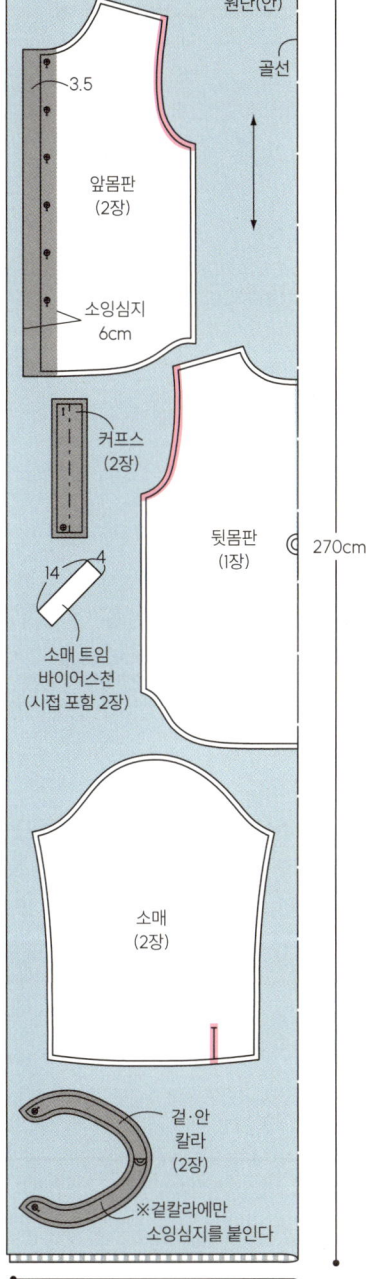

원단(안)
골선
3.5
앞몸판
(2장)
소잉심지
6cm
커프스
(2장)
14
4
뒷몸판
(1장)
270cm
소매 트임
바이어스천
(시접 포함 2장)
소매
(2장)
겉·안
칼라
(2장)
※겉칼라에만
소잉심지를 붙인다
110cm폭

[재료]

· 겉감 … 110cm폭 x 270cm
· 소잉심지 … 55cm폭 x 90cm
· 1.2cm폭 소잉테이프 심지 … 1팩
· 1.1cm폭 단추 … 9개

[완성 사이즈]

사이즈 명칭	55	66	77	88
가슴둘레	102.5	107.5	112.5	117.5
옷길이	69	71	73	75
소매길이	56.5	57.5	59	60.5

[만드는 순서]

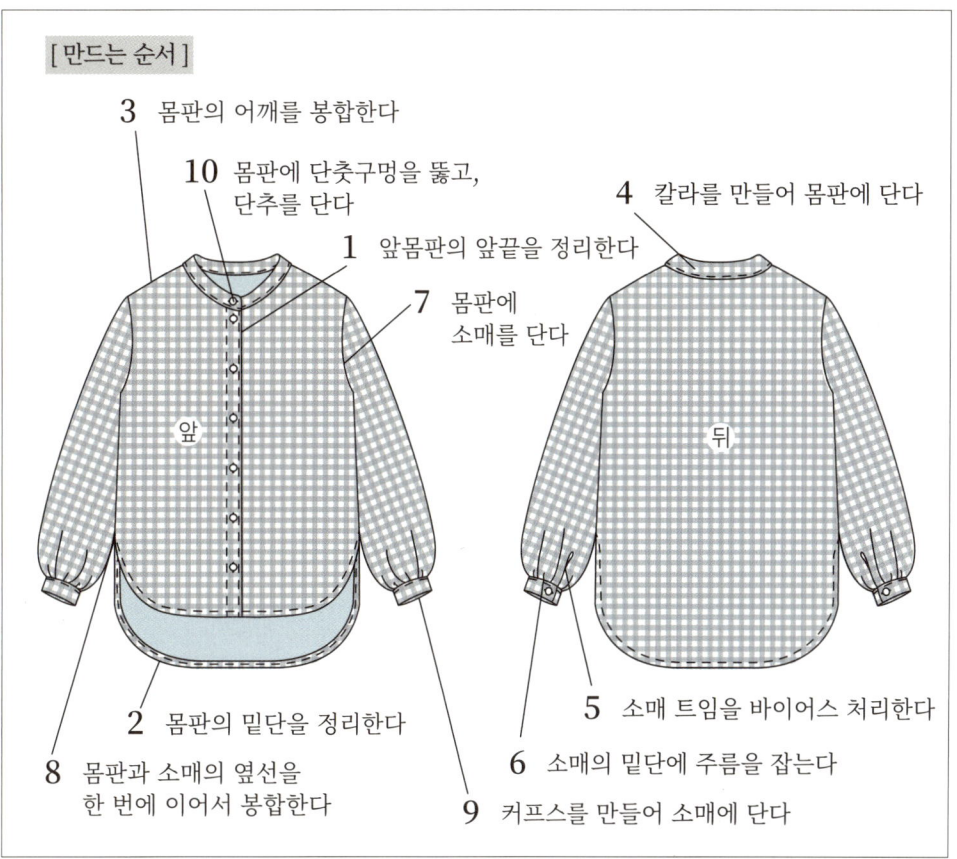

3 몸판의 어깨를 봉합한다
10 몸판에 단춧구멍을 뚫고, 단추를 단다
4 칼라를 만들어 몸판에 단다
1 앞몸판의 앞끝을 정리한다
7 몸판에 소매를 단다
앞
뒤
2 몸판의 밑단을 정리한다
8 몸판과 소매의 옆선을 한 번에 이어서 봉합한다
5 소매 트임을 바이어스 처리한다
6 소매의 밑단에 주름을 잡는다
9 커프스를 만들어 소매에 단다

[만드는 방법]

★치수가 기재되어 있지 않은 곳은 1cm로 봉합합니다.

1 앞몸판의 앞끝을 정리한다

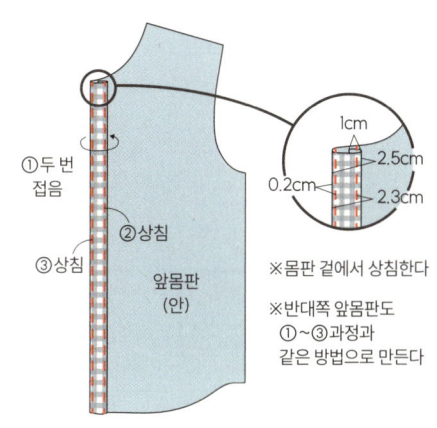

①두 번 접음
②상침
③상침
앞몸판
(안)
1cm
2.5cm
0.2cm
2.3cm
※몸판 겉에서 상침한다
※반대쪽 앞몸판도
①~③과정과
같은 방법으로 만든다

2 몸판의 밑단을 정리한다

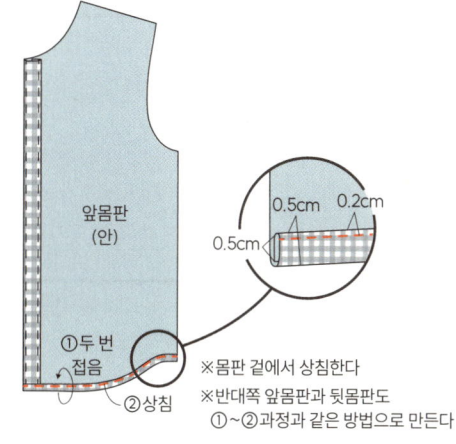

앞몸판
(안)
①두 번
접음
②상침
0.5cm
0.2cm
0.5cm
※몸판 겉에서 상침한다
※반대쪽 앞몸판과 뒷몸판도
①~②과정과 같은 방법으로 만든다

3 몸판의 어깨를 봉합한다 (P.75 / **2**-①~④ 참고)

4 칼라를 만들어 몸판에 단다

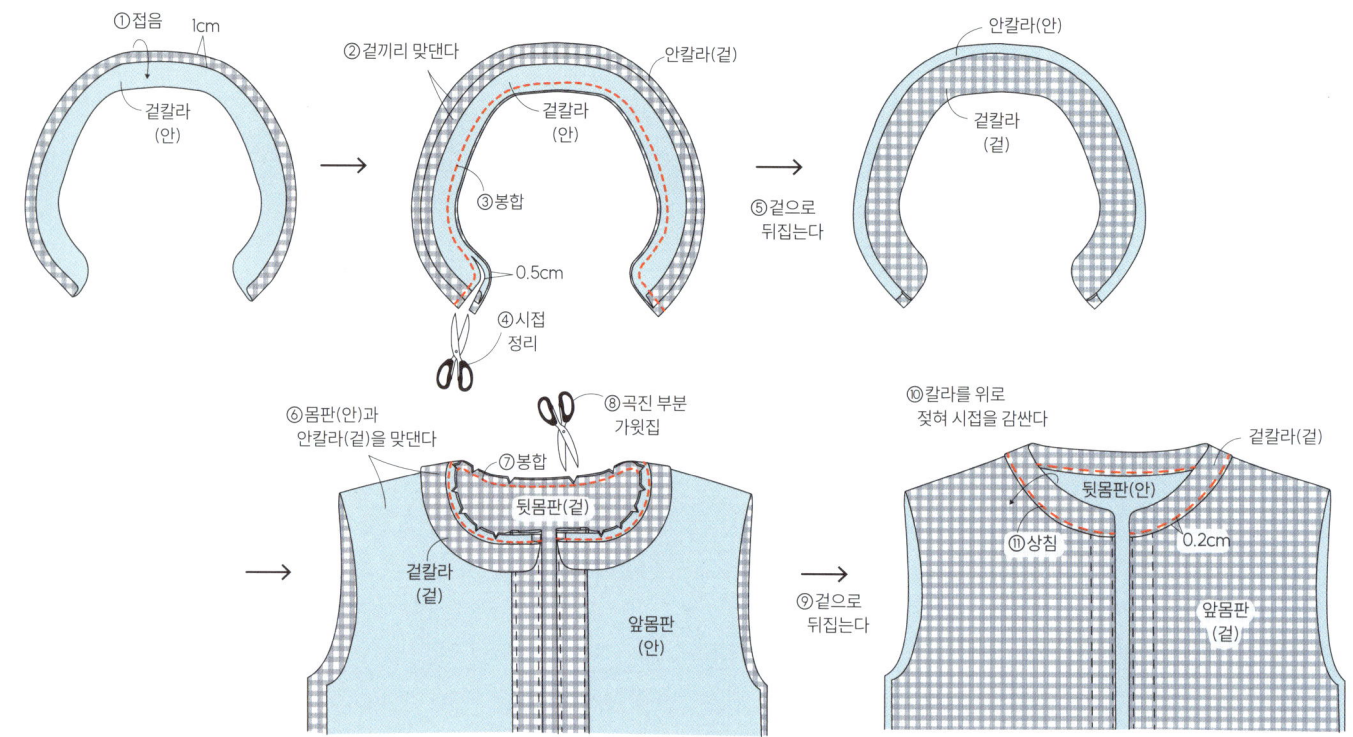

5 소매 트임을 바이어스 처리한다 (P.97 / 6-③~⑪ 참고)

6 소매의 밑단에 주름을 잡는다

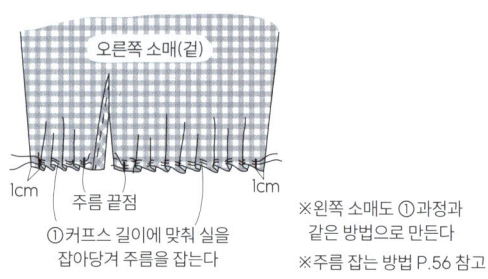

오른쪽 소매(겉)

1cm 주름 끝점 1cm

①커프스 길이에 맞춰 실을
잡아당겨 주름을 잡는다

※왼쪽 소매도 ①과정과
같은 방법으로 만든다
※주름 잡는 방법 P.56 참고

7 몸판에 소매를 단다

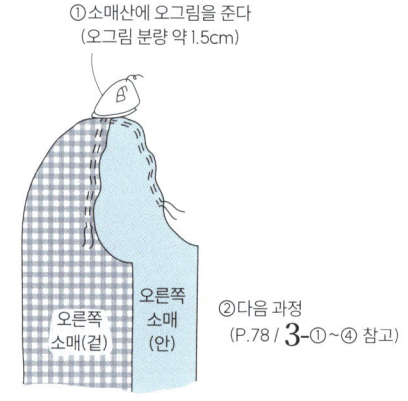

①소매산에 오그림을 준다
(오그림 분량 약 1.5cm)

오른쪽
소매(겉)

오른쪽
소매
(안)

②다음 과정
(P.78 / 3-①~④ 참고)

※오그림 주는 방법 P.59 참고

8 몸판과 소매의 옆선을 한 번에 이어서 봉합한다
(P.78 / 4-①~④ 참고)

9 커프스를 만들어 소매에 단다

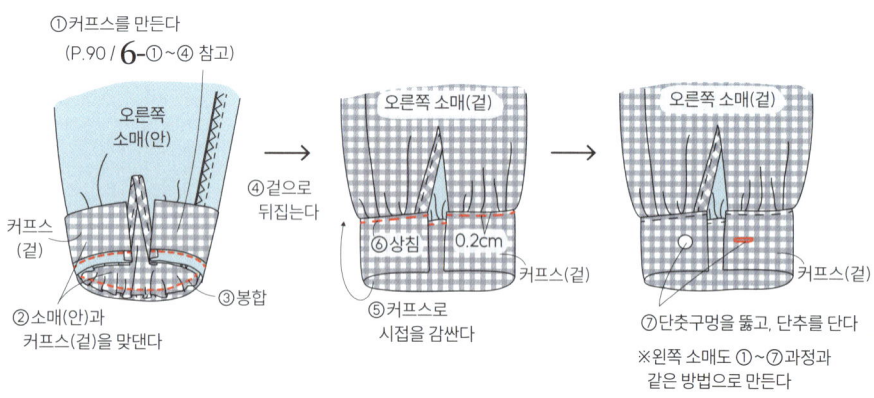

①커프스를 만든다
(P.90 / 6-①~④ 참고)

오른쪽
소매(안)

커프스
(겉)

②소매(안)과
커프스(겉)을 맞댄다

③봉합

④겉으로
뒤집는다

오른쪽 소매(겉)

⑥상침 0.2cm

⑤커프스로
시접을 감싼다

커프스(겉)

오른쪽 소매(겉)

커프스(겉)

⑦단춧구멍을 뚫고, 단추를 단다

※왼쪽 소매도 ①~⑦과정과
같은 방법으로 만든다

10 몸판에 단춧구멍을 뚫고, 단추를 단다

완성

①오른쪽에 단춧구멍을 뚫고,
왼쪽에 단추를 단다

[재단 배치도]

· 지정 이외의 시접은 1cm.
· ▓ 부분에 소잉심지를 붙인다
· ▒ 부분에 소잉테이프 심지를 붙인다

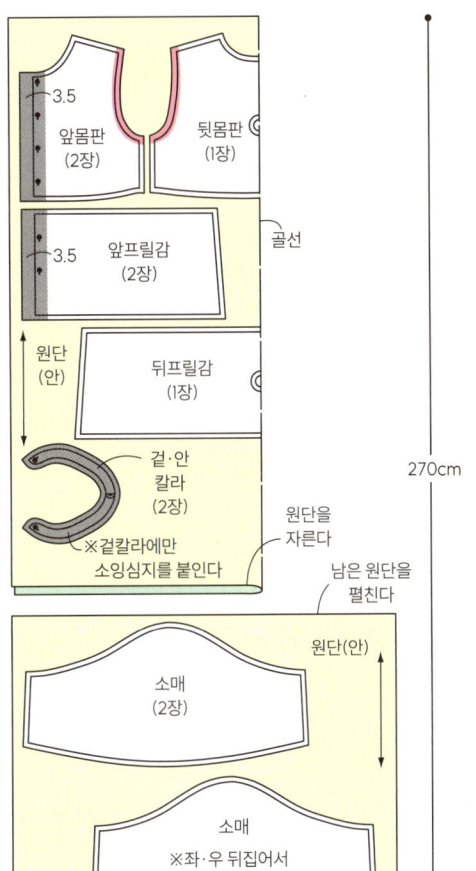

[재료]

· 겉감 … 158cm폭 x 270cm
· 소잉심지 … 55cm폭 x 90cm
· 1.2cm폭 소잉테이프 심지 … 1팩
· 1.1cm폭 단추 … 6개

[완성 사이즈]

사이즈 명칭	55	66	77	88
가슴둘레	102.5	107.5	112.5	117.5
옷길이	64	66.5	68.5	71
소매길이	29	30	31	32

[만드는 순서]

1 프릴감을 만들어 몸판에 단다
2 앞몸판의 앞끝을 정리한다
3 몸판의 어깨를 봉합한다
4 칼라를 만들어 몸판에 단다
5 소매에 주름을 잡는다
6 몸판에 소매를 단다
7 몸판과 소매의 옆선을 한 번에 이어서 봉합한다
8 프릴감과 소매의 밑단을 정리한다
9 몸판에 단춧구멍을 뚫고, 단추를 단다

[만드는 방법]

★치수가 기재되어 있지 않은 곳은 1cm로 봉합합니다.

1 프릴감을 만들어 몸판에 단다

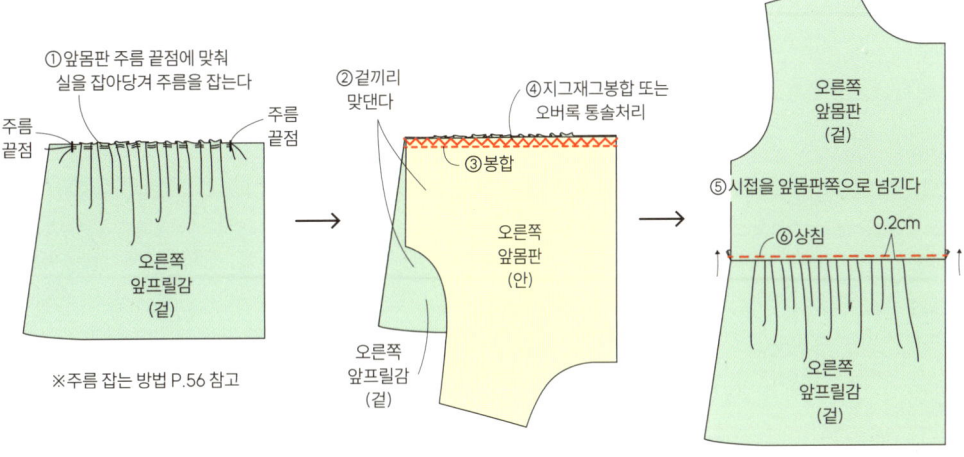

⑦뒷몸판 주름 끝점에 맞춰
실을 잡아당겨 주름을 잡는다

주름
끝점

주름
끝점

뒤프릴감
(겉)

※주름 잡는 방법 P.56 참고

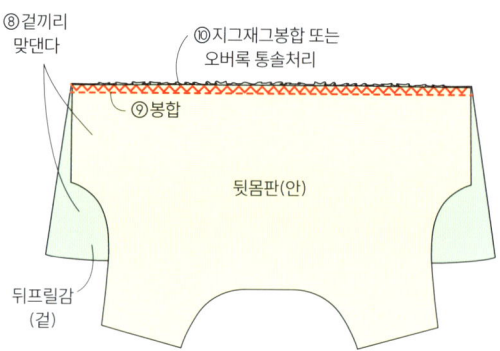

⑧겉끼리
맞댄다

⑩지그재그봉합 또는
오버록 통솔처리

⑨봉합

뒷몸판(안)

뒤프릴감
(겉)

뒷몸판(겉)

⑪시접을 뒷몸판쪽으로 넘긴다

⑫상침 0.2cm

뒤프릴감
(겉)

2 앞몸판의 앞끝을 정리한다 (P.107 / **1**-①~③ 참고)

3 몸판의 어깨를 봉합한다 (P.75 / **2**-①~④ 참고)

4 칼라를 만들어 몸판에 단다 (P.108 / **4**-①~⑪ 참고)

5 소매에 주름을 잡는다 (P.92 / **5**-① 참고)

6 몸판에 소매를 단다 (P.78 / **3**-①~④ 참고)

7 몸판과 소매의 옆선을 한 번에 이어서 봉합한다 (P.78 / **4**-①~④ 참고)

8 프릴감과 소매의 밑단을 정리한다

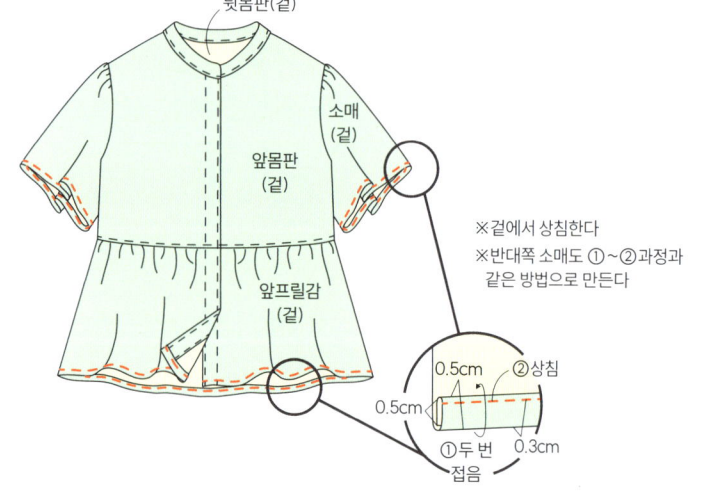

뒷몸판(겉)

소매
(겉)

앞몸판
(겉)

앞프릴감
(겉)

※겉에서 상침한다
※반대쪽 소매도 ①~②과정과
같은 방법으로 만든다

0.5cm ②상침

0.5cm

①두 번
접음 0.3cm

9 몸판에 단춧구멍을 뚫고, 단추를 단다

①오른쪽에 단춧구멍을 뚫고,
왼쪽에 단추를 단다

완성

[패턴에 대해서]

· 뒷몸판 실물크기 패턴에서 뒤안단을 각각 베껴 사용합니다

· 실물크기 패턴에서 앞안단은 별도로 수록되어있습니다

※ 패턴 베끼는 방법 P.51 참고

[재단 배치도]

· 지정 이외의 시접은 1cm.

· ▨ 부분에 소잉심지를 붙인다

· ▨ 부분에 소잉테이프 심지를 붙인다

· ⋁⋁⋁ 표시된 부분은 지그재그봉제 또는 오버록 처리한다

[재료]

· 겉감 … 140cm폭 x 270cm

· 소잉심지 … 110cm폭 x 135cm

· 1.2cm폭 소잉테이프 심지 … 1팩

· 1cm(완성폭) 바이어스 테이프 … 1팩

· 2.3cm폭 단추 … 1개

[완성 사이즈]

사이즈 \ 명칭	55	66	77	88
가슴둘레	98.5	103.5	108	112.5
옷길이	73.5	76	78.5	80.5
소매길이	58	59.5	61	62.5

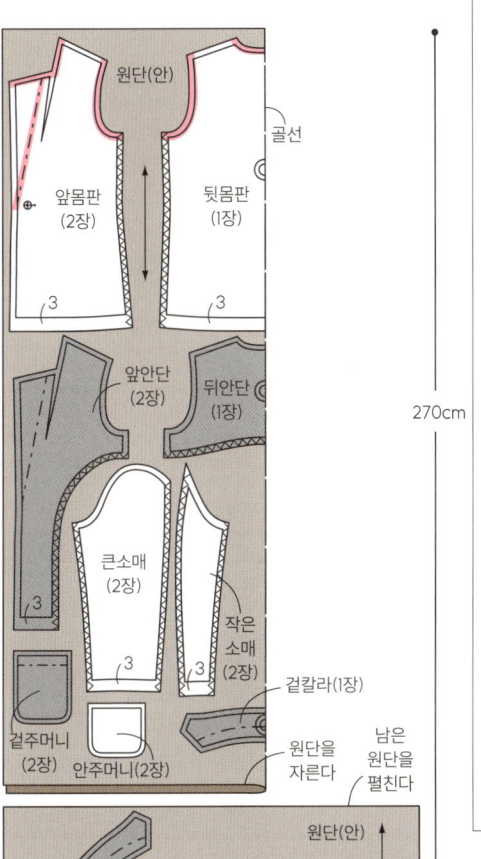

[만드는 순서]

2 몸판을 만든다
3 안단을 만든다
4 몸판과 안단에 칼라를 달고, 연결한다
5 안단을 몸판에 고정한다
6 소매를 만들어 몸판에 단다
9 칼라를 정리한다
1 주머니를 만들어 몸판에 단다
10 몸판에 단춧구멍을 뚫고, 단추를 단다
7 몸판의 밑단을 정리한다
8 소매의 밑단을 정리한다

[만드는 방법]

★치수가 기재되어 있지 않은 곳은 1cm로 봉합합니다.

1 주머니를 만들어 몸판에 단다

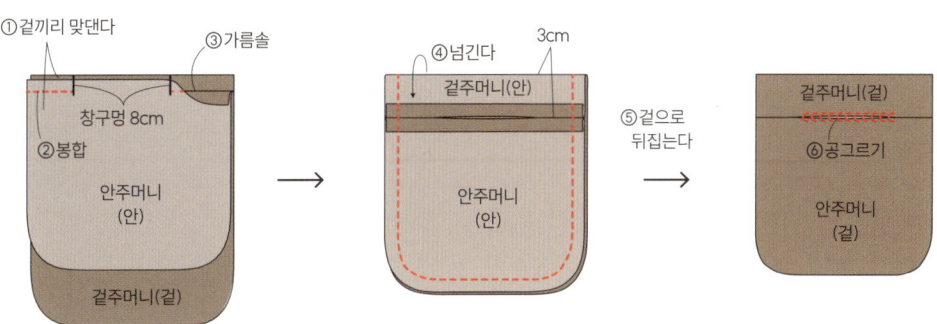

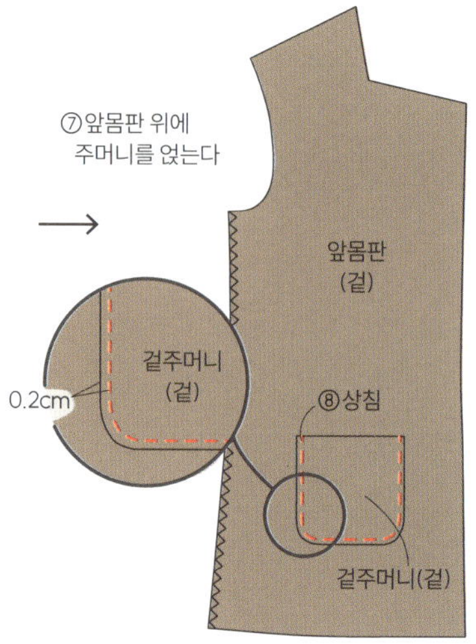

2 몸판을 만든다

⑦앞몸판 위에
주머니를 얹는다

→

앞몸판
(겉)

겉주머니
(겉)

0.2cm

⑧상침

겉주머니(겉)

※반대쪽도 ①~⑧과정과
같은 방법으로 만든다

①패턴을 참고하여
다트를 봉합한다

②시접을
중심쪽으로
넘긴다

앞몸판(안)

→

③겉끼리 맞댄다

④봉합

뒷몸판(겉)

⑤가름솔

⑥봉합

앞몸판(안)

⑦가름솔

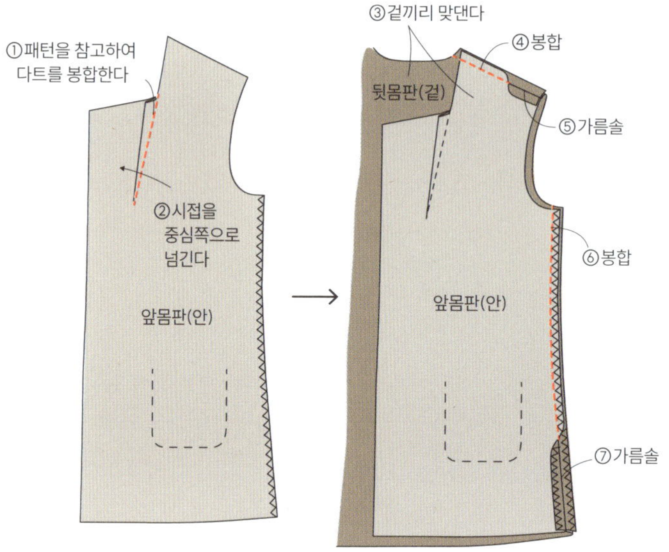

※반대쪽도 ①~⑦과정과
같은 방법으로 만든다

3 안단을 만든다

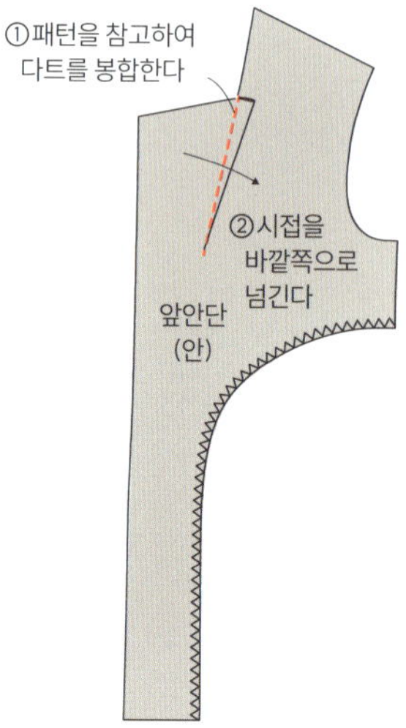

①패턴을 참고하여
다트를 봉합한다

②시접을
바깥쪽으로
넘긴다

앞안단
(안)

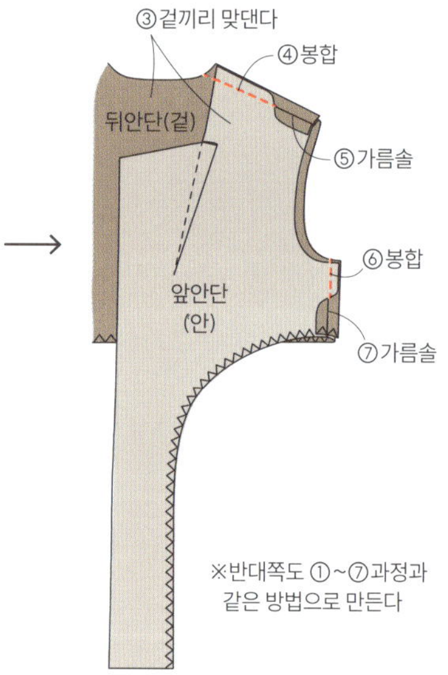

→

③겉끼리 맞댄다

④봉합

뒤안단(겉)

⑤가름솔

앞안단
(안)

⑥봉합

⑦가름솔

※반대쪽도 ①~⑦과정과
같은 방법으로 만든다

→

뒤안단
(겉)

앞안단
(겉)

앞안단
(겉)

1cm

⑧접음

⑧접음

0.8cm

⑨상침

0.2cm

⑨상침

1cm

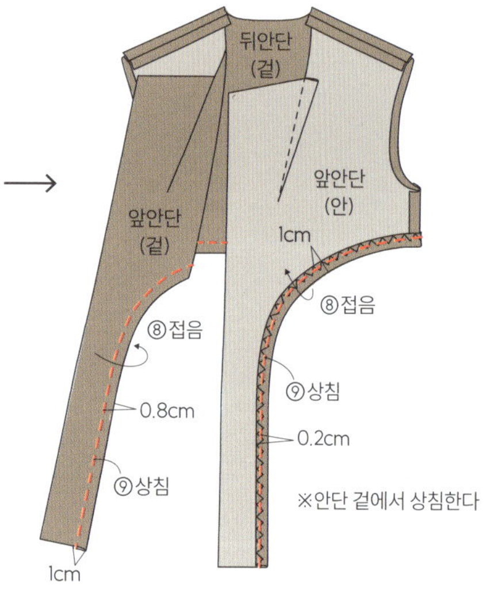

※안단 겉에서 상침한다

4 몸판과 안단에 칼라를 달고, 연결한다

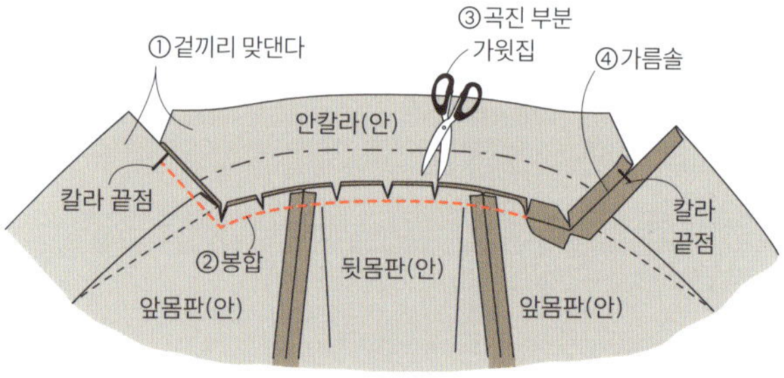

①겉끼리 맞댄다

③곡진 부분
가윗집

④가름솔

안칼라(안)

칼라 끝점

②봉합

뒷몸판(안)

칼라
끝점

앞몸판(안)

앞몸판(안)

※앞·뒤안단과 겉칼라도 ①~④
과정과 같은 방법으로 만든다

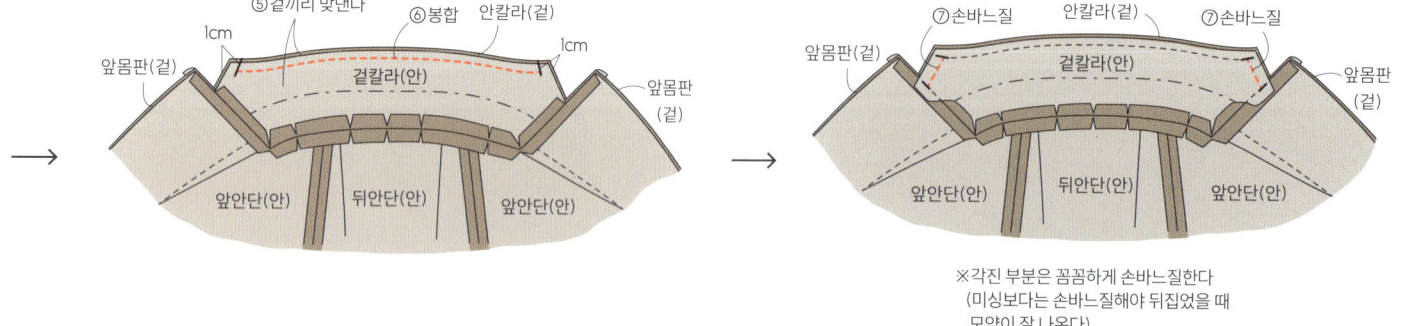

⑤겉끼리 맞댄다

1cm

⑥봉합 안칼라(겉)

1cm

앞몸판(겉)

겉칼라(안)

앞몸판
(겉)

앞안단(안) 뒤안단(안) 앞안단(안)

→

⑦손바느질 안칼라(겉) ⑦손바느질

앞몸판(겉)

겉칼라(안)

앞몸판
(겉)

앞안단(안) 뒤안단(안) 앞안단(안)

※각진 부분은 꼼꼼하게 손바느질한다
(미싱보다는 손바느질해야 뒤집었을 때
모양이 잘 나온다)

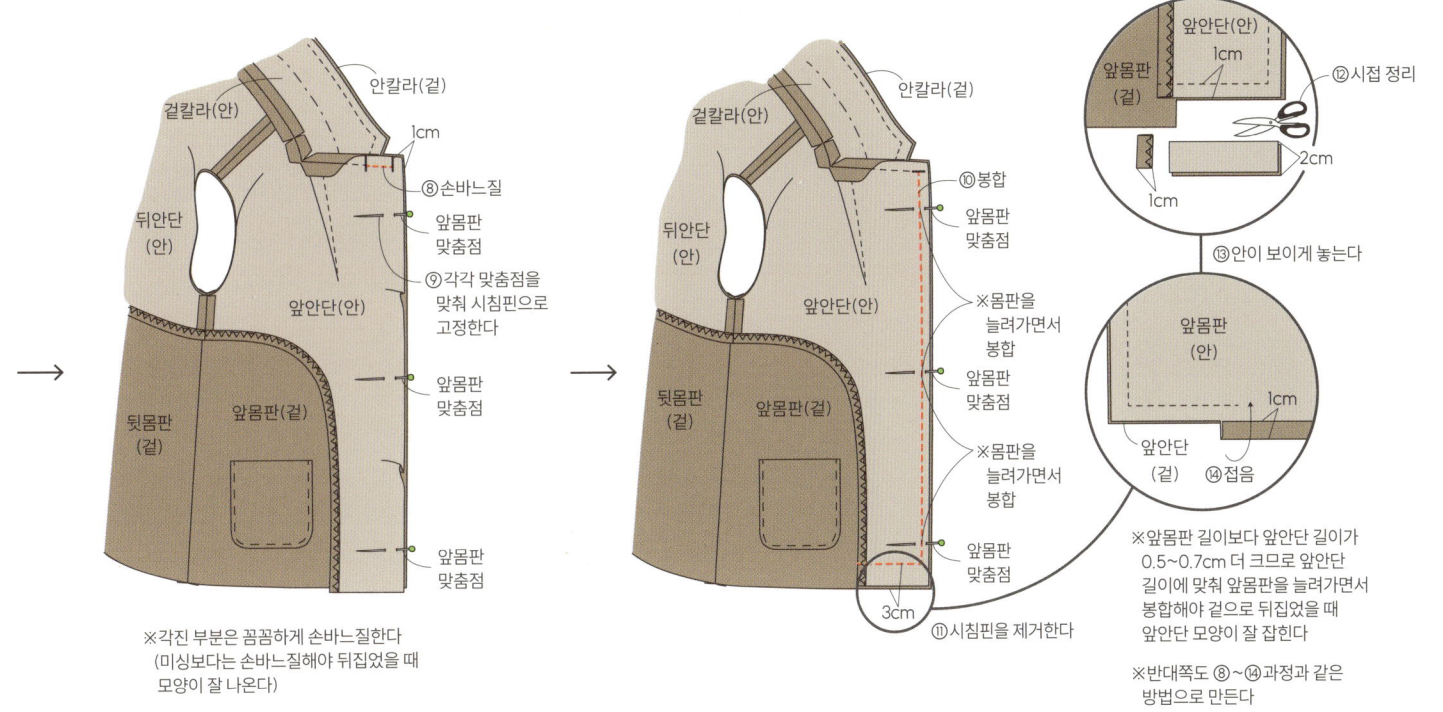

안칼라(겉)
걸칼라(안)
1cm
⑧손바느질
뒤안단(안)
앞몸판 맞춤점
⑨각각 맞춤점을 맞춰 시침핀으로 고정한다
앞안단(안)
앞몸판 맞춤점
뒷몸판(겉)
앞몸판(겉)
앞몸판 맞춤점

※각진 부분은 꼼꼼하게 손바느질한다
(미싱보다는 손바느질해야 뒤집었을 때 모양이 잘 나온다)

안칼라(겉)
걸칼라(안)
⑩봉합
뒤안단(안)
앞몸판 맞춤점
※몸판을 늘려가면서 봉합
앞안단(안)
앞몸판 맞춤점
※몸판을 늘려가면서 봉합
뒷몸판(겉)
앞몸판(겉)
앞몸판 맞춤점
3cm
⑪시침핀을 제거한다

앞안단(안)
1cm
앞몸판(겉)
⑫시접 정리
2cm
1cm

⑬안이 보이게 놓는다

앞몸판(안)
1cm
앞안단(겉)
⑭접음

※앞몸판 길이보다 앞안단 길이가 0.5~0.7cm 더 크므로 앞안단 길이에 맞춰 앞몸판을 늘려가면서 봉합해야 겉으로 뒤집었을 때 앞안단 모양이 잘 잡힌다

※반대쪽도 ⑧~⑭과정과 같은 방법으로 만든다

---

⑯상침
안칼라(겉)
걸칼라(겉)
⑮겉으로 뒤집는다
앞안단(겉)
앞안단(겉)
0.5(겉)
앞몸판(겉)
앞몸판(안)
뒷몸판(겉)

※몸판 겉에서 상침한다

5 안단을 몸판에 고정한다

①칼라의 형태를 잡아준 후 겉·안칼라의 목둘레를 시침질한다
②안단을 넘긴다
걸칼라(겉)
1.2cm
오른쪽 앞안단(겉)
뒤안단(겉)
왼쪽 앞안단(겉)
오른쪽 앞몸판(안)
왼쪽 앞몸판(안)
뒷몸판(안)

걸칼라(겉)
뒤안단(안)
오른쪽 앞안단(겉)
③어깨 솔기까지만 봉합한다
왼쪽 앞안단(겉)
오른쪽 앞몸판(안)
뒷몸판(안)
왼쪽 앞몸판(안)

④시침실을 제거한다

6 소매를 만들어 몸판에 단다

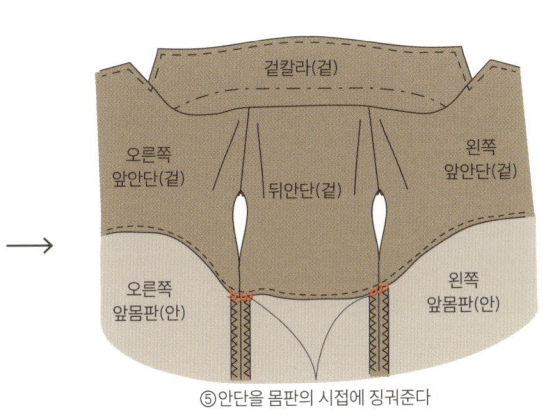

걸칼라(겉)
오른쪽 앞안단(겉)
뒤안단(겉)
왼쪽 앞안단(겉)
오른쪽 앞몸판(안)
왼쪽 앞몸판(안)
⑤안단을 몸판의 시접에 징궈준다

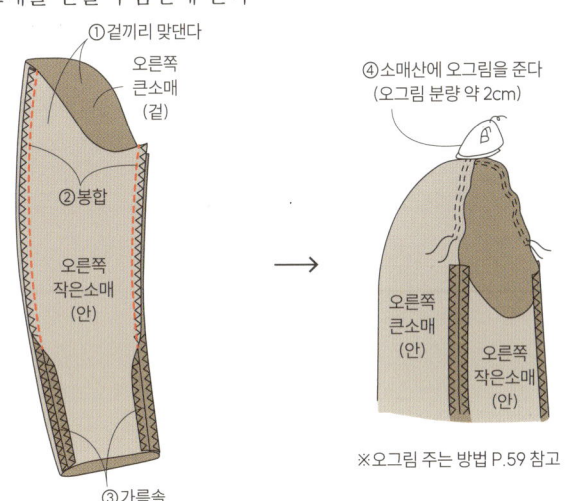

①겉끼리 맞댄다
오른쪽 큰소매(겉)
②봉합
오른쪽 작은소매(안)
③가름솔

④소매산에 오그림을 준다 (오그림 분량 약 2cm)
오른쪽 큰소매(안)
오른쪽 작은소매(안)

※오그림 주는 방법 P.59 참고

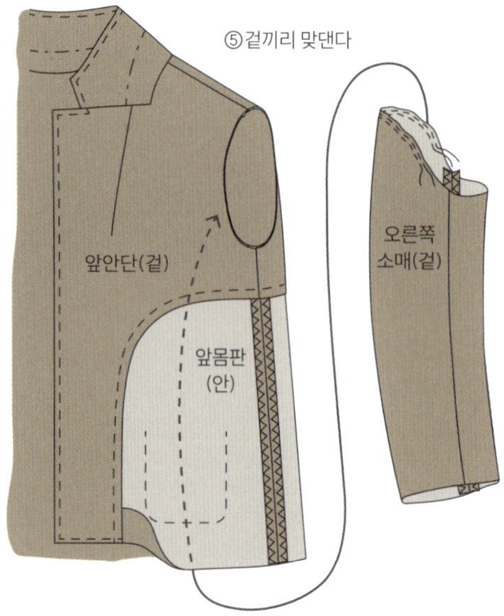

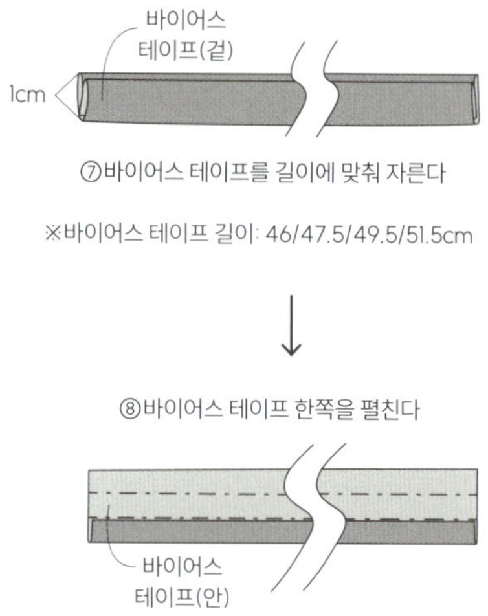

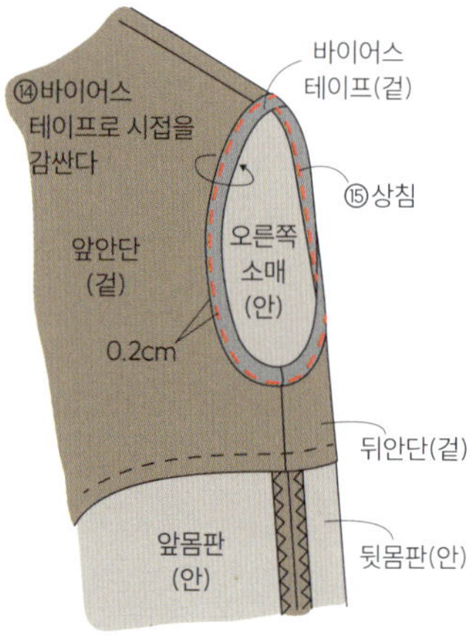

⑤겉끼리 맞댄다

앞안단(겉)

앞몸판(안)

오른쪽 소매(겉)

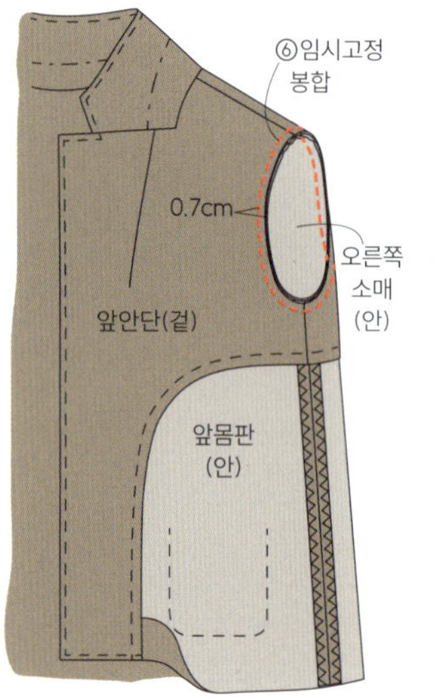

⑥임시고정 봉합

0.7cm

앞안단(겉)

앞몸판(안)

오른쪽 소매(안)

바이어스 테이프(겉)

1cm

⑦바이어스 테이프를 길이에 맞춰 자른다

※바이어스 테이프 길이: 46/47.5/49.5/51.5cm

⑧바이어스 테이프 한쪽을 펼친다

바이어스 테이프(안)

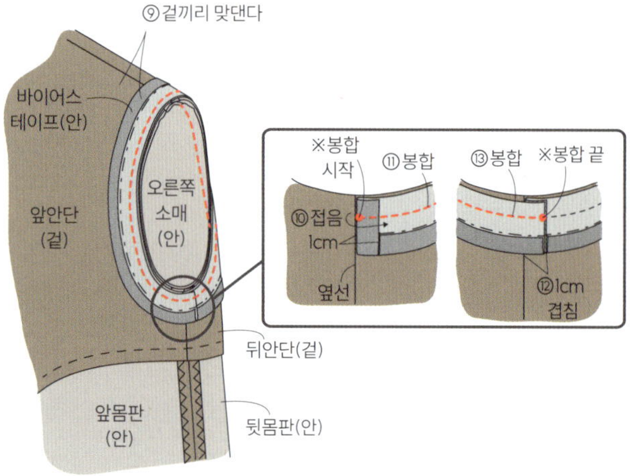

바이어스 테이프(안)

⑨겉끼리 맞댄다

앞안단(겉)

오른쪽 소매(안)

뒤안단(겉)

앞몸판(안)

뒷몸판(안)

※봉합 시작 ⑪봉합   ⑬봉합   ※봉합 끝

⑩접음 1cm

옆선

⑫1cm 겹침

⑭바이어스 테이프로 시접을 감싼다

바이어스 테이프(겉)

⑮상침

앞안단(겉)

오른쪽 소매(안)

0.2cm

뒤안단(겉)

앞몸판(안)

뒷몸판(안)

※바이어스 만드는 방법과 달기 P.55 참고
※왼쪽 소매도 ①~⑮과정과 같은 방법으로 만든다

7 몸판의 밑단을 정리한다 (P.69 / **7**-①~② 참고)

8 소매의 밑단을 정리한다 (P.88 / **7**-①~② 참고)

9 칼라를 정리한다

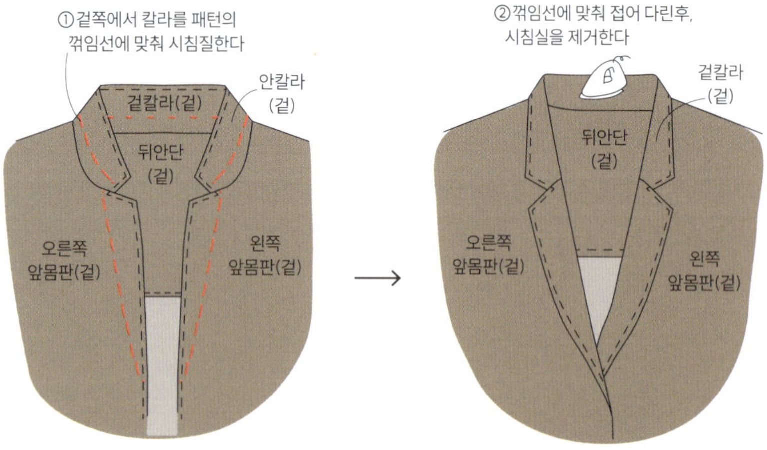

10 몸판에 단춧구멍을 뚫고, 단추를 단다

①겉쪽에서 칼라를 패턴의 꺾임선에 맞춰 시침질한다

겉칼라(겉)

안칼라(겉)

뒤안단(겉)

오른쪽 앞몸판(겉)

왼쪽 앞몸판(겉)

②꺾임선에 맞춰 접어 다린후, 시침실을 제거한다

겉칼라(겉)

뒤안단(겉)

오른쪽 앞몸판(겉)

왼쪽 앞몸판(겉)

완성

소매(겉)

소매(겉)

앞몸판(겉)

앞몸판(겉)

①오른쪽에 단춧구멍을 뚫고, 왼쪽에 단추를 단다

[패턴에 대해서]

· 길이가 긴 패턴은 분리하여 수록하였습니다. 맞춤점에 맞춰
  한 장으로 연결해주세요
· 앞몸판 실물크기 패턴에서 주머니를 각각 베껴 사용합니다
  ※패턴 베끼는 방법 P.51 참고

[재단 배치도]

· 지정 이외의 시접은 1cm.
· ▨ 부분에 소잉심지를 붙인다
· ∨∨∨ 표시된 부분은 지그재그봉제 또는 오버록 처리한다
· 끈감은 직접 제도하여 사용합니다

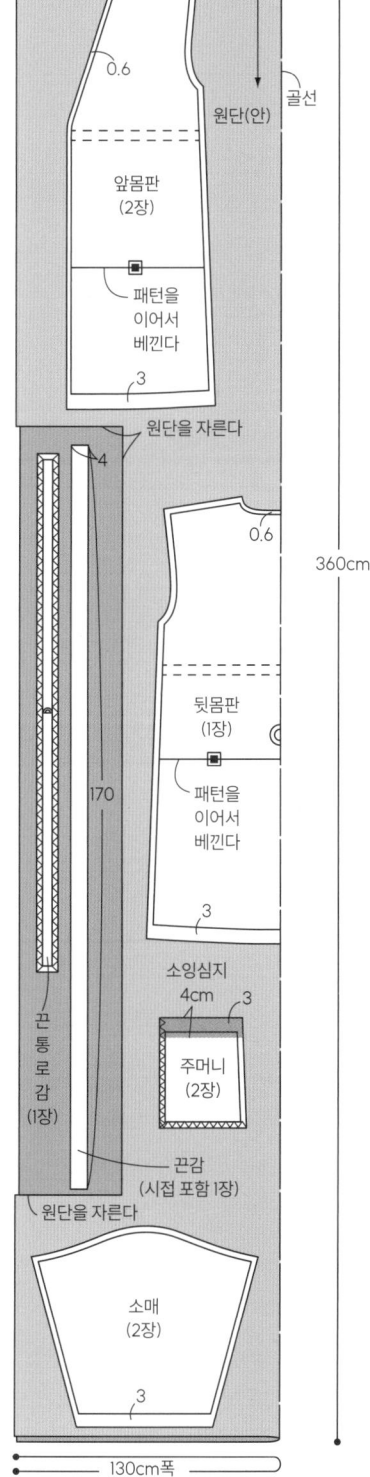

[재료]

· 겉감 … 130cm폭 x 360cm
· 소잉심지 … 30cm폭 x 15cm
· 1.2cm폭 바이어스 메이커 … 1개
· 1cm(완성폭) 바이어스 테이프 … 1팩

[완성 사이즈]

사이즈 명칭	55	66	77	88
가슴둘레	128	132	137	141
옷길이	109	110	112	114.5
소매길이	46.5	47.5	48.5	49.5

[만드는 순서]

1 주머니를 만들어 앞몸판에 단다
2 몸판의 어깨를 봉합한다
3 몸판의 앞끝과 목둘레를 안바이어스 처리한다
4 몸판에 소매를 단다
5 몸판과 소매의 옆선을 한 번에 이어서 봉합한다
6 몸판의 밑단을 정리한다
7 소매의 밑단을 정리한다
8 끈통로감을 만들어 몸판에 단다
9 끈감을 끈통로감에 통과시킨다

[만드는 방법]

★치수가 기재되어 있지 않은 곳은 1cm로 봉합합니다.

1 주머니를 만들어 앞몸판에 단다

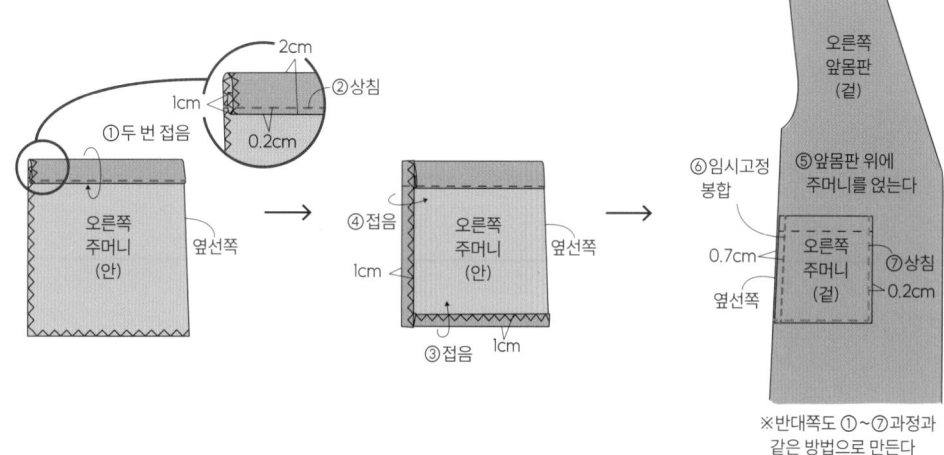

※반대쪽도 ①~⑦과정과
같은 방법으로 만든다

2 몸판의 어깨를 봉합한다 (P.75 / **2**-①~④ 참고)

3 몸판의 앞끝과 목둘레를 안바이어스 처리한다

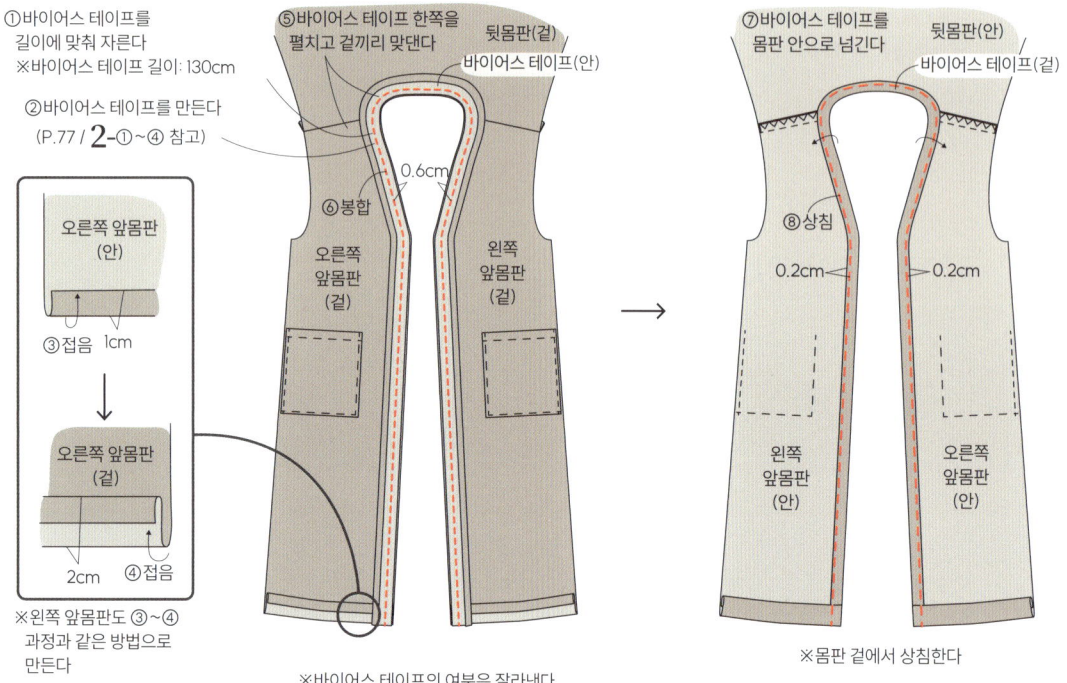

①바이어스 테이프를 길이에 맞춰 자른다
※바이어스 테이프 길이: 130cm

②바이어스 테이프를 만든다
(P.77 / **2**-①~④ 참고)

⑤바이어스 테이프 한쪽을 펼치고 겉끼리 맞댄다

바이어스 테이프(안)

뒷몸판(겉)

0.6cm

⑥봉합

오른쪽 앞몸판(겉)

왼쪽 앞몸판(겉)

오른쪽 앞몸판(안)

③접음 1cm

오른쪽 앞몸판(겉)

2cm ④접음

※왼쪽 앞몸판도 ③~④ 과정과 같은 방법으로 만든다

※바이어스 테이프의 여분은 잘라낸다

⑦바이어스 테이프를 몸판 안으로 넘긴다

뒷몸판(안)

바이어스 테이프(겉)

⑧상침

0.2cm 0.2cm

왼쪽 앞몸판(안)

오른쪽 앞몸판(안)

※몸판 겉에서 상침한다

4 몸판에 소매를 단다 (P.78 / **3**-①~④ 참고)

5 몸판과 소매의 옆선을 한 번에 이어서 봉합한다 (P.78 / **4**-①~④ 참고)

6 몸판의 밑단을 정리한다 (P.69 / **7**-①~② 참고)

7 소매의 밑단을 정리한다 (P.88 / **7**-①~② 참고)

8 끈통로감을 만들어 몸판에 단다

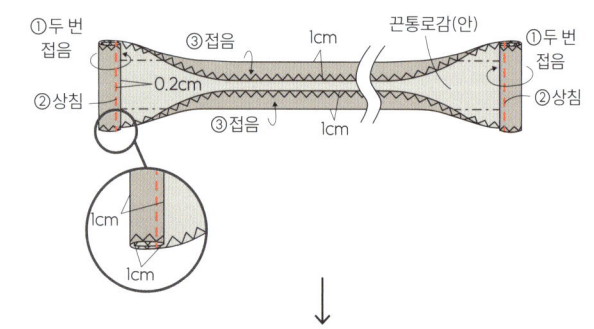

①두 번 접음
②상침
0.2cm
③접음 1cm
③접음 1cm
끈통로감(안)
①두 번 접음
②상침

1cm
1cm

④몸판의 안에 끈통로감을 얹는다

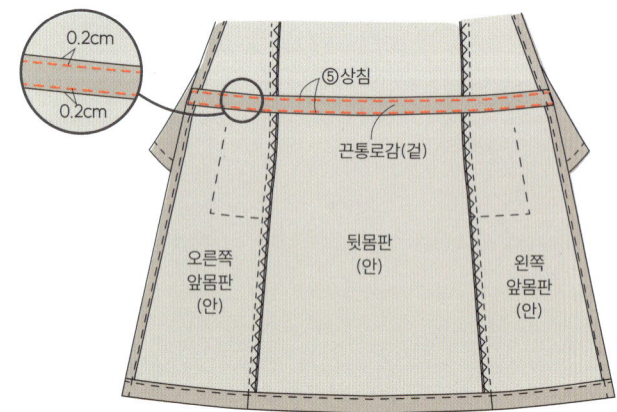

0.2cm
0.2cm
⑤상침

끈통로감(겉)

오른쪽 앞몸판(안)

뒷몸판(안)

왼쪽 앞몸판(안)

9 끈감을 만들어 끈통로감에 통과시킨다

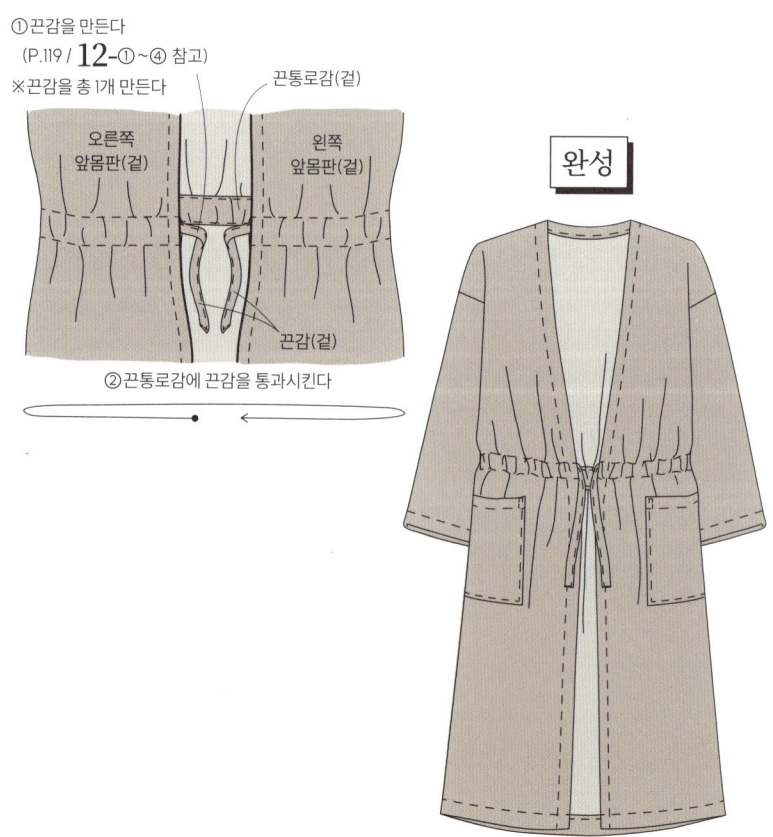

①끈감을 만든다
(P.119 / **12**-①~④ 참고)
※끈감을 총 1개 만든다

오른쪽 앞몸판(겉)

왼쪽 앞몸판(겉)

끈통로감(겉)

끈감(겉)

②끈통로감에 끈감을 통과시킨다

완성

[패턴에 대해서]

· 뒷몸판 실물크기 패턴에서 뒤안단을 각각 베껴 사용합니다
· 실물크기 패턴에서 앞안단은 별도로 수록되어있습니다
※ 패턴 베끼는 방법 P.51 참고

[재단 배치도]

· 지정 이외의 시접은 1cm.
· ▨ 부분에 소잉심지를 붙인다
· ∿∿ 표시된 부분은 지그재그봉제 또는 오버록 처리한다
· 끈감은 직접 제도하여 사용합니다

[겉감]

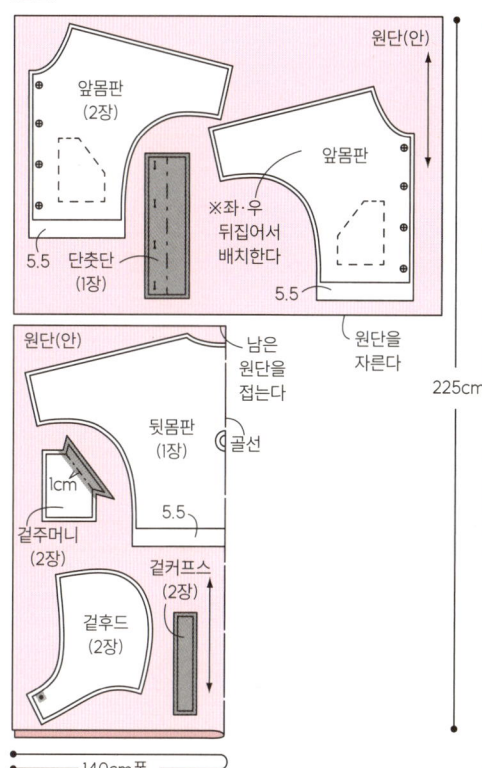

[배색감]

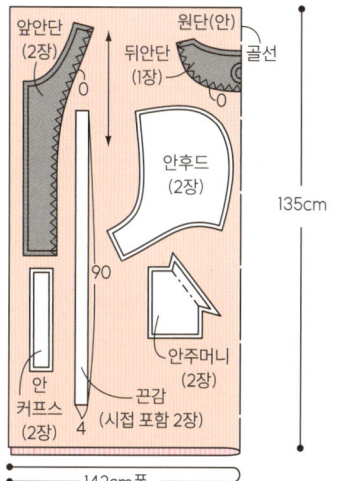

[재료]

· 겉감 … 140cm폭 x 225cm
· 배색감 … 142cm폭 x 135cm
· 소잉심지 … 110cm폭 x 90cm
· 1cm폭 아일렛 … 4쌍
· 2.1cm폭 단추 … 4개

[완성 사이즈]

사이즈 명칭	55	66	77	88
가슴둘레	109.5	116	120	126.5
옷길이	60.5	62	63.5	65.5
소매길이	52.5	53.5	55	56.5

[만드는 순서]

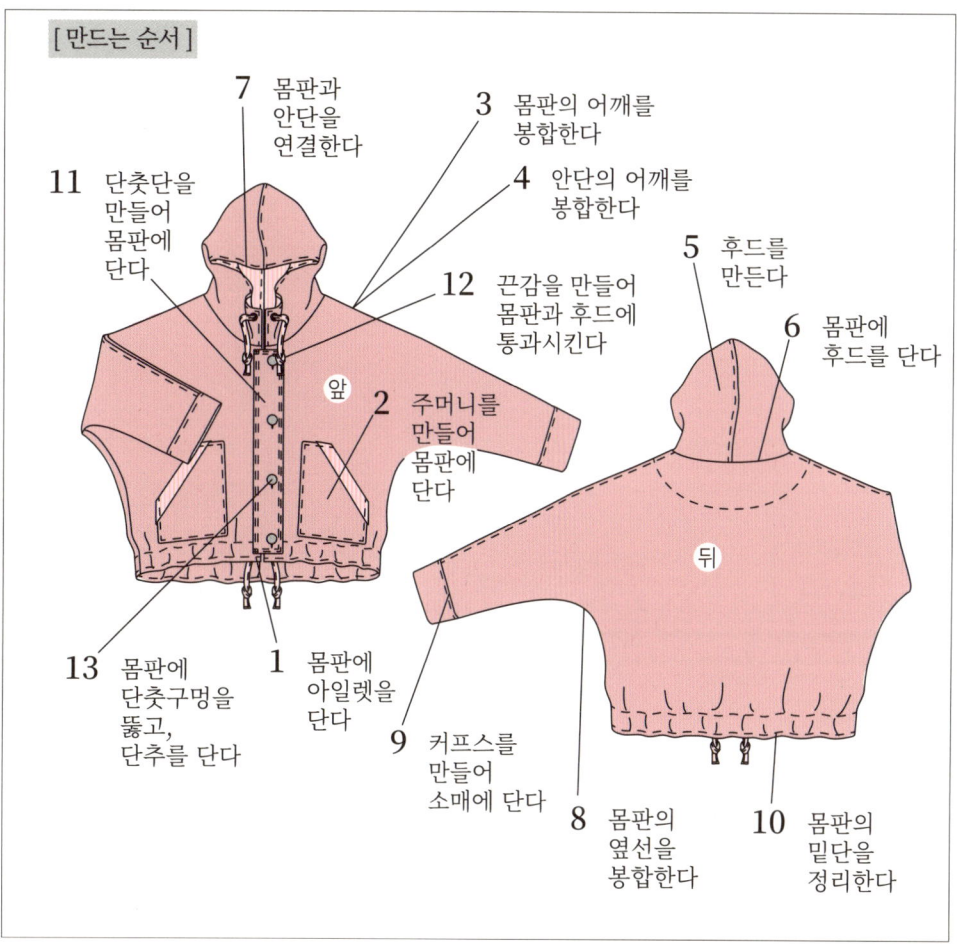

7 몸판과 안단을 연결한다
3 몸판의 어깨를 봉합한다
4 안단의 어깨를 봉합한다
11 단춧단을 만들어 몸판에 단다
12 끈감을 만들어 몸판과 후드에 통과시킨다
5 후드를 만든다
6 몸판에 후드를 단다
2 주머니를 만들어 몸판에 단다
13 몸판에 단춧구멍을 뚫고, 단추를 단다
1 몸판에 아일렛을 단다
9 커프스를 만들어 소매에 단다
8 몸판의 옆선을 봉합한다
10 몸판의 밑단을 정리한다

[만드는 방법]

★치수가 기재되어 있지 않은 곳은 1cm로 봉합합니다.

1 몸판에 아일렛을 단다

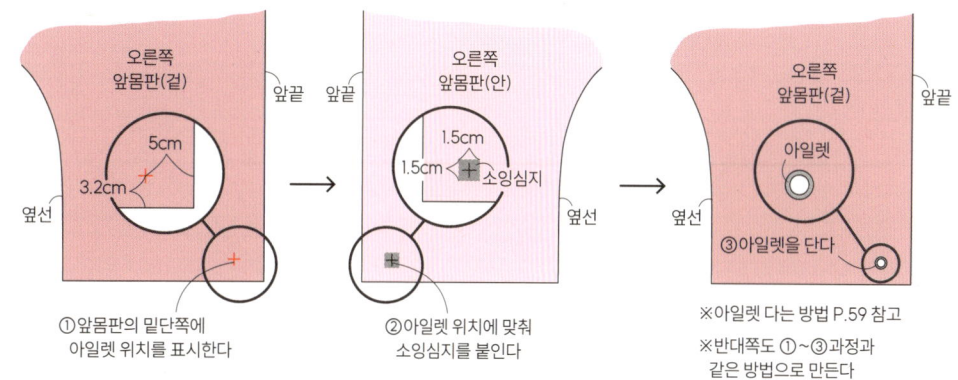

①앞몸판의 밑단쪽에 아일렛 위치를 표시한다

②아일렛 위치에 맞춰 소잉심지를 붙인다

※아일렛 다는 방법 P.59 참고
※반대쪽도 ①~③과정과 같은 방법으로 만든다

117

2 주머니를 만들어 몸판에 단다

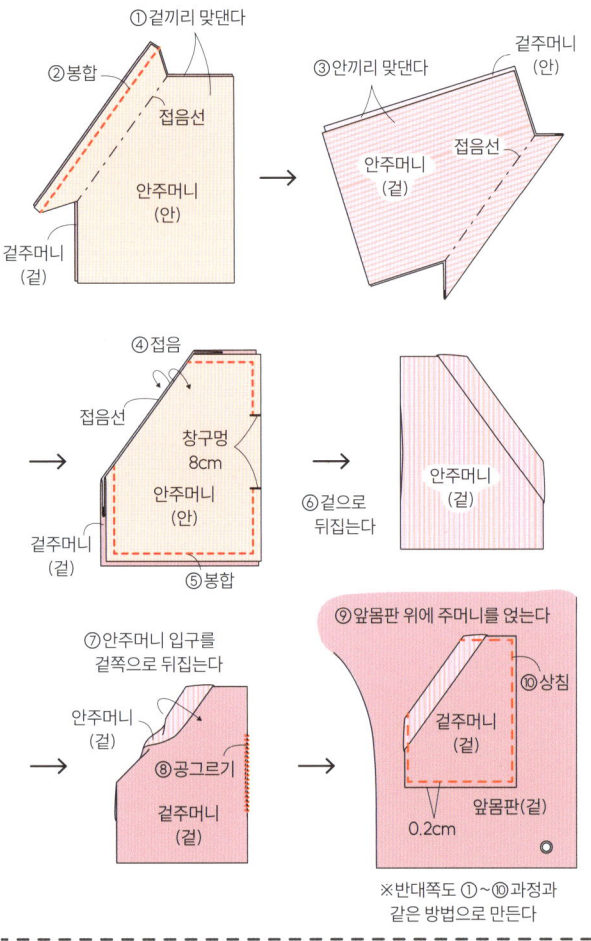

①겉끼리 맞댄다
②봉합
접음선
안주머니 (안)
겉주머니 (겉)

③안끼리 맞댄다
겉주머니 (안)
접음선
안주머니 (겉)

④접음
접음선
창구멍 8cm
안주머니 (안)
겉주머니 (겉)
⑤봉합

⑥겉으로 뒤집는다
안주머니 (겉)

⑦안주머니 입구를 겉쪽으로 뒤집는다
안주머니 (겉)
⑧공그르기
겉주머니 (겉)

⑨앞몸판 위에 주머니를 얹는다
⑩상침
겉주머니 (겉)
앞몸판(겉)
0.2cm
※반대쪽도 ①~⑩과정과 같은 방법으로 만든다

3 몸판의 어깨를 봉합한다

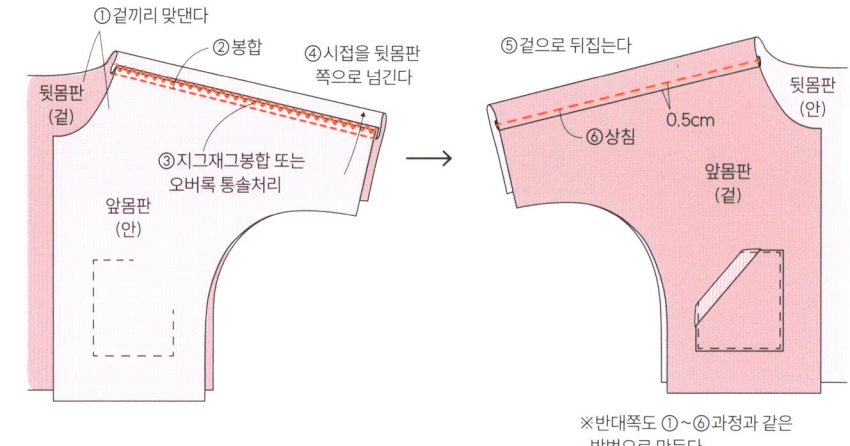

①겉끼리 맞댄다
②봉합
④시접을 뒷몸판 쪽으로 넘긴다
뒷몸판 (겉)
③지그재그봉합 또는 오버록 통솔처리
앞몸판 (안)

⑤겉으로 뒤집는다
⑥상침
0.5cm
뒷몸판 (안)
앞몸판 (겉)
※반대쪽도 ①~⑥과정과 같은 방법으로 만든다

4 안단의 어깨를 봉합한다 (P.66 / 5-①~③ 참고)

5 후드를 만든다

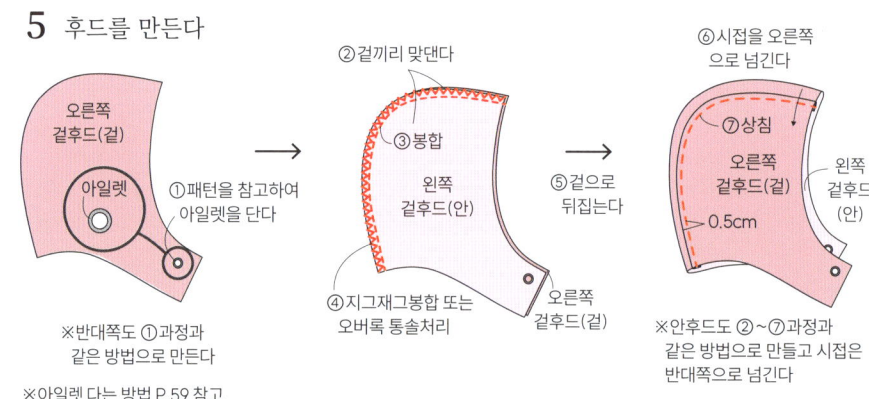

오른쪽 겉후드(겉)
아일렛
①패턴을 참고하여 아일렛을 단다
※반대쪽도 ①과정과 같은 방법으로 만든다
※아일렛 다는 방법 P.59 참고

②겉끼리 맞댄다
③봉합
왼쪽 겉후드(안)
④지그재그봉합 또는 오버록 통솔처리
오른쪽 겉후드(겉)

⑤겉으로 뒤집는다
⑥시접을 오른쪽으로 넘긴다
⑦상침
오른쪽 겉후드(겉)
왼쪽 겉후드(안)
0.5cm
※안후드도 ②~⑦과정과 같은 방법으로 만들고 시접은 반대쪽으로 넘긴다

6 몸판에 후드를 단다

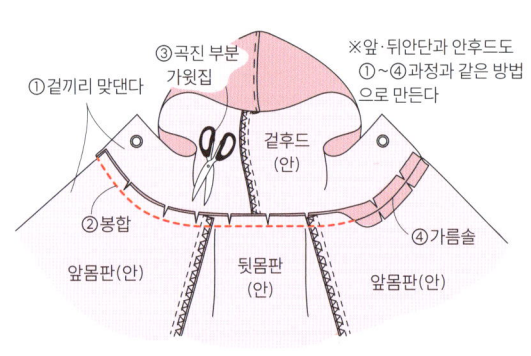

①겉끼리 맞댄다
③곡진 부분 가윗집
겉후드 (안)
※앞·뒤안단과 안후드도 ①~④과정과 같은 방법으로 만든다
②봉합
④가름솔
앞몸판(안)
뒷몸판(안)
앞몸판(안)

⑤겉끼리 맞댄다
안후드 (안)
겉후드 (안)
⑦
⑦모서리 시접 정리
앞안단(겉)
뒷몸판(안)
앞몸판(안)
앞몸판 (겉)
⑥봉합
앞안단 (안)

7 몸판과 안단을 연결한다

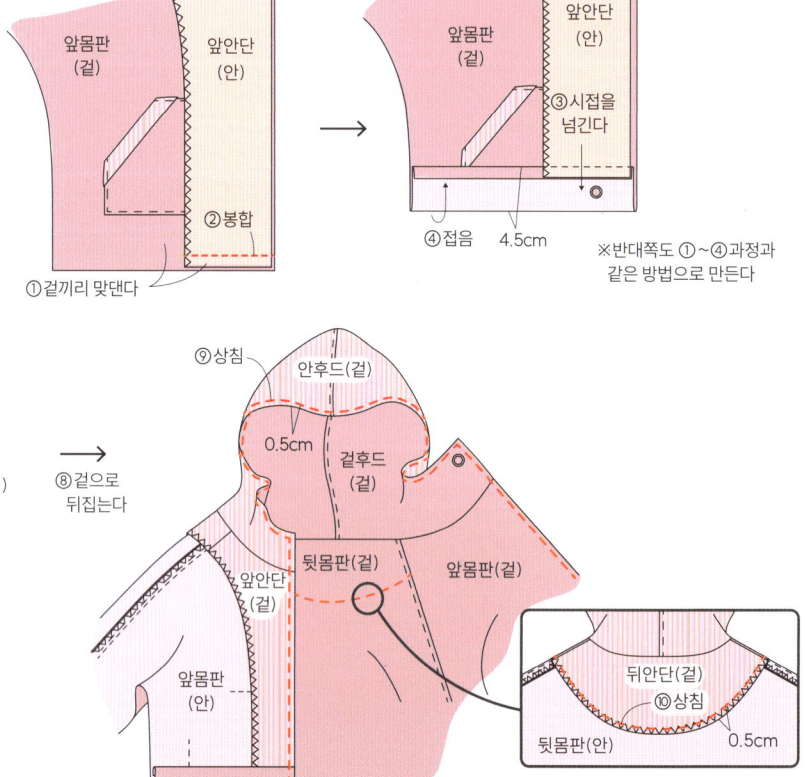

앞몸판 (겉)
앞안단 (안)
②봉합
①겉끼리 맞댄다

앞몸판 (겉)
앞안단 (안)
③시접을 넘긴다
④접음 4.5cm
※반대쪽도 ①~④과정과 같은 방법으로 만든다

⑨상침
안후드(겉)
0.5cm
겉후드 (겉)
⑧겉으로 뒤집는다
앞안단 (겉)
뒷몸판(겉)
앞몸판(겉)
앞안단 (안)
앞몸판 (안)

뒤안단(겉)
⑩상침
뒷몸판(안)
0.5cm
※몸판 겉에서 상침한다

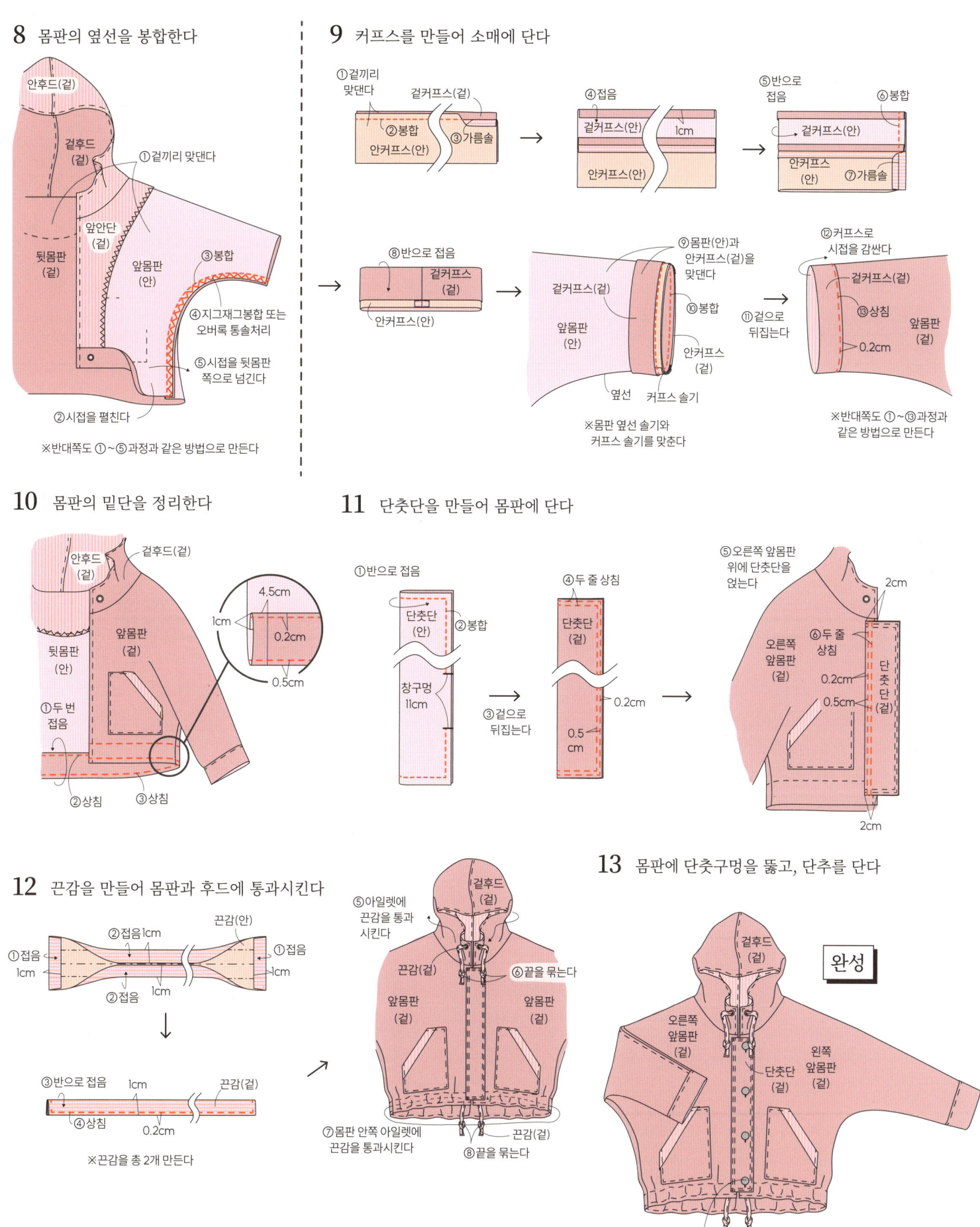

8 몸판의 옆선을 봉합한다

안후드(겉)
겉후드(겉)
①겉끼리 맞댄다
앞안단(겉)
뒷몸판(겉)
앞몸판(안)
③봉합
④지그재그봉합 또는 오버록 통솔처리
⑤시접을 뒷몸판 쪽으로 넘긴다
②시접을 펼친다
※반대쪽도 ①~⑤과정과 같은 방법으로 만든다

9 커프스를 만들어 소매에 단다

①겉끼리 맞댄다
②봉합
겉커프스(겉)
③가름솔
안커프스(안)
④접음
겉커프스(안)
1cm
안커프스(안)
⑤반으로 접음
⑥봉합
겉커프스(안)
안커프스(안)
⑦가름솔

⑧반으로 접음
겉커프스(겉)
안커프스(안)
⑨몸판(안)과 안커프스(겉)을 맞댄다
겉커프스(겉)
앞몸판(안)
⑩봉합
안커프스(겉)
옆선
커프스 솔기
※몸판 옆선 솔기와 커프스 솔기를 맞춘다

⑫커프스로 시접을 감싼다
겉커프스(겉)
⑬상침
0.2cm
앞몸판(겉)
⑪겉으로 뒤집는다
※반대쪽도 ①~⑬과정과 같은 방법으로 만든다

10 몸판의 밑단을 정리한다

안후드(겉)
겉후드(겉)
뒷몸판(안)
앞몸판(겉)
4.5cm
1cm
0.2cm
0.5cm
①두 번 접음
②상침
③상침

11 단춧단을 만들어 몸판에 단다

①반으로 접음
단춧단(안)
②봉합
창구멍 11cm
④두 줄 상침
단춧단(겉)
③겉으로 뒤집는다
0.2cm
0.5cm

⑤오른쪽 앞몸판 위에 단춧단을 얹는다
2cm
오른쪽 앞몸판(겉)
⑥두 줄 상침
0.2cm
0.5cm
단춧단(겉)
2cm

12 끈감을 만들어 몸판과 후드에 통과시킨다

①접음 1cm
②접음 1cm
끈감(안)
①접음 1cm
②접음 1cm

③반으로 접음
1cm
끈감(겉)
④상침
0.2cm
※끈감을 총 2개 만든다

겉후드(겉)
⑤아일렛에 끈감을 통과시킨다
끈감(겉)
⑥끝을 묶는다
앞몸판(겉)
앞몸판(겉)
⑦몸판 안쪽 아일렛에 끈감을 통과시킨다
끈감(겉)
⑧끝을 묶는다

13 몸판에 단춧구멍을 뚫고, 단추를 단다

겉후드(겉)
완성
오른쪽 앞몸판(겉)
왼쪽 앞몸판(겉)
단춧단(겉)
①단춧단에 단춧구멍을 뚫고, 왼쪽 앞몸판에 단추를 단다

[패턴에 대해서]

· 길이가 긴 패턴은 분리하여 수록하였습니다. 맞춤점에 맞춰
  한 장으로 연결해주세요

[재단 배치도]

· 지정 이외의 시접은 1cm.

· ▨ 부분에 소잉심지를 붙인다

· ▨ 부분에 지퍼테이프 심지를 붙인다

· ∿∿ 표시된 부분은 지그재그봉제 또는 오버록 처리한다

· 끈감은 직접 제도하여 사용합니다

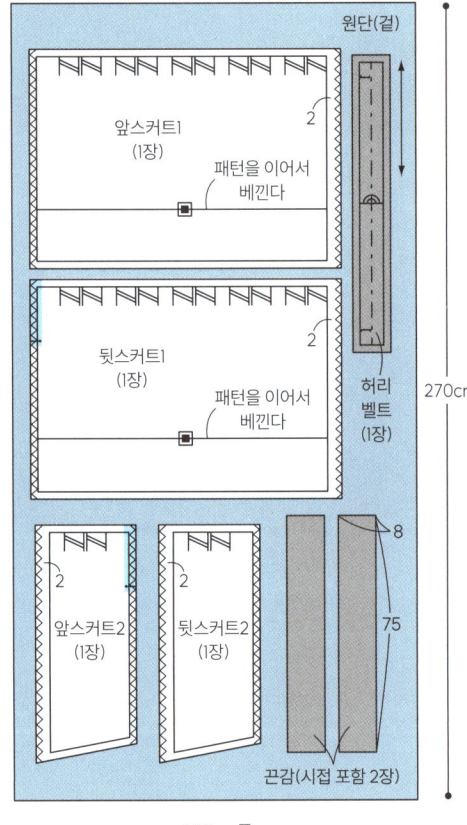

[재료]

· 겉감 … 140cm폭 x 270cm

· 소잉심지 … 55cm폭 x 100cm

· 1.8cm폭 지퍼전용 접착테이프 심지 … 1팩

· 3cm폭 고무줄 … 1팩

· 25cm길이 콘실지퍼 … 1개

[완성 사이즈]

사이즈 명칭	55	66	77	88
허리둘레	39	41.5	44	46.5
옷길이	73.5	74.5	75.5	76.5

※허리둘레는 고무줄을 달기 전 사이즈입니다

[만드는 순서]

1 스커트를 만든다

2 스커트의 옆선을 봉합한다

3 스커트에 허리벨트와 지퍼를 단다

4 허리벨트에 고무줄을 단다

5 끈감을 만들어 허리벨트에 단다

6 스커트의 밑단을 정리한다

[만드는 방법]

★치수가 기재되어 있지 않은 곳은 1cm로 봉합합니다.

1 스커트를 만든다

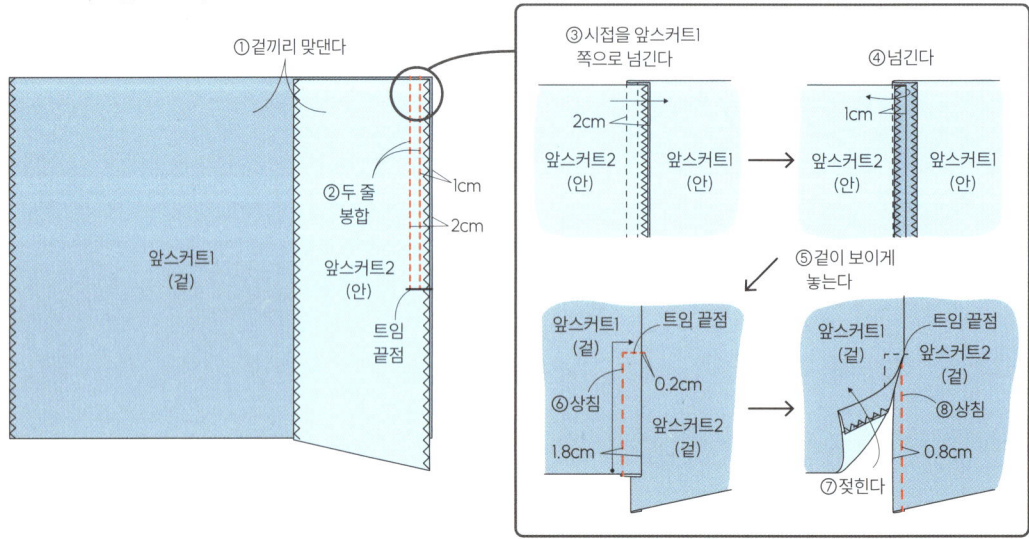

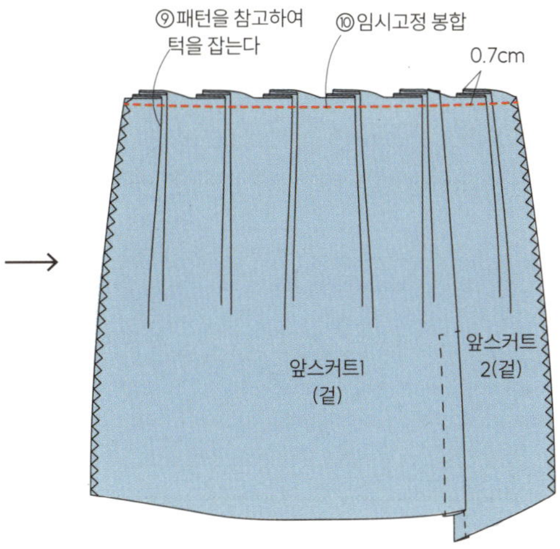

⑨패턴을 참고하여 턱을 잡는다
⑩임시고정 봉합
0.7cm

앞스커트1 (겉)
앞스커트2(겉)

※턱 잡는 방법 P.56 참고
※뒷스커트도 ①~⑩과정과 같은 방법으로 만든다

2 스커트의 옆선을 봉합한다

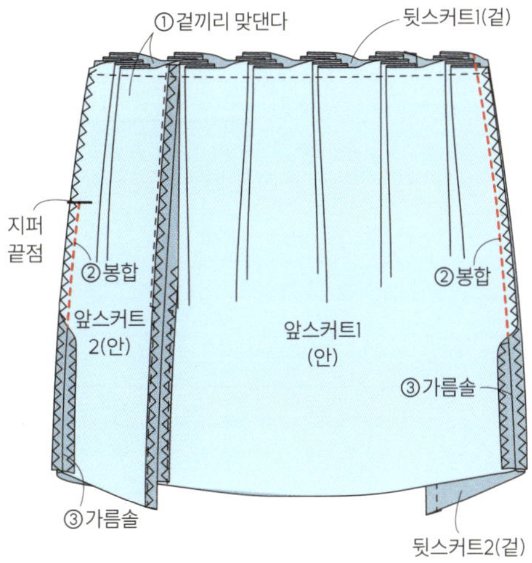

①겉끼리 맞댄다
뒷스커트1(겉)
지퍼 끝점
②봉합
앞스커트2(안)
③가름솔
앞스커트1(안)
②봉합
③가름솔
뒷스커트2(겉)

3 스커트에 허리벨트와 지퍼를 단다

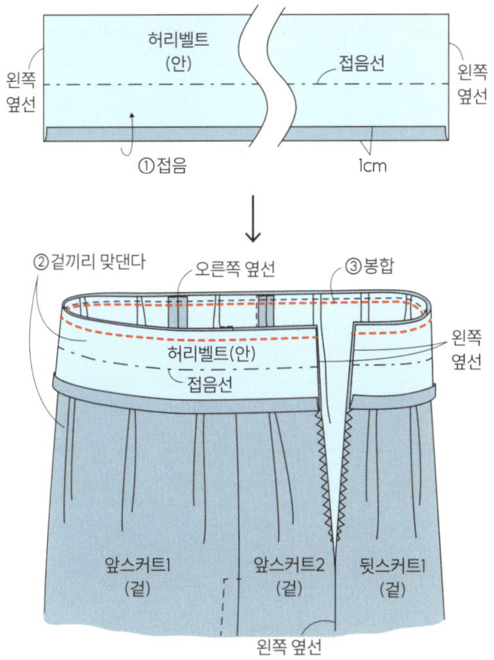

허리벨트(안)
접음선
왼쪽 옆선
왼쪽 옆선
①접음
1cm

②겉끼리 맞댄다
오른쪽 옆선
③봉합
허리벨트(안)
접음선
왼쪽 옆선
앞스커트1 (겉)
앞스커트2 (겉)
뒷스커트1 (겉)
왼쪽 옆선

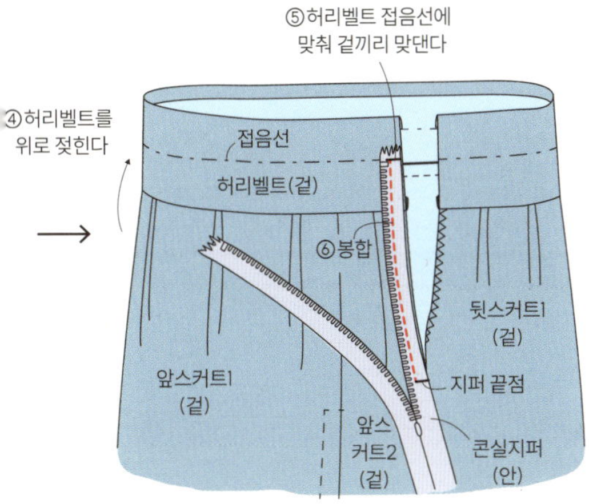

④허리벨트를 위로 젖힌다
접음선
허리벨트(겉)
⑤허리벨트 접음선에 맞춰 겉끼리 맞댄다
⑥봉합
뒷스커트1 (겉)
지퍼 끝점
콘실지퍼(안)
앞스커트1 (겉)
앞스커트2 (겉)
※반대쪽 콘실지퍼도 ⑤~⑥과정과 같은 방법으로 단다

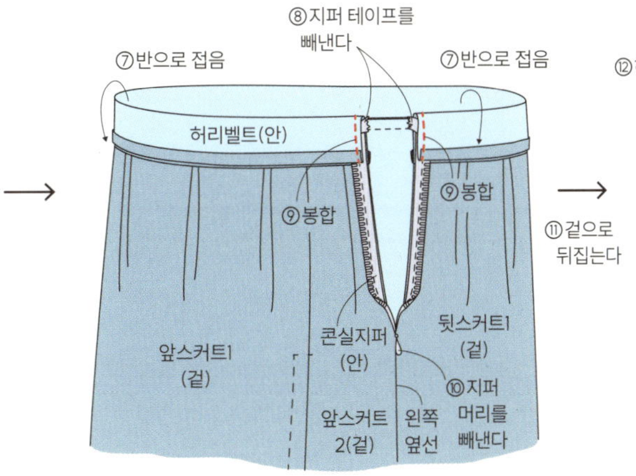

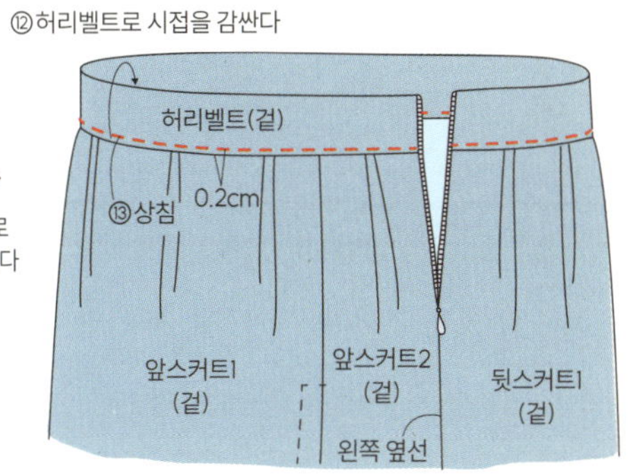

⑦반으로 접음
⑧지퍼 테이프를 빼낸다
⑦반으로 접음
허리벨트(안)
⑨봉합
⑨봉합
앞스커트1 (겉)
콘실지퍼(안)
뒷스커트1 (겉)
앞스커트2(겉)
왼쪽 옆선
⑩지퍼 머리를 빼낸다

⑪겉으로 뒤집는다

⑫허리벨트로 시접을 감싼다
허리벨트(겉)
⑬상침
0.2cm
앞스커트1 (겉)
앞스커트2 (겉)
왼쪽 옆선
뒷스커트1 (겉)

4 허리벨트에 고무줄을 단다

3cm
고무줄
64/66/68/70cm
①고무줄을 길이에 맞춰 자른다

②접음
고무줄
②접음
1cm
1cm

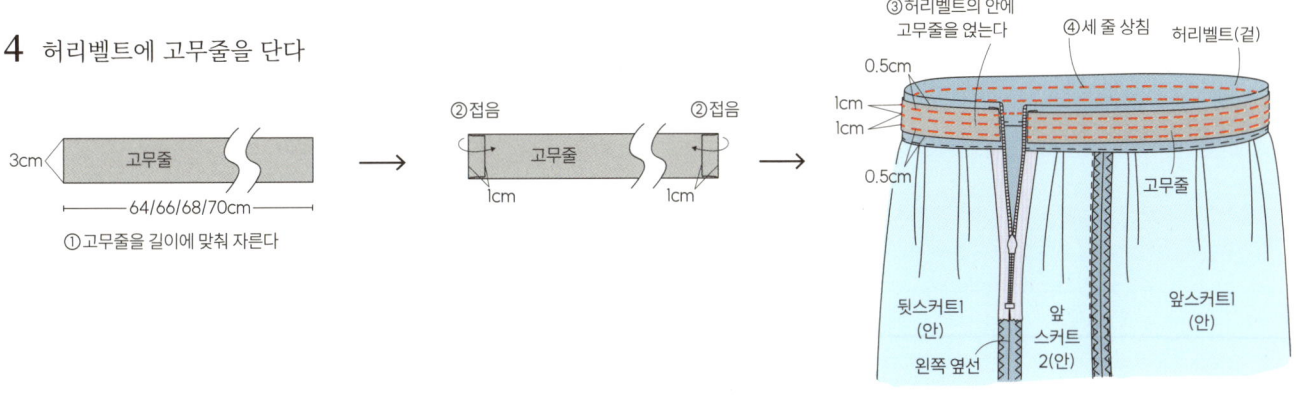

③허리벨트의 안에 고무줄을 얹는다
④세 줄 상침
허리벨트(겉)
0.5cm
1cm
1cm
0.5cm
뒷스커트1 (안)
앞스커트2(안)
앞스커트1 (안)
왼쪽 옆선
고무줄

※고무줄을 허리벨트 길이에 맞춰 늘려가면서 상침한다

5 끈감을 만들어 허리벨트에 단다

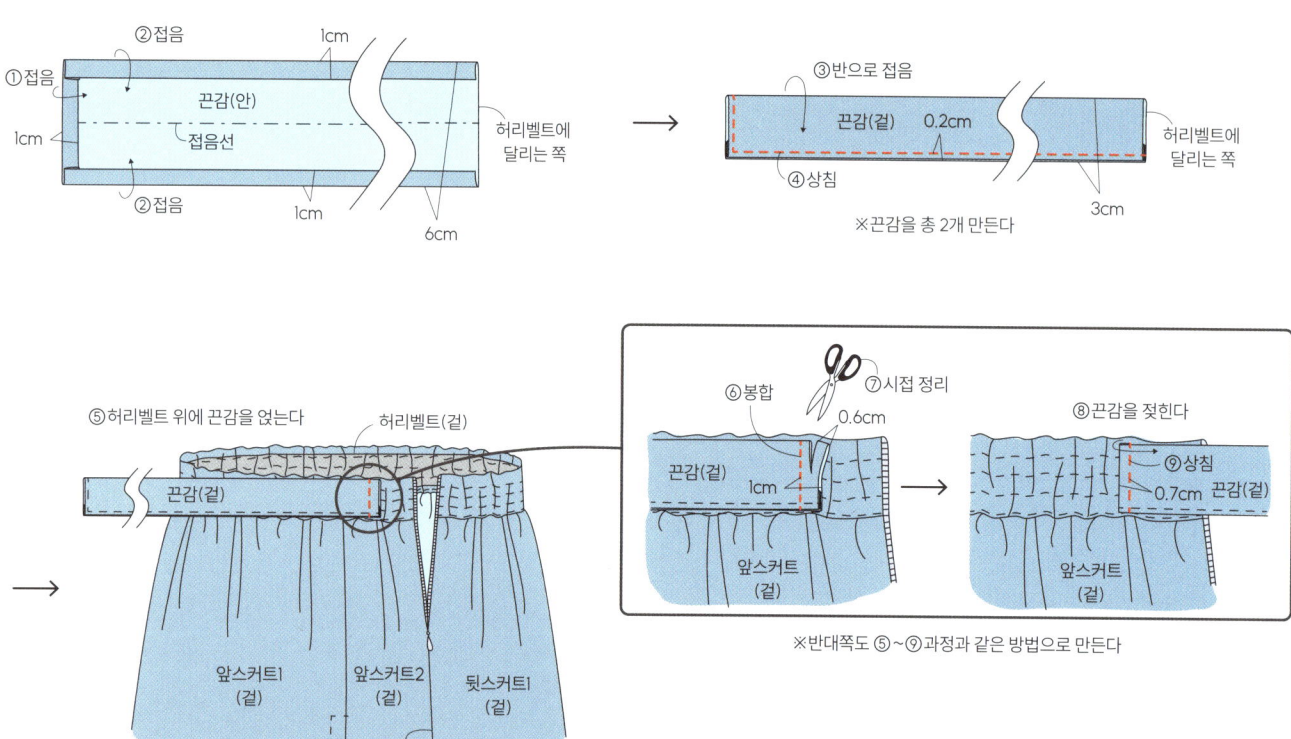

6 스커트의 밑단을 정리한다

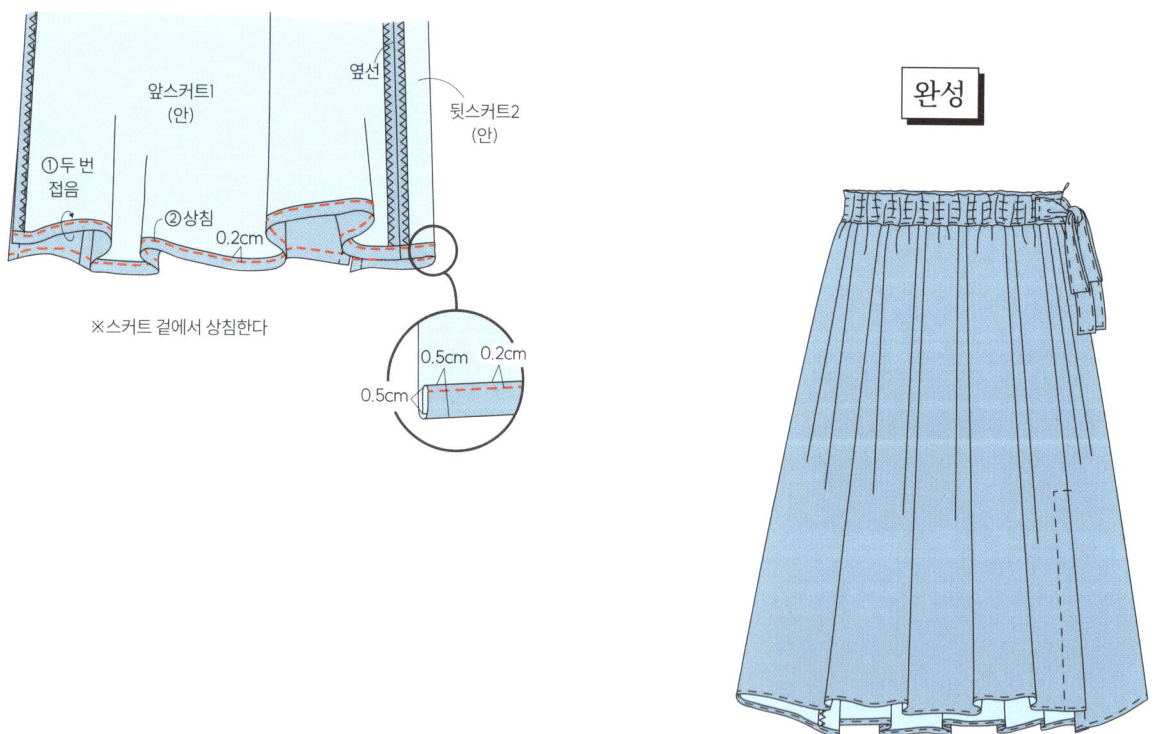

[재단 배치도]

· 지정 이외의 시접은 1cm.

· ▨ 부분에 소잉심지를 붙인다

· ▨ 부분에 소잉테이프 심지를 붙인다

· ▨ 부분에 소잉테이프 심지를 붙인다

· ⌇⌇ 표시된 부분은 지그재그봉제 또는 오버록 처리한다

[H라인 스커트]

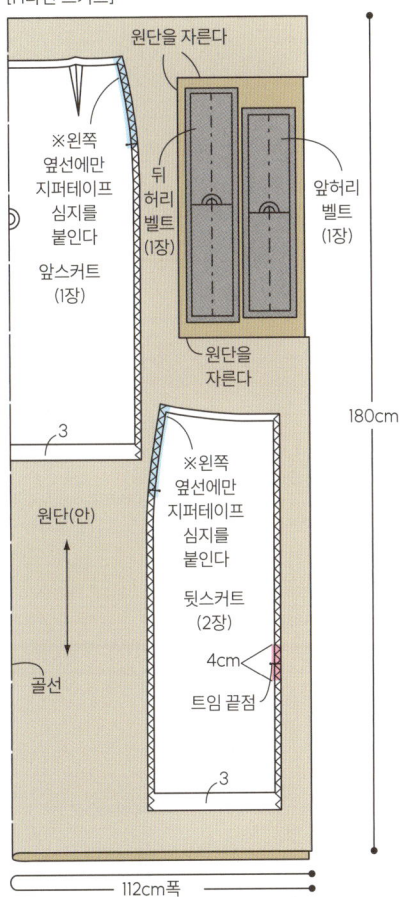

원단을 자른다

※왼쪽 옆선에만 지퍼테이프 심지를 붙인다

앞스커트 (1장)

뒤 허리 벨트 (1장)

앞허리 벨트 (1장)

원단을 자른다

3

원단(안)

골선

※왼쪽 옆선에만 지퍼테이프 심지를 붙인다

뒷스커트 (2장)

4cm

트임 끝점

3

180cm

112cm폭

※페플럼 스커트 재단배치도는 P.125에 있습니다.

[재료]

· [H라인 스커트] 겉감 … 112cm폭 x 180cm

· [페플럼 스커트] 겉감 … 112cm폭 x 225cm

· (공통)소잉심지 … 55cm폭 x 70cm

· [H라인 스커트] 1.2cm폭 소잉테이프 심지 … 1팩

· (공통)1.8cm폭 지퍼전용 접착테이프 심지… 1팩

· (공통)3cm폭 고무줄 … 1팩

· (공통)23cm길이 콘실지퍼 … 1개

[완성 사이즈]

[H라인 스커트]

사이즈\n명칭	55	66	77	88
허리둘레	79	84	89	94
옷길이	75.5	77	78.5	80

※허리둘레는 고무줄을 달기 전 사이즈입니다

※페플럼 스커트 완성 사이즈는 P.125에 있습니다

[만드는 순서]

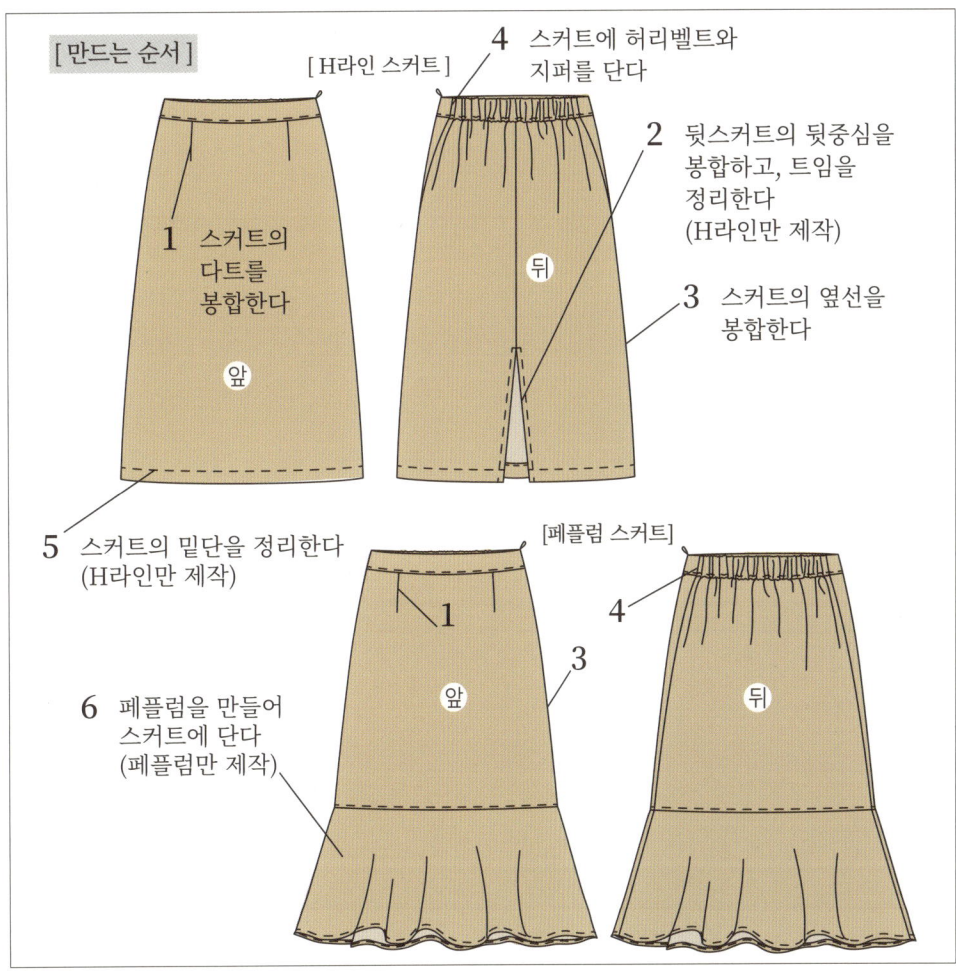

[H라인 스커트]

4 스커트에 허리벨트와 지퍼를 단다

2 뒷스커트의 뒷중심을 봉합하고, 트임을 정리한다 (H라인만 제작)

3 스커트의 옆선을 봉합한다

1 스커트의 다트를 봉합한다

앞

뒤

5 스커트의 밑단을 정리한다 (H라인만 제작)

[페플럼 스커트]

1

3

앞

4

뒤

6 페플럼을 만들어 스커트에 단다 (페플럼만 제작)

[만드는 방법]

★치수가 기재되어 있지 않은 곳은 1cm로 봉합합니다.

1 스커트의 다트를 봉합한다

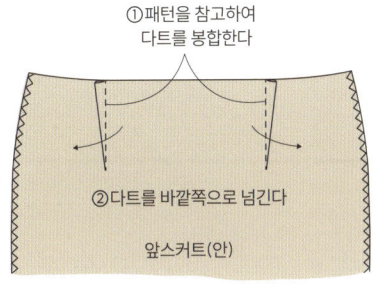

①패턴을 참고하여 다트를 봉합한다

②다트를 바깥쪽으로 넘긴다

앞스커트(안)

2 뒷스커트의 뒷중심을 봉합하고, 트임을 정리한다 (H라인만 제작)

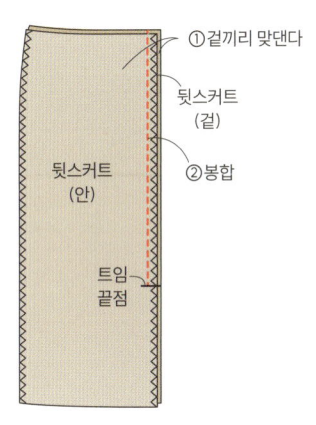

①겉끼리 맞댄다

뒷스커트 (겉)

②봉합

뒷스커트 (안)

트임 끝점

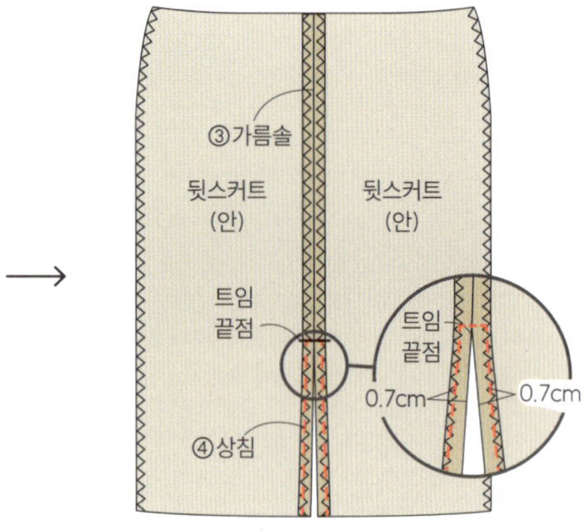

3 스커트의 옆선을 봉합한다 (P.121 / **2**-①~③ 참고)

4 스커트에 허리벨트와 지퍼를 단다

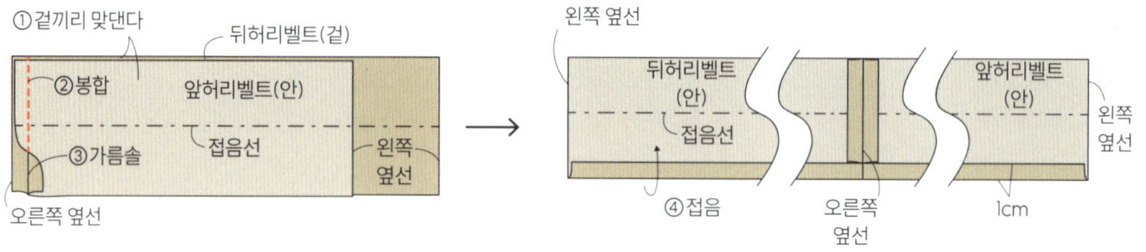

③가름솔
뒷스커트 (안)
뒷스커트 (안)
트임 끝점
트임 끝점
0.7cm — 0.7cm
④상침

※스커트 겉에서 상침한다

①겉끼리 맞댄다
뒤허리벨트(겉)
②봉합
앞허리벨트(안)
③가름솔
접음선
왼쪽 옆선
오른쪽 옆선

왼쪽 옆선
뒤허리벨트 (안)
접음선
앞허리벨트 (안)
왼쪽 옆선
④접음
오른쪽 옆선
1cm

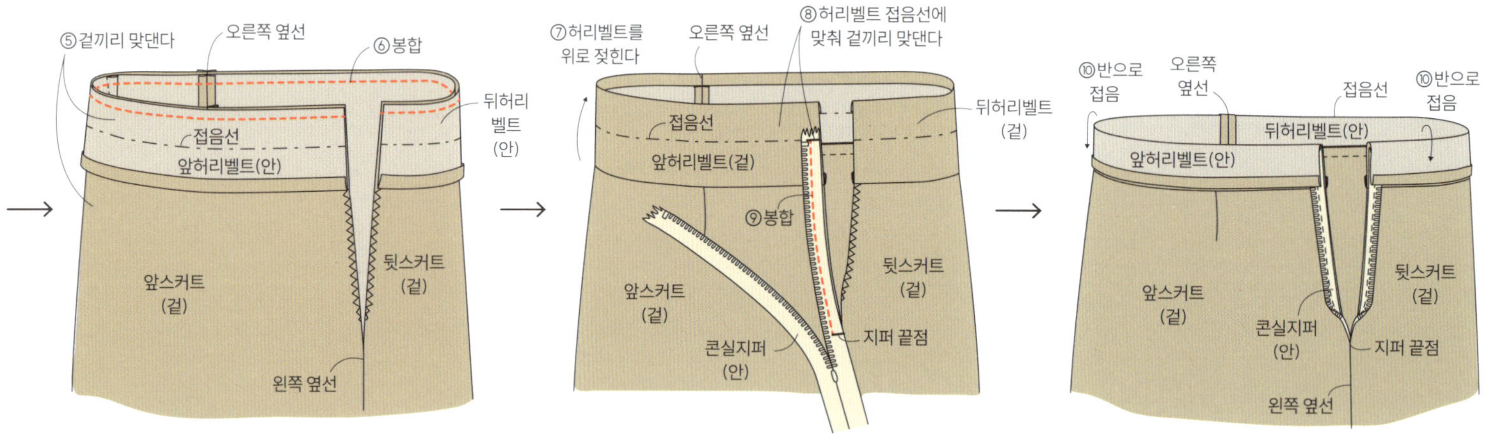

⑤겉끼리 맞댄다
오른쪽 옆선
⑥봉합
뒤허리벨트 (안)
접음선
앞허리벨트(안)
앞스커트 (겉)
뒷스커트 (겉)
왼쪽 옆선

⑦허리벨트를 위로 젖힌다
오른쪽 옆선
⑧허리벨트 접음선에 맞춰 겉끼리 맞댄다
접음선
앞허리벨트(겉)
뒤허리벨트 (겉)
⑨봉합
앞스커트 (겉)
뒷스커트 (겉)
콘실지퍼 (안)
지퍼 끝점

※반대쪽 콘실지퍼도 ⑧~⑨과정과 같은 방법으로 단다

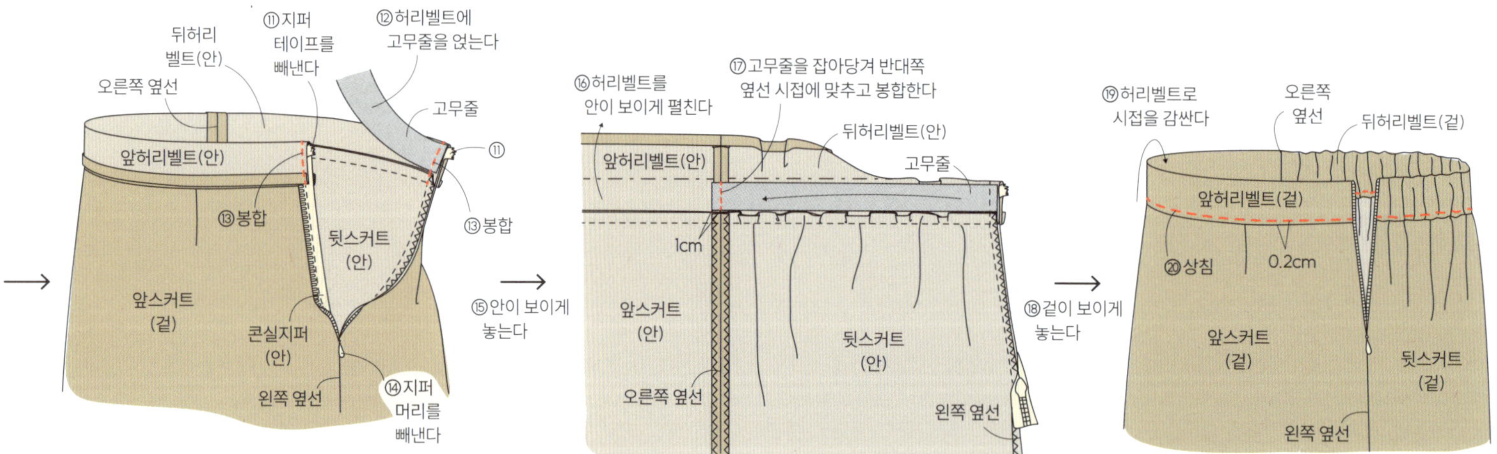

⑩반으로 접음
오른쪽 옆선
접음선
⑩반으로 접음
뒤허리벨트(안)
앞허리벨트(겉)
앞스커트 (겉)
뒷스커트 (겉)
콘실지퍼 (안)
지퍼 끝점
왼쪽 옆선

뒤허리벨트(안)
⑪지퍼 테이프를 빼낸다
⑫허리벨트에 고무줄을 얹는다
오른쪽 옆선
고무줄
앞허리벨트(안)
⑪
⑬봉합
⑬봉합
뒷스커트 (안)
앞스커트 (겉)
콘실지퍼 (안)
왼쪽 옆선
⑭지퍼 머리를 빼낸다

※고무줄 길이: 30/32/34/36cm

⑯허리벨트를 안이 보이게 펼친다
⑰고무줄을 잡아당겨 반대쪽 옆선 시접에 맞추고 봉합한다
뒤허리벨트(안)
고무줄
앞허리벨트(안)
1cm
앞스커트 (안)
뒷스커트 (안)
오른쪽 옆선
왼쪽 옆선
⑮안이 보이게 놓는다

⑲허리벨트로 시접을 감싼다
오른쪽 옆선
뒤허리벨트(겉)
앞허리벨트(겉)
⑳상침
0.2cm
앞스커트 (겉)
뒷스커트 (겉)
왼쪽 옆선
⑱겉이 보이게 놓는다

※뒷스커트는 고무줄을 허리벨트 길이에 맞춰 늘려가면서 상침한다

5 스커트의 밑단을 정리한다 (H라인만 제작)

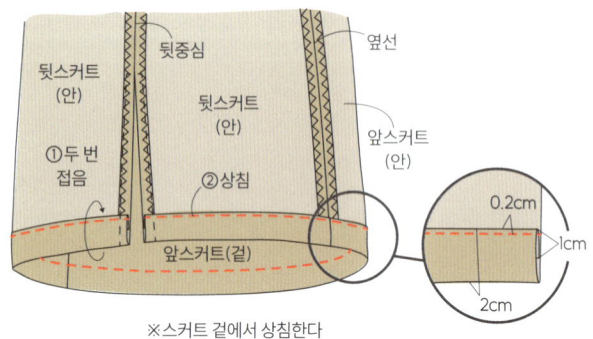

뒷스커트 (안)
뒷중심
옆선
뒷스커트 (안)
앞스커트 (안)
①두 번 접음
②상침
앞스커트 (겉)
0.2cm
1cm
2cm

※스커트 겉에서 상침한다

6 페플럼을 만들어 스커트에 단다 (페플럼만 제작)

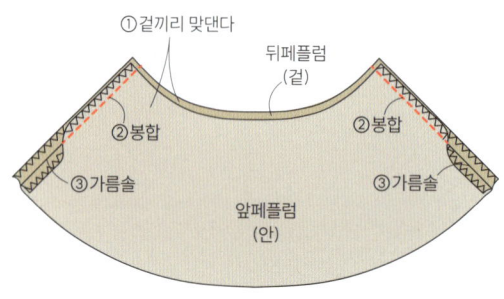

①겉끼리 맞댄다
뒤페플럼 (겉)
②봉합
②봉합
③가름솔
③가름솔
앞페플럼 (안)

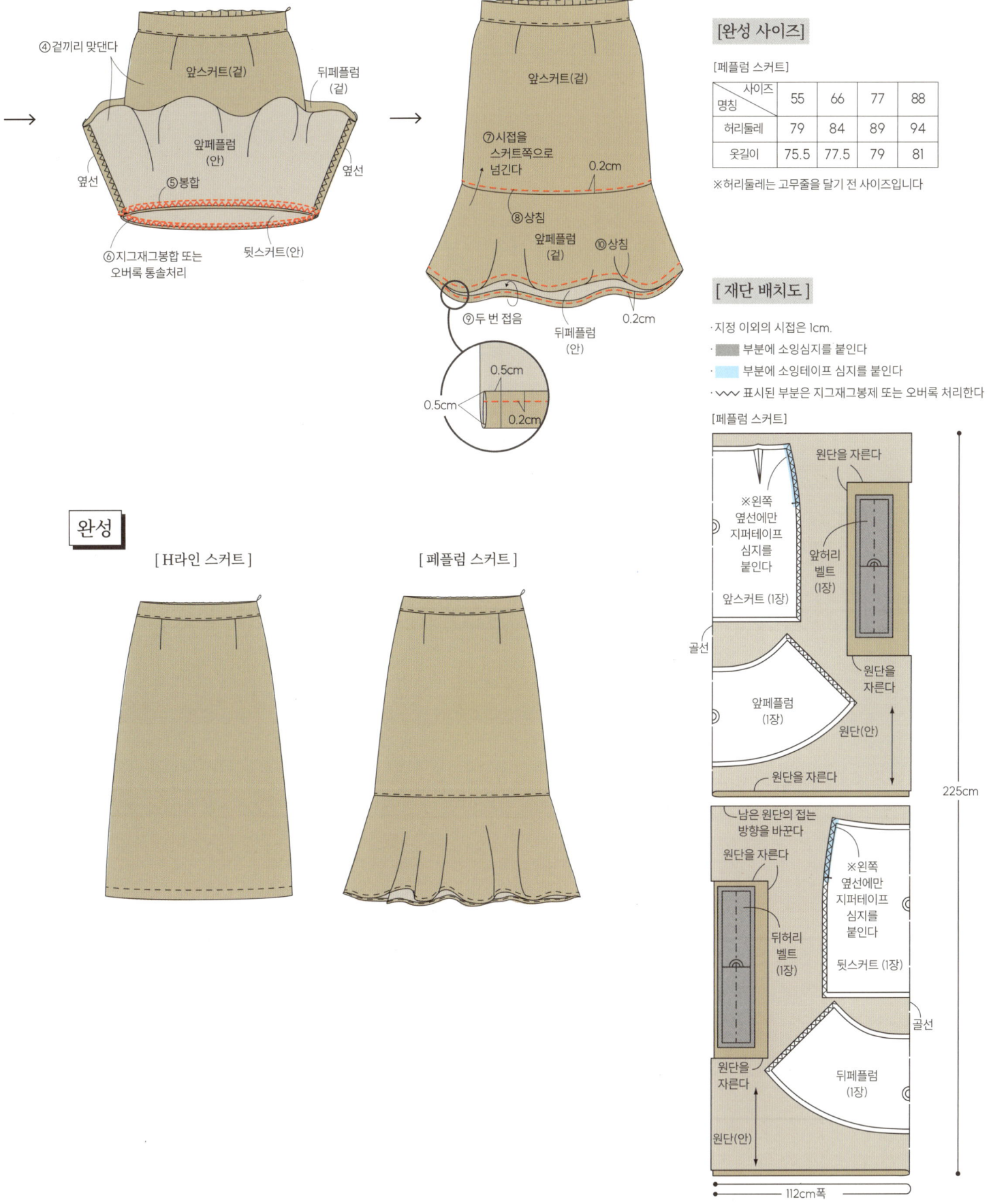

④겉끼리 맞댄다

앞스커트(겉)

뒤페플럼
(겉)

앞페플럼
(안)

옆선

옆선

⑤봉합

⑥지그재그봉합 또는
오부록 통솔처리

뒷스커트(안)

앞스커트(겉)

⑦시접을
스커트쪽으로
넘긴다

0.2cm

⑧상침

앞페플럼
(겉)

⑩상침

0.2cm

⑨두 번 접음

뒤페플럼
(안)

0.5cm

0.5cm

0.2cm

완성

[H라인 스커트]

[페플럼 스커트]

[완성 사이즈]

[페플럼 스커트]

사이즈 명칭	55	66	77	88
허리둘레	79	84	89	94
옷길이	75.5	77.5	79	81

※허리둘레는 고무줄을 달기 전 사이즈입니다

[재단 배치도]

· 지정 이외의 시접은 1cm.
· ⬛ 부분에 소잉심지를 붙인다
· 🟦 부분에 소잉테이프 심지를 붙인다
· ∿∿ 표시된 부분은 지그재그봉제 또는 오버록 처리한다

[페플럼 스커트]

※왼쪽
옆선에만
지퍼테이프
심지를
붙인다

원단을 자른다

앞허리
벨트
(1장)

앞스커트 (1장)

골선

원단을
자른다

앞페플럼
(1장)

원단(안)

원단을 자른다

225cm

남은 원단의 접는
방향을 바꾼다

원단을 자른다

※왼쪽
옆선에만
지퍼테이프
심지를
붙인다

뒤허리
벨트
(1장)

뒷스커트 (1장)

골선

원단을
자른다

뒤페플럼
(1장)

원단(안)

112cm폭

[패턴에 대해서]

· 길이가 긴 패턴은 분리하여 수록하였습니다. 맞춤점에 맞춰
  한 장으로 연결해주세요

[재단 배치도]

· 지정 이외의 시접은 1cm.
· ▨ 부분에 소잉심지를 붙인다
· ▰ 부분에 소잉테이프 심지를 붙인다
· ⌇⌇⌇ 표시된 부분은 지그재그봉제 또는 오버록 처리한다
· 길이조절감1·2, 왼쪽 플라이는 직접 제도하여 사용합니다

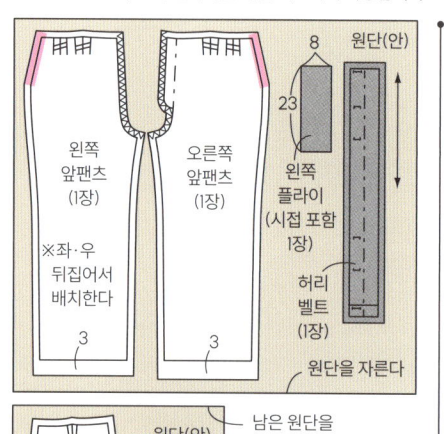

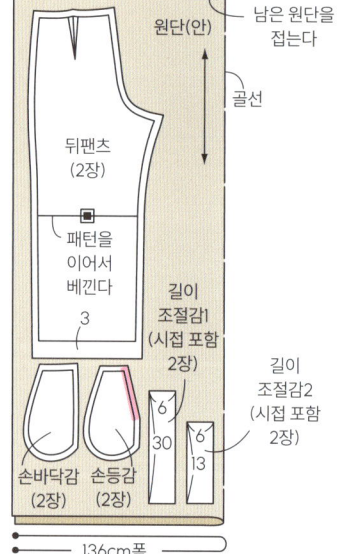

[재료]

· 겉감 … 136cm폭 x 270cm
· 소잉심지 … 110cm폭 x 135cm
· 1.2cm폭 소잉테이프 심지 … 1팩
· 2cm폭 길이조절 고리 … 2개
· 23cm길이 바지 지퍼 … 1개
· 이중 훅&아이(후크) … 1개

[완성 사이즈]

사이즈 명칭	55	66	77	88
허리둘레	74.5	79	84	89
옷길이	103	104	106.5	107.5

[만드는 순서]

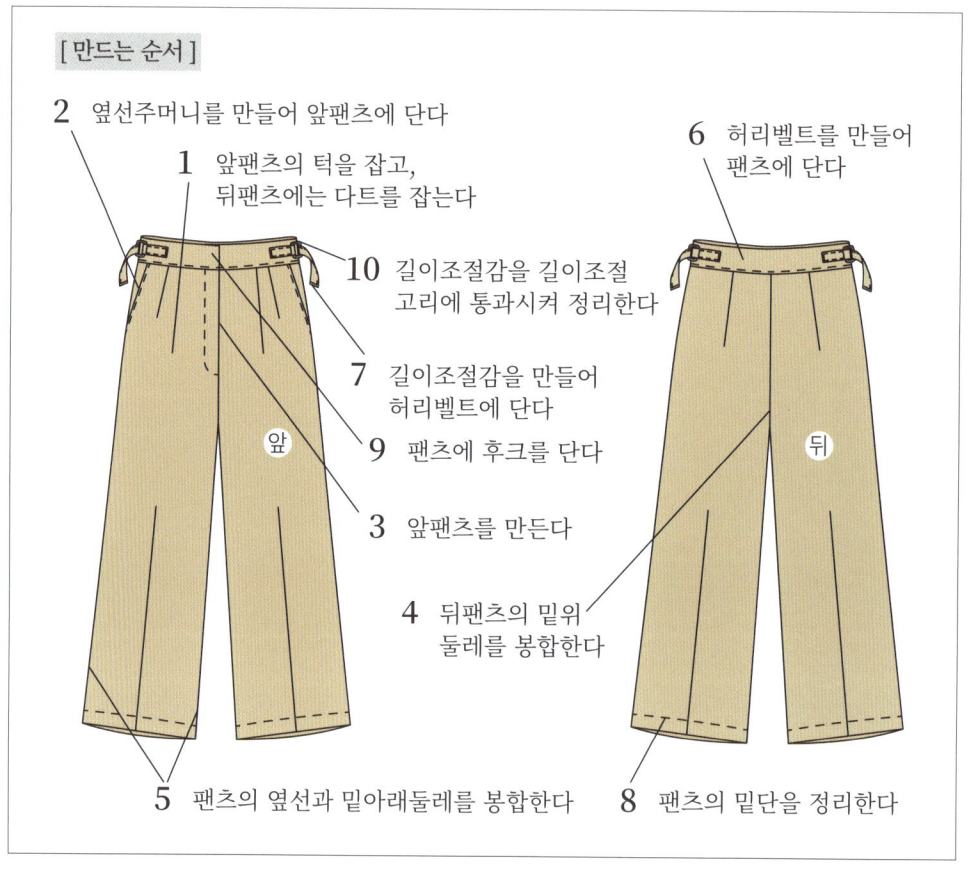

2 옆선주머니를 만들어 앞팬츠에 단다

1 앞팬츠의 턱을 잡고,
  뒤팬츠에는 다트를 잡는다

6 허리벨트를 만들어
  팬츠에 단다

10 길이조절감을 길이조절
   고리에 통과시켜 정리한다

7 길이조절감을 만들어
  허리벨트에 단다

9 팬츠에 후크를 단다

3 앞팬츠를 만든다

4 뒤팬츠의 밑위
  둘레를 봉합한다

5 팬츠의 옆선과 밑아래둘레를 봉합한다

8 팬츠의 밑단을 정리한다

[만드는 방법]

★치수가 기재되어 있지 않은 곳은 1cm로 봉합합니다.

1 앞팬츠의 턱을 잡고, 뒤팬츠에는 다트를 잡는다

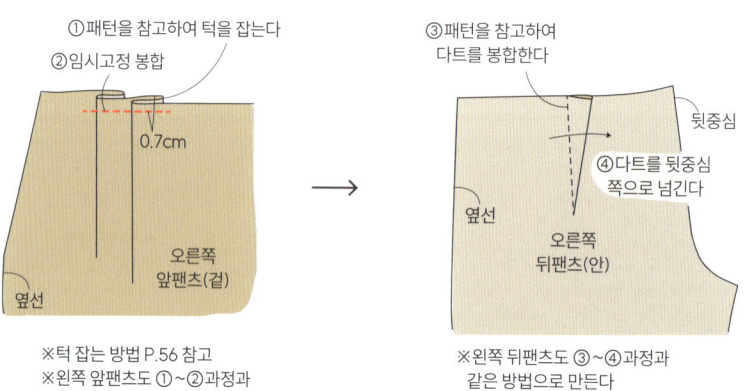

①패턴을 참고하여 턱을 잡는다
②임시고정 봉합
0.7cm
오른쪽
앞팬츠(겉)
옆선

③패턴을 참고하여
다트를 봉합한다
뒷중심
④다트를 뒷중심
쪽으로 넘긴다
옆선
오른쪽
뒤팬츠(안)

※턱 잡는 방법 P.56 참고
※왼쪽 앞팬츠도 ①~②과정과
  같은 방법으로 만든다

※왼쪽 뒤팬츠도 ③~④과정과
  같은 방법으로 만든다

2 옆선주머니를 만들어 앞팬츠에 단다

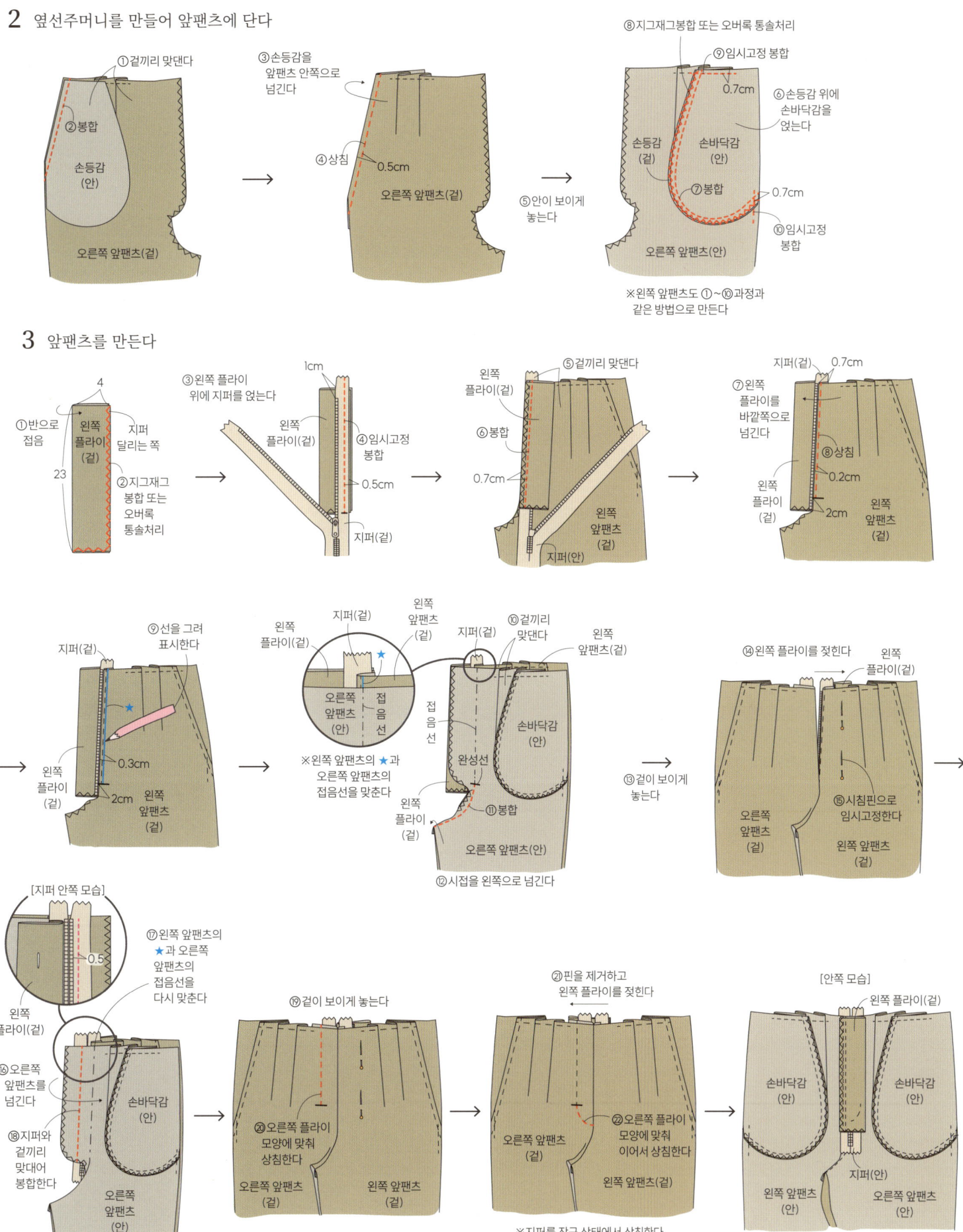

①겉끼리 맞댄다
②봉합
손등감 (안)
오른쪽 앞팬츠(겉)

③손등감을 앞팬츠 안쪽으로 넘긴다
④상침 0.5cm
오른쪽 앞팬츠(겉)

⑤안이 보이게 놓는다

⑧지그재그봉합 또는 오버록 통솔처리
⑨임시고정 봉합 0.7cm
⑥손등감 위에 손바닥감을 얹는다
손등감 (겉)
손바닥감 (안)
⑦봉합 0.7cm
⑩임시고정 봉합
오른쪽 앞팬츠(안)

※왼쪽 앞팬츠도 ①~⑩과정과 같은 방법으로 만든다

3 앞팬츠를 만든다

①반으로 접음
4
23
왼쪽 플라이(겉)
지퍼 달리는 쪽
②지그재그 봉합 또는 오버록 통솔처리

③왼쪽 플라이 위에 지퍼를 얹는다
1cm
왼쪽 플라이(겉)
④임시고정 봉합 0.5cm
지퍼(겉)

⑤겉끼리 맞댄다
왼쪽 플라이(겉)
⑥봉합
0.7cm
왼쪽 앞팬츠 (겉)
지퍼(안)

지퍼(겉) 0.7cm
⑦왼쪽 플라이를 바깥쪽으로 넘긴다
⑧상침 0.2cm
왼쪽 플라이(겉)
2cm
왼쪽 앞팬츠(겉)

지퍼(겉)
⑨선을 그려 표시한다
0.3cm
2cm
왼쪽 플라이(겉)
왼쪽 앞팬츠(겉)

왼쪽 플라이(겉)
지퍼(겉)
오른쪽 앞팬츠(안)
접음선
※왼쪽 앞팬츠의 ★과 오른쪽 앞팬츠의 접음선을 맞춘다

지퍼(겉)
⑩겉끼리 맞댄다
왼쪽 앞팬츠(겉)
접음선
완성선
손바닥감(안)
⑪봉합
왼쪽 플라이(겉)
오른쪽 앞팬츠(안)
⑫시접을 왼쪽으로 넘긴다

⑭왼쪽 플라이를 젖힌다
왼쪽 플라이(겉)
⑬겉이 보이게 놓는다
오른쪽 앞팬츠(겉)
⑮시침핀으로 임시고정한다
왼쪽 앞팬츠(겉)

[지퍼 안쪽 모습]
0.5
왼쪽 플라이(겉)
⑰왼쪽 앞팬츠의 ★과 오른쪽 앞팬츠의 접음선을 다시 맞춘다
⑯오른쪽 앞팬츠를 넘긴다
⑱지퍼와 겉끼리 맞대어 봉합한다
손바닥감(안)
오른쪽 앞팬츠(안)

⑲겉이 보이게 놓는다
⑳오른쪽 플라이 모양에 맞춰 상침한다
오른쪽 앞팬츠(겉)
왼쪽 앞팬츠(겉)

㉑핀을 제거하고 왼쪽 플라이를 젖힌다
㉒오른쪽 플라이 모양에 맞춰 이어서 상침한다
오른쪽 앞팬츠(겉)
왼쪽 앞팬츠(겉)
※지퍼를 잠근 상태에서 상침한다

[안쪽 모습]
왼쪽 플라이(겉)
손바닥감(안)
손바닥감(안)
지퍼(안)
왼쪽 앞팬츠(안)
오른쪽 앞팬츠(안)

4 뒤팬츠의 밑위둘레를 봉합한다

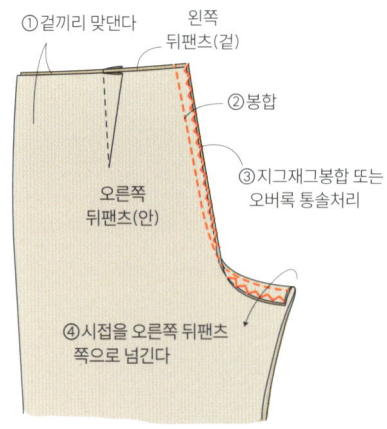

① 겉끼리 맞댄다
왼쪽 뒤팬츠(겉)
② 봉합
③ 지그재그봉합 또는 오버록 통솔처리
오른쪽 뒤팬츠(안)
④ 시접을 오른쪽 뒤팬츠 쪽으로 넘긴다

5 팬츠의 옆선과 밑아래둘레를 봉합한다

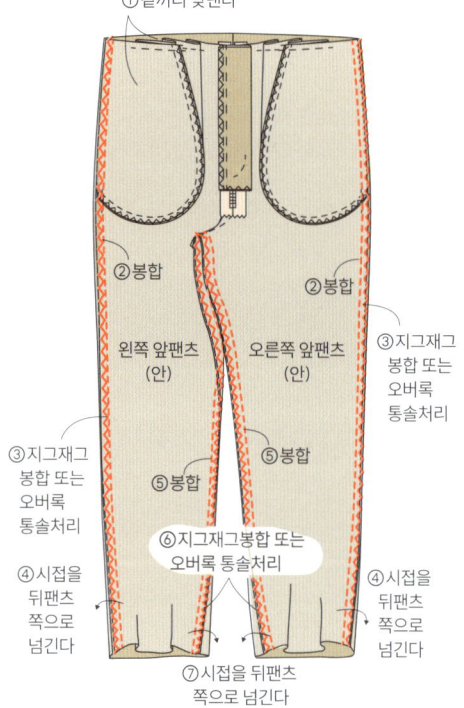

① 겉끼리 맞댄다
② 봉합
② 봉합
왼쪽 앞팬츠(안)
오른쪽 앞팬츠(안)
③ 지그재그 봉합 또는 오버록 통솔처리
③ 지그재그 봉합 또는 오버록 통솔처리
⑤ 봉합
⑤ 봉합
⑥ 지그재그봉합 또는 오버록 통솔처리
④ 시접을 뒤팬츠 쪽으로 넘긴다
④ 시접을 뒤팬츠 쪽으로 넘긴다
⑦ 시접을 뒤팬츠 쪽으로 넘긴다

6 허리벨트를 만들어 팬츠에 단다

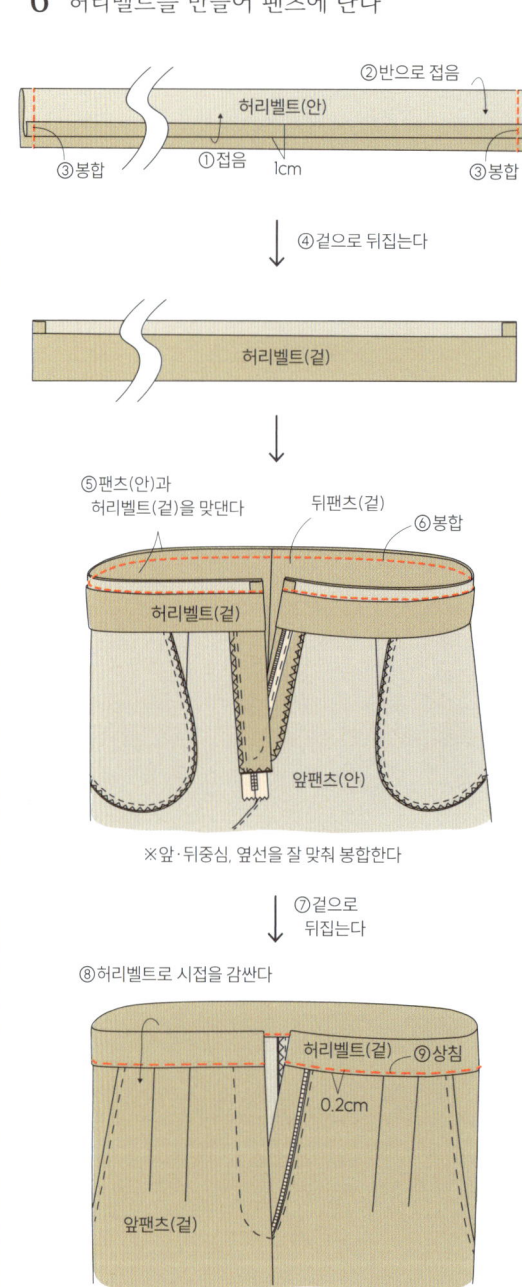

② 반으로 접음
허리벨트(안)
③ 봉합
① 접음 1cm
③ 봉합

↓ ④ 겉으로 뒤집는다

허리벨트(겉)

↓

⑤ 팬츠(안)과 허리벨트(겉)을 맞댄다
뒤팬츠(겉)
⑥ 봉합
허리벨트(겉)
앞팬츠(안)

※앞·뒤중심, 옆선을 잘 맞춰 봉합한다

↓ ⑦ 겉으로 뒤집는다

⑧ 허리벨트로 시접을 감싼다
허리벨트(겉)
⑨ 상침
0.2cm
앞팬츠(겉)

7 길이조절감을 만들어 허리벨트에 단다

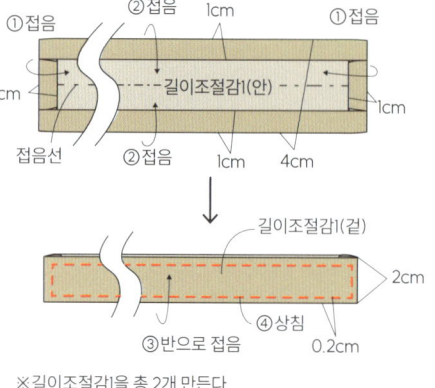

① 접음
② 접음 1cm
① 접음
1cm
접음선
길이조절감1(안)
1cm
② 접음 1cm
4cm
1cm

↓

길이조절감1(겉)
2cm
④ 상침
③ 반으로 접음
0.2cm

※길이조절감을 총 2개 만든다
※길이조절감2도 ①~④과정과 같은 방법으로 만든다

↓

⑤ 길이조절 고리에 길이조절감2를 통과시킨다
길이조절감2(겉)
길이조절 고리
⑥ 반으로 접는다

※길이조절감2를 총 2개 만든다

↓

⑦ 허리벨트 위에 길이조절감을 얹는다

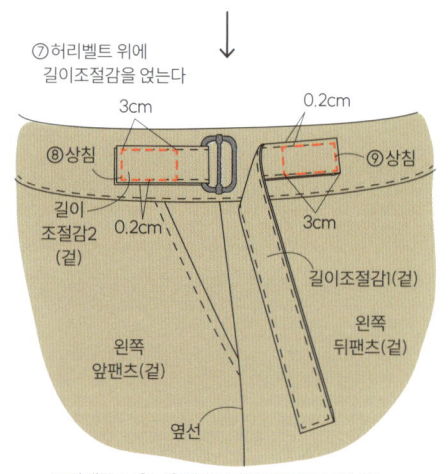

3cm
0.2cm
⑧ 상침
⑨ 상침
길이조절감2(겉)
0.2cm
3cm
길이조절감1(겉)
왼쪽 앞팬츠(겉)
왼쪽 뒤팬츠(겉)
옆선

※반대쪽도 ⑦~⑨과정과 같은 방법으로 만든다

8 팬츠의 밑단을 정리한다

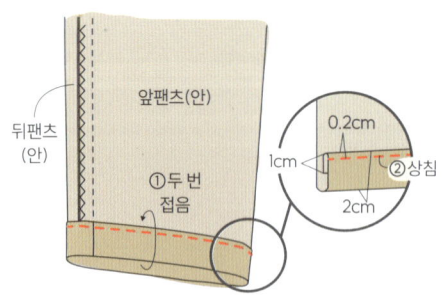

뒤팬츠(안)
앞팬츠(안)
0.2cm
1cm
① 두 번 접음
② 상침
2cm

※팬츠 겉에서 상침한다
※반대쪽도 ①~②과정과 같은 방법으로 만든다

9 팬츠에 후크를 단다

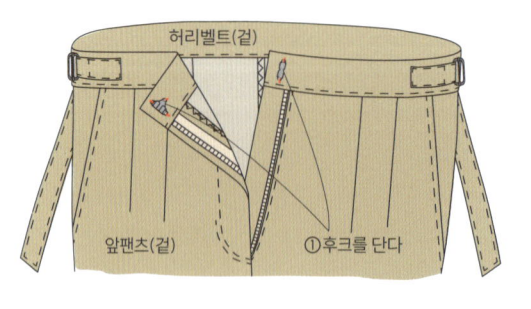

허리벨트(겉)
앞팬츠(겉)
① 후크를 단다

10 길이조절감을 길이조절 고리에 통과시켜 정리한다

완성

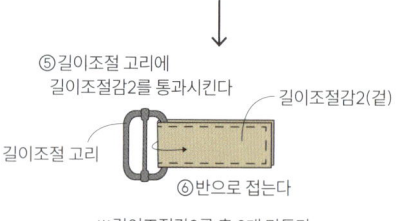

길이조절감1(겉)
① 길이조절감1을 길이조절 고리에 통과시킨다

※반대쪽도 ①과정과 같은 방법으로 만든다

[재단 배치도]

· 지정 이외의 시접은 1cm.
· ▨ 부분에 소잉심지를 붙인다
· ⋁⋁ 표시된 부분은 지그재그봉제 또는 오버록 처리한다
· 뚜껑감, 주머니, 스커트 끈감, 팬츠 끈감은 직접 제도하여
  사용합니다

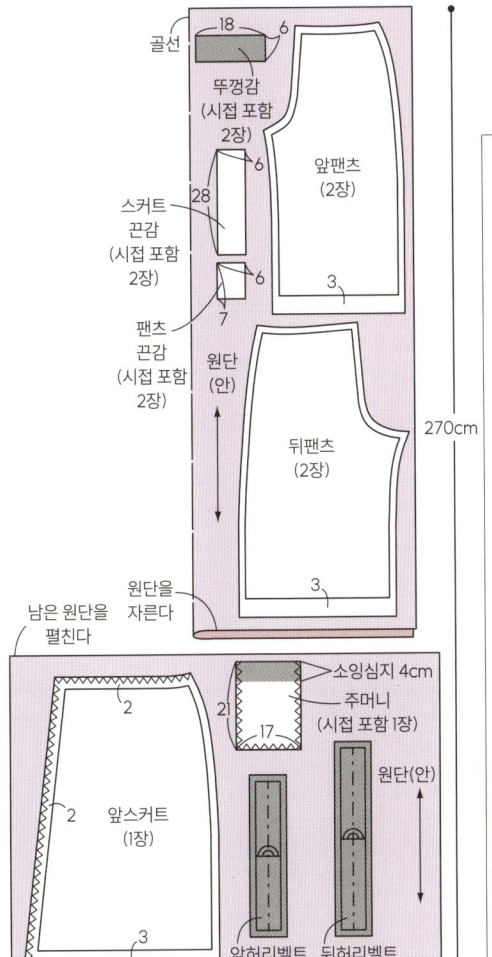

골선
뚜껑감
(시접 포함
2장)
18 · 6
스커트
끈감
(시접 포함
2장)
28 · 6
팬츠
끈감
(시접 포함
2장)
7 · 6
앞팬츠
(2장)
3
원단
(안)
뒤팬츠
(2장)
3
270cm
원단을
자른다
남은 원단을
펼친다
소잉심지 4cm
주머니
(시접 포함 1장)
21 · 17
앞스커트
(1장)
2 2 3
원단(안)
앞허리벨트
(1장)
뒤허리벨트
(1장)
140cm폭

[재료]

· 겉감 … 140cm폭 x 270cm
· 소잉심지 … 110cm폭 x 90cm
· 2cm폭 길이조절 고리 … 2개
· 2.5cm폭 고무줄 … 1팩

[완성 사이즈]

사이즈 명칭	55	66	77	88
허리둘레	92.5	98	103.5	109.5
옷길이	78.5	80.5	82.5	84.5

※허리둘레는 고무줄을 달기 전 사이즈입니다

[만드는 순서]

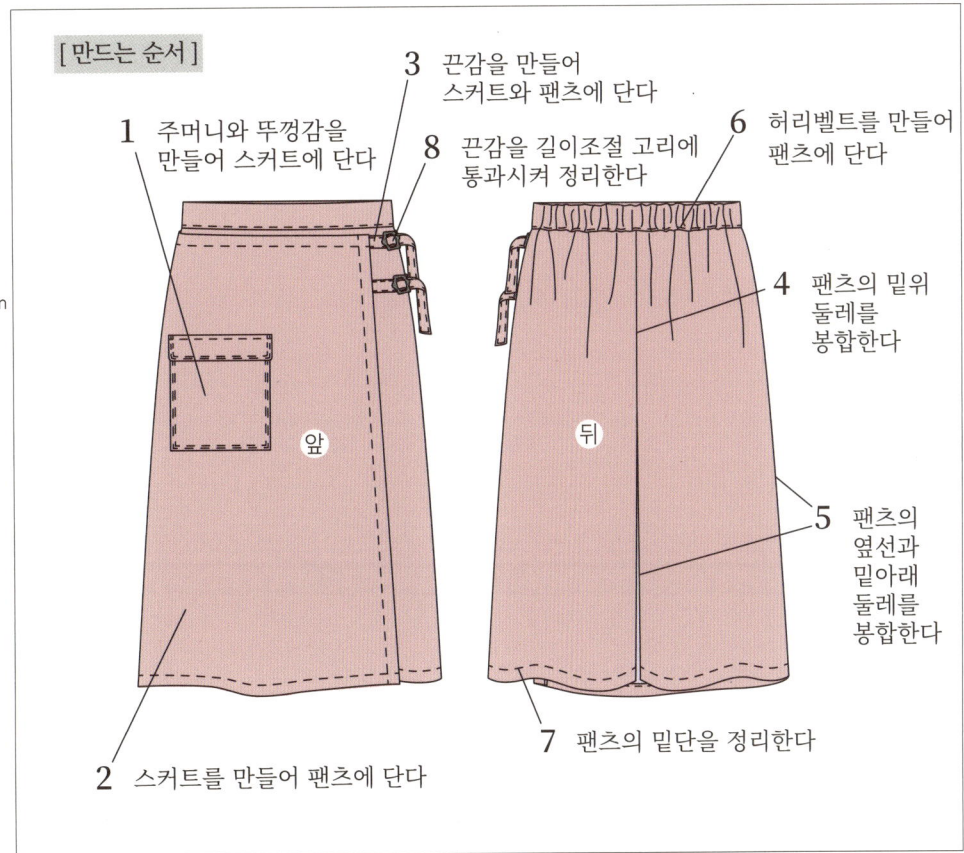

1 주머니와 뚜껑감을
  만들어 스커트에 단다

3 끈감을 만들어
  스커트와 팬츠에 단다

8 끈감을 길이조절 고리에
  통과시켜 정리한다

6 허리벨트를 만들어
  팬츠에 단다

4 팬츠의 밑위
  둘레를
  봉합한다

5 팬츠의
  옆선과
  밑아래
  둘레를
  봉합한다

7 팬츠의 밑단을 정리한다

2 스커트를 만들어 팬츠에 단다

앞   뒤

[만드는 방법]

★치수가 기재되어 있지 않은 곳은 1cm로 봉합합니다.

1 주머니와 뚜껑감을 만들어 스커트에 단다

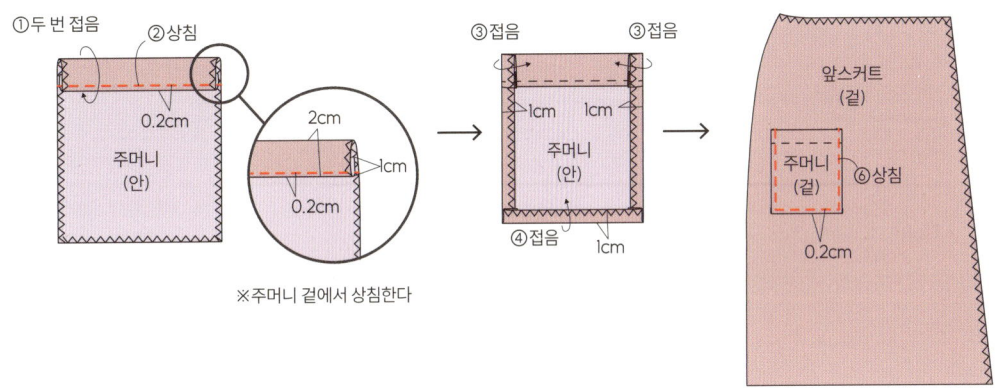

①두 번 접음 ②상침
0.2cm
주머니
(안)
2cm
1cm
0.2cm
※주머니 겉에서 상침한다

③접음 ③접음
1cm 1cm
주머니
(안)
④접음
1cm

⑤앞스커트 위에 주머니를 얹는다
앞스커트
(겉)
주머니
(겉)
⑥상침
0.2cm

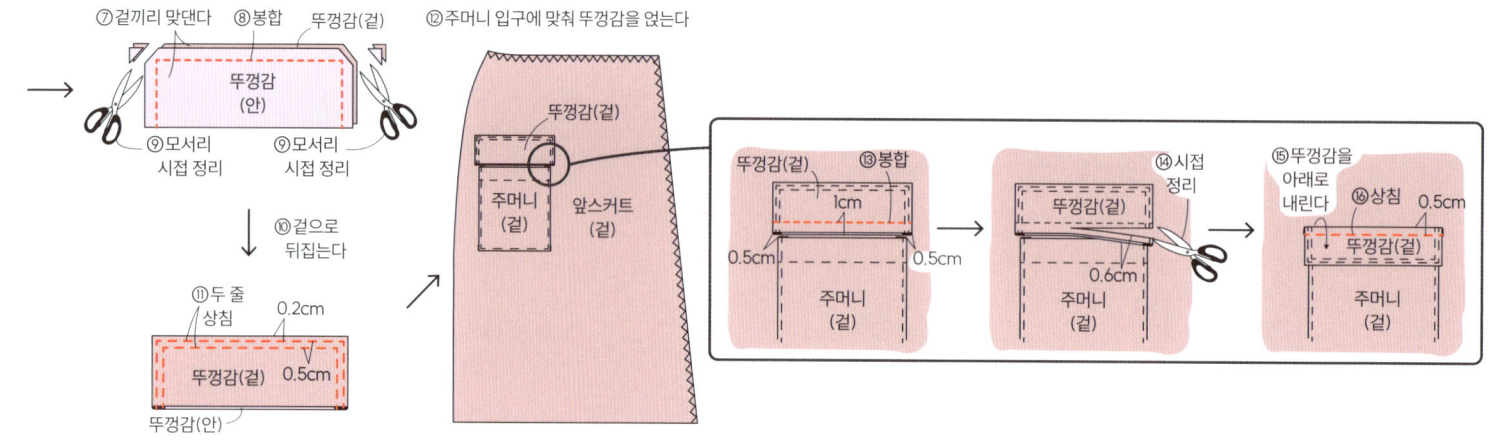

⑦겉끼리 맞댄다 ⑧봉합 뚜껑감(겉) ⑫주머니 입구에 맞춰 뚜껑감을 얹는다

뚜껑감(안)

⑨모서리 시접 정리 ⑨모서리 시접 정리

⑩겉으로 뒤집는다

⑪두 줄 상침 0.2cm

뚜껑감(겉) 0.5cm

뚜껑감(안)

뚜껑감(겉) 주머니(겉) 앞스커트(겉)

뚜껑감(겉) ⑬봉합 1cm 0.5cm 0.5cm 주머니(겉)

뚜껑감(겉) ⑭시접 정리 0.6cm 주머니(겉)

⑮뚜껑감을 아래로 내린다 ⑯상침 0.5cm 뚜껑감(겉) 주머니(겉)

2 스커트를 만들어 팬츠에 단다

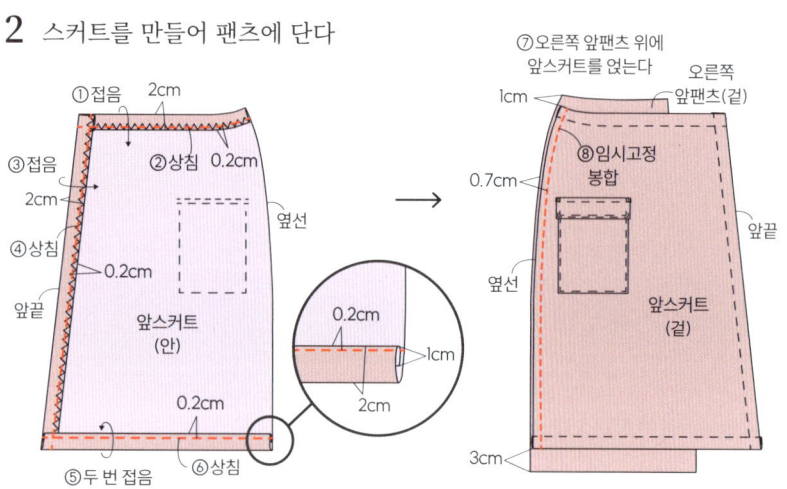

①접음 2cm
②상침 0.2cm
③접음 2cm
④상침 0.2cm
앞끝
앞스커트(안)
옆선
0.2cm
⑤두 번 접음 ⑥상침
0.2cm
1cm
2cm
※앞스커트 겉에서 상침한다

⑦오른쪽 앞팬츠 위에 앞스커트를 얹는다 오른쪽 앞팬츠(겉)
1cm
⑧임시고정 봉합
0.7cm
옆선
앞끝
앞스커트(겉)
3cm

3 끈감을 만들어 스커트와 팬츠에 단다

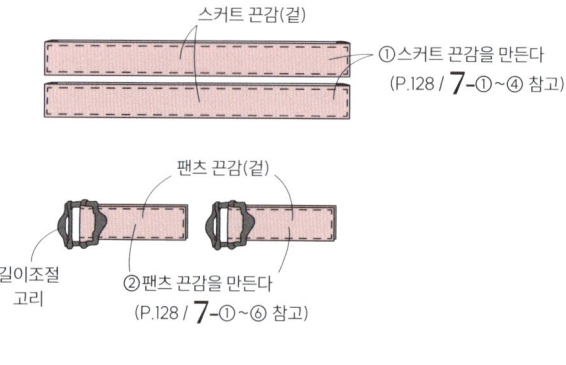

스커트 끈감(겉)
①스커트 끈감을 만든다
(P.128 / 7-①~④ 참고)

팬츠 끈감(겉)
길이조절 고리
②팬츠 끈감을 만든다
(P.128 / 7-①~⑥ 참고)

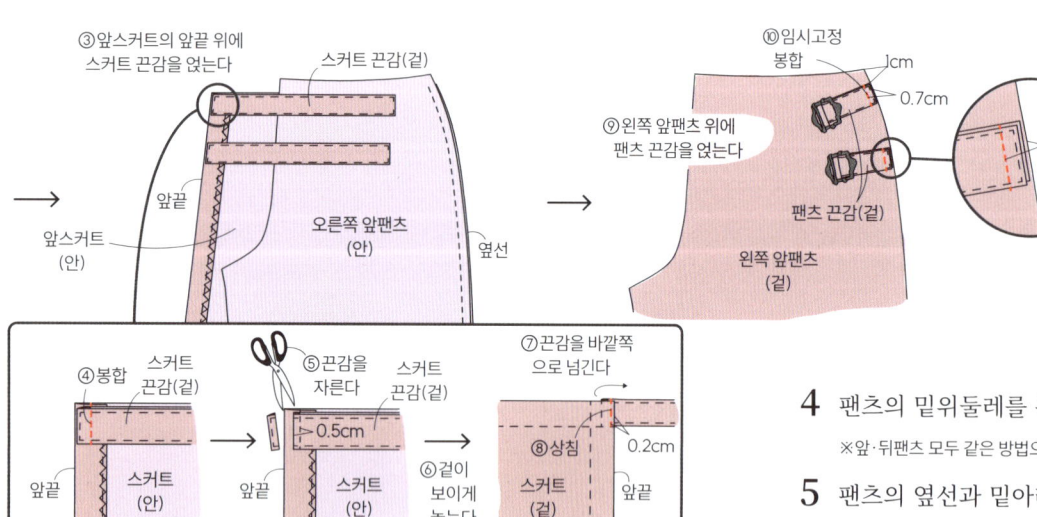

③앞스커트의 앞끝 위에 스커트 끈감을 얹는다 스커트 끈감(겉)
앞끝
앞스커트(안)
오른쪽 앞팬츠(안)
옆선

④봉합 스커트 끈감(겉)
앞끝 스커트(안)

⑤끈감을 자른다 스커트 끈감(겉) 0.5cm
앞끝 스커트(안)

⑥겉이 보이게 놓는다

⑦끈감을 바깥쪽으로 넘긴다
⑧상침 0.2cm
스커트(겉) 앞끝

※나머지 스커트 끈감도 ④~⑧과정과 같은 방법으로 만든다

⑩임시고정 봉합 1cm 0.7cm
⑨왼쪽 앞팬츠 위에 팬츠 끈감을 얹는다
팬츠 끈감(겉)
왼쪽 앞팬츠(겉)
0.7cm

4 팬츠의 밑위둘레를 봉합한다 (P.128 / 4-①~④ 참고)

※앞·뒤팬츠 모두 같은 방법으로 만든다

5 팬츠의 옆선과 밑아래둘레를 봉합한다 (P.128 / 5-①~⑦ 참고)

※밑아래둘레 봉합 시, 스커트가 함께 봉합되지 않도록 주의합니다.

6 허리벨트를 만들어 팬츠에 단다

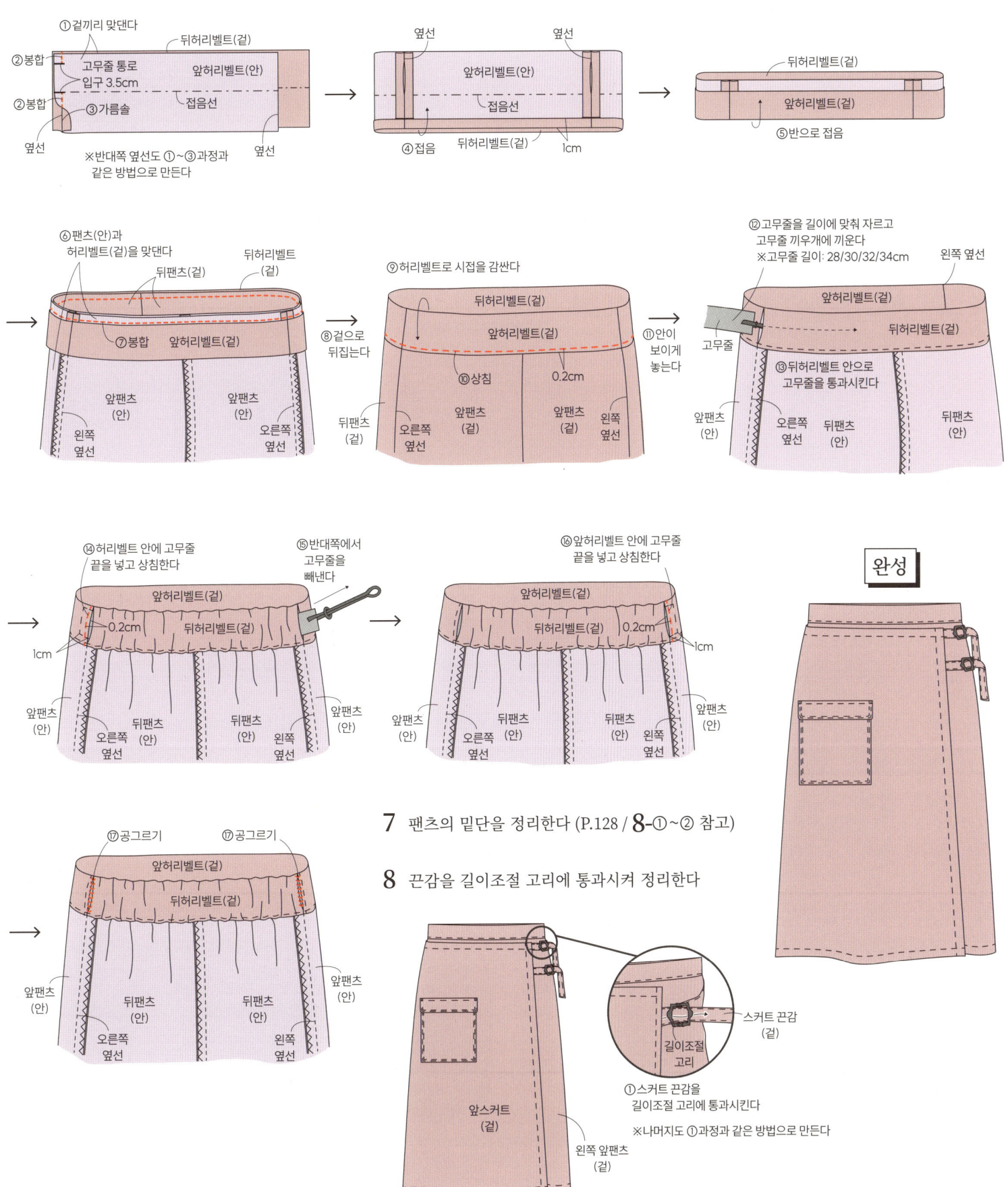

①겉끼리 맞댄다
뒤허리벨트(겉)
②봉합
고무줄 통로 입구 3.5cm
앞허리벨트(안)
②봉합
③가름솔
접음선
옆선
옆선
※반대쪽 옆선도 ①~③과정과 같은 방법으로 만든다

옆선 옆선
앞허리벨트(안)
접음선
④접음 뒤허리벨트(겉) 1cm

뒤허리벨트(겉)
앞허리벨트(겉)
⑤반으로 접음

⑥팬츠(안)과 허리벨트(겉)을 맞댄다
뒤팬츠(겉)
뒤허리벨트(겉)
⑦봉합 앞허리벨트(겉)
앞팬츠(안) 앞팬츠(안)
왼쪽 옆선 오른쪽 옆선

⑧겉으로 뒤집는다
⑨허리벨트로 시접을 감싼다
뒤허리벨트(겉)
앞허리벨트(겉)
⑩상침 0.2cm
뒤팬츠(겉)
앞팬츠(겉) 앞팬츠(겉)
오른쪽 옆선 왼쪽 옆선

⑪안이 보이게 놓는다
⑫고무줄을 길이에 맞춰 자르고 고무줄 끼우개에 끼운다
※고무줄 길이: 28/30/32/34cm
왼쪽 옆선
앞허리벨트(겉)
고무줄
뒤허리벨트(겉)
⑬뒤허리벨트 안으로 고무줄을 통과시킨다
앞팬츠(안) 오른쪽 옆선 뒤팬츠(안) 뒤팬츠(안)

⑭허리벨트 안에 고무줄 끝을 넣고 상침한다
0.2cm
1cm
앞허리벨트(겉)
뒤허리벨트(겉)
⑮반대쪽에서 고무줄을 빼낸다
앞팬츠(안)
뒤팬츠(안) 오른쪽 옆선
뒤팬츠(안) 왼쪽 옆선
앞팬츠(안)

⑯앞허리벨트 안에 고무줄 끝을 넣고 상침한다
앞허리벨트(겉)
뒤허리벨트(겉) 0.2cm
1cm
앞팬츠(안)
뒤팬츠(안) 오른쪽 옆선
뒤팬츠(안) 왼쪽 옆선
앞팬츠(안)

완성

⑰공그르기 ⑰공그르기
앞허리벨트(겉)
뒤허리벨트(겉)
앞팬츠(안)
뒤팬츠(안) 오른쪽 옆선
뒤팬츠(안) 왼쪽 옆선
앞팬츠(안)

7 팬츠의 밑단을 정리한다 (P.128 / 8-①~② 참고)

8 끈감을 길이조절 고리에 통과시켜 정리한다

앞스커트(겉)
왼쪽 앞팬츠(겉)

스커트 끈감(겉)
길이조절 고리
①스커트 끈감을 길이조절 고리에 통과시킨다
※나머지도 ①과정과 같은 방법으로 만든다

[패턴에 대해서]

· 앞·뒤팬츠의 패턴에서 옆선과 밑아래선을 찾기 쉽도록
F-6 조거 팬츠와 다른 색상의 컬러가 들어가 있습니다
선 색상을 확인하면서 찾으면 쉽게 찾을 수 있습니다

[재단 배치도]

· 지정 이외의 시접은 1cm.
· ▨ 부분에 소잉심지를 붙인다
· ▨ 부분에 소잉테이프 심지를 붙인다
· ⋙ 표시된 부분은 지그재그봉제 또는 오버록 처리한다

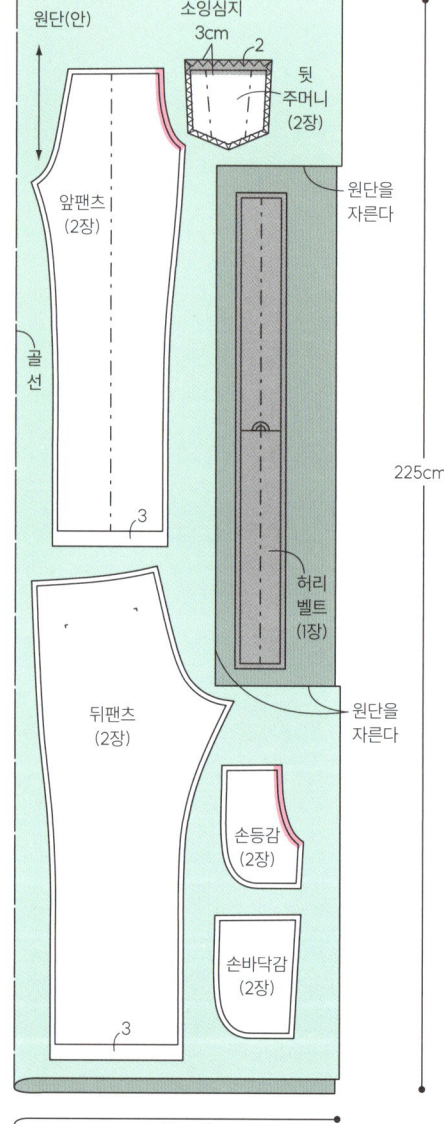

[재료]

· 겉감 … 140cm폭 x 225cm
· 소잉심지 … 55cm폭 x 110cm
· 1.2cm폭 소잉테이프 심지 … 1팩
· 3cm폭 고무줄 … 1팩

[완성 사이즈]

사이즈 명칭	55	66	77	88
허리둘레	90	95	99.6	104.5
옷길이	95.5	97.5	99.5	101.5

※허리둘레는 고무줄을 달기 전 사이즈입니다

[만드는 순서]

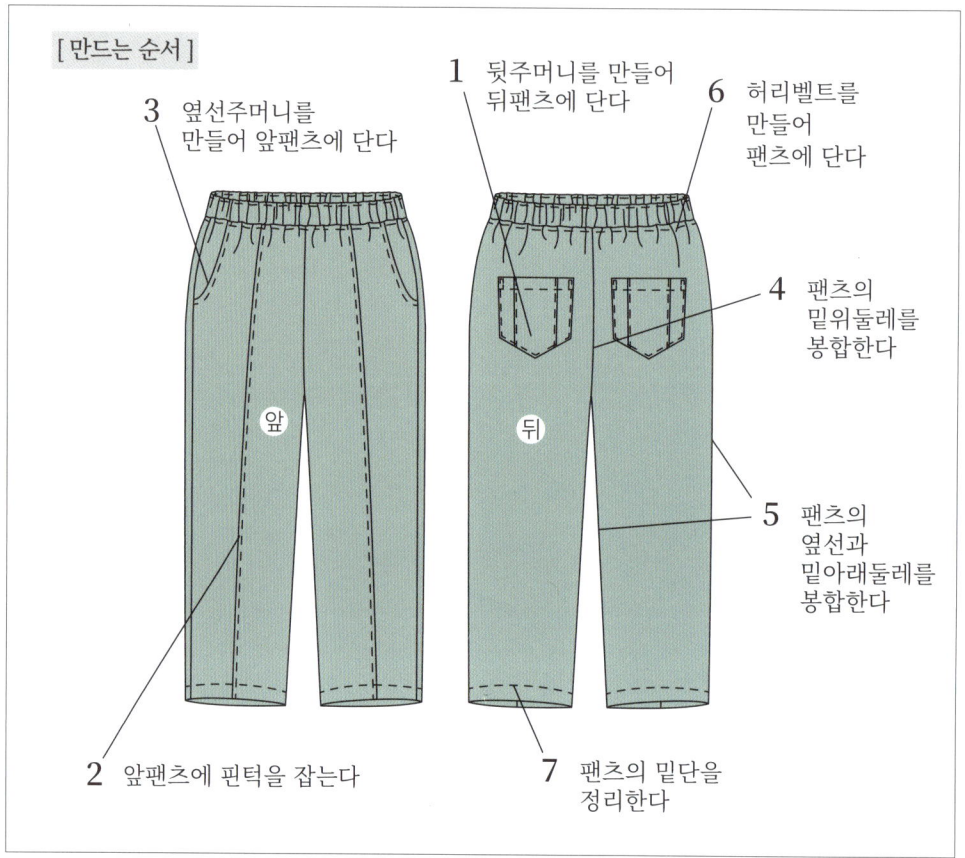

3 옆선주머니를 만들어 앞팬츠에 단다

1 뒷주머니를 만들어 뒤팬츠에 단다

6 허리벨트를 만들어 팬츠에 단다

4 팬츠의 밑위둘레를 봉합한다

5 팬츠의 옆선과 밑아래둘레를 봉합한다

2 앞팬츠에 핀턱을 잡는다

7 팬츠의 밑단을 정리한다

[만드는 방법]

★치수가 기재되어 있지 않은 곳은 1cm로 봉합합니다.

1 뒷주머니를 만들어 뒤팬츠에 단다

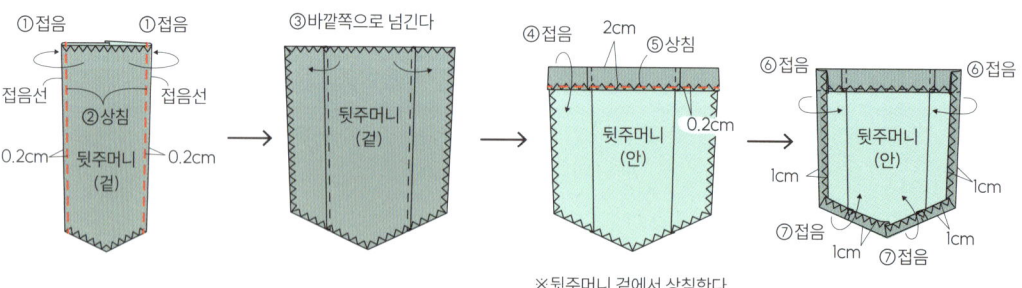

※뒷주머니 겉에서 상침한다

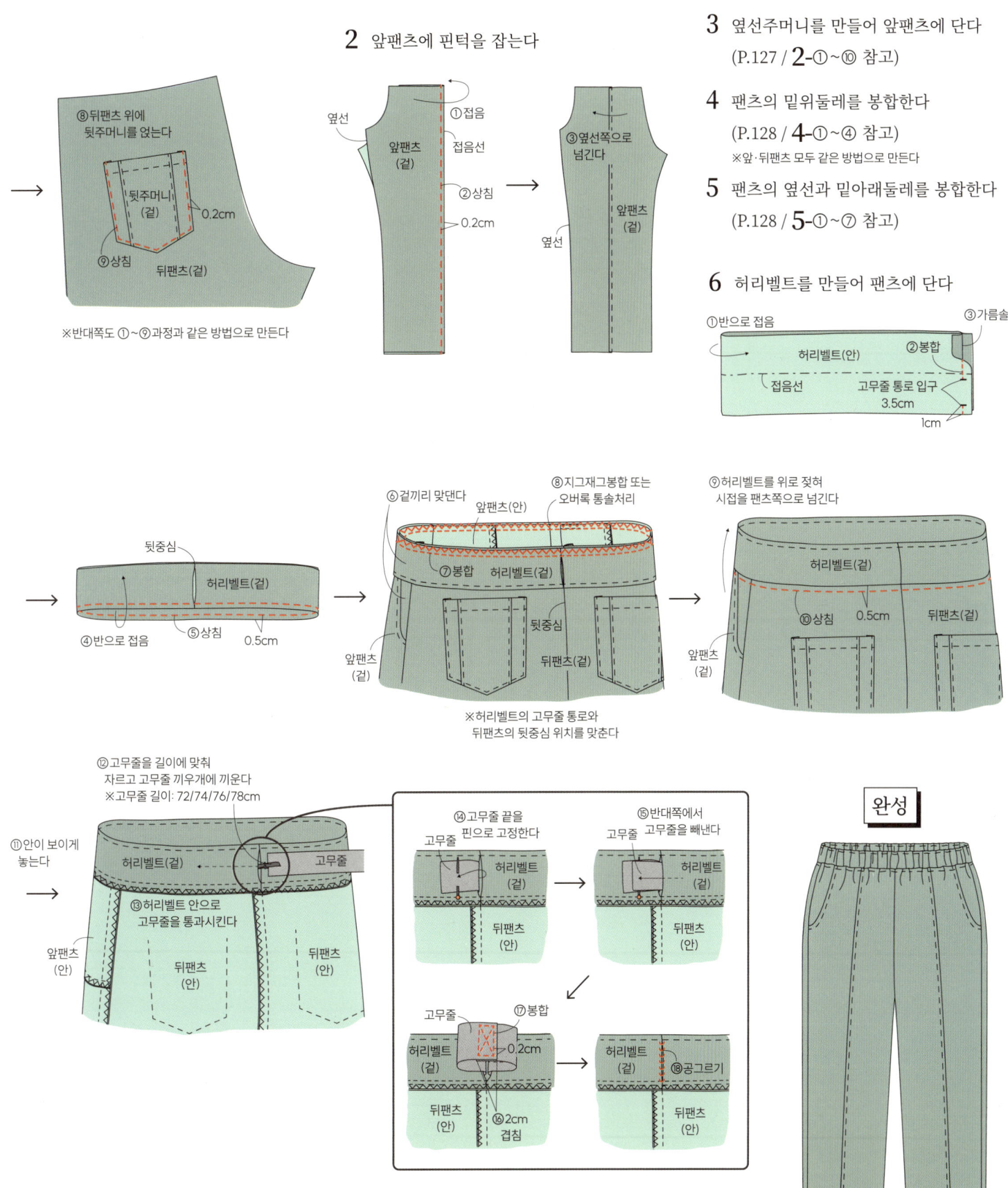

2 앞팬츠에 핀턱을 잡는다

⑧뒤팬츠 위에 뒷주머니를 얹는다
뒷주머니(겉)
0.2cm
⑨상침
뒤팬츠(겉)
※반대쪽도 ①~⑨과정과 같은 방법으로 만든다

옆선
앞팬츠(겉)
①접음
접음선
②상침
0.2cm

③옆선쪽으로 넘긴다
앞팬츠(겉)
옆선

3 옆선주머니를 만들어 앞팬츠에 단다
(P.127 / **2**-①~⑩ 참고)

4 팬츠의 밑위둘레를 봉합한다
(P.128 / **4**-①~④ 참고)
※앞·뒤팬츠 모두 같은 방법으로 만든다

5 팬츠의 옆선과 밑아래둘레를 봉합한다
(P.128 / **5**-①~⑦ 참고)

6 허리벨트를 만들어 팬츠에 단다

①반으로 접음
허리벨트(안)
③가름솔
②봉합
접음선
고무줄 통로 입구
3.5cm
1cm

뒷중심
허리벨트(겉)
④반으로 접음
⑤상침
0.5cm

⑥겉끼리 맞댄다
앞팬츠(안)
⑧지그재그봉합 또는 오버록 통솔처리
⑦봉합
허리벨트(겉)
뒷중심
앞팬츠(겉)
뒤팬츠(겉)
※허리벨트의 고무줄 통로와 뒤팬츠의 뒷중심 위치를 맞춘다

⑨허리벨트를 위로 젖혀 시접을 팬츠쪽으로 넘긴다
허리벨트(겉)
⑩상침
0.5cm
앞팬츠(겉)
뒤팬츠(겉)

⑫고무줄을 길이에 맞춰 자르고 고무줄 끼우개에 끼운다
※고무줄 길이: 72/74/76/78cm

⑪안이 보이게 놓는다
허리벨트(겉)
고무줄
⑬허리벨트 안으로 고무줄을 통과시킨다
앞팬츠(안)
뒤팬츠(안)
뒤팬츠(안)

⑭고무줄 끝을 핀으로 고정한다
고무줄
허리벨트(겉)
뒤팬츠(안)

⑮반대쪽에서 고무줄을 빼낸다
고무줄
허리벨트(겉)
뒤팬츠(안)

고무줄
⑰봉합
허리벨트(겉)
0.2cm
뒤팬츠(안)
⑯2cm 겹침

허리벨트(겉)
⑱공그르기
뒤팬츠(안)

완성

7 팬츠의 밑단을 정리한다 (P.128 / **8**-①~② 참고)

[재단 배치도]

· 지정 이외의 시접은 1cm.
· ▨ 부분에 소잉심지를 붙인다
· ▨ 부분에 소잉테이프 심지를 붙인다
· 〰 표시된 부분은 지그재그봉제 또는 오버록 처리한다

[트윌 원단]

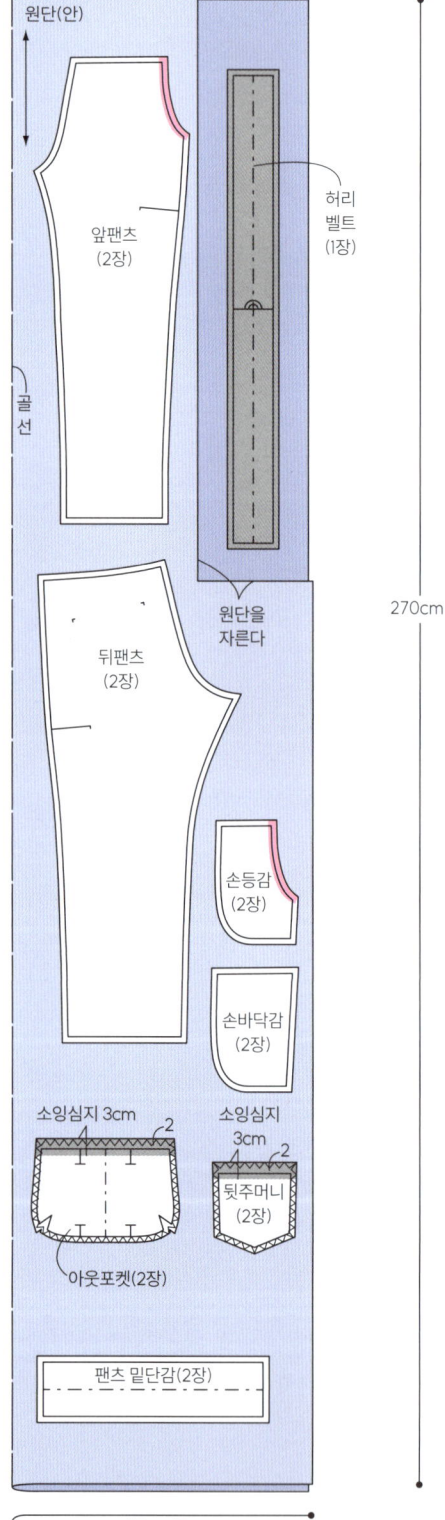

원단(안)

앞팬츠
(2장)

허리
벨트
(1장)

골선

원단을
자른다

270cm

뒤팬츠
(2장)

손등감
(2장)

손바닥감
(2장)

소잉심지 3cm ─2
소잉심지
3cm ─2

뒷주머니
(2장)

아웃포켓(2장)

팬츠 밑단감(2장)

─110cm폭─

※리넨 원단 재단배치도는 P.135에 있습니다.

[재료]

· [트윌 원단] 겉감 … 110cm폭 x 270cm
· [리넨 원단] 겉감 … 130cm폭 x 225cm
· (공통)소잉심지 … 55cm폭 x 110cm
· (공통)1.2cm폭 소잉테이프 심지 … 1팩
· (공통)3cm폭 고무줄(허리용) … 1팩
· (공통)4cm폭 고무줄(밑단용) … 1팩
· (공통)0.6cm폭 스트링끈 … 1팩

[완성 사이즈]

사이즈 명칭	55	66	77	88
허리둘레	91	95.5	100.5	105
옷길이	100.5	102.5	104.5	106.5

※허리둘레는 고무줄을 달기 전 사이즈입니다

[만드는 순서]

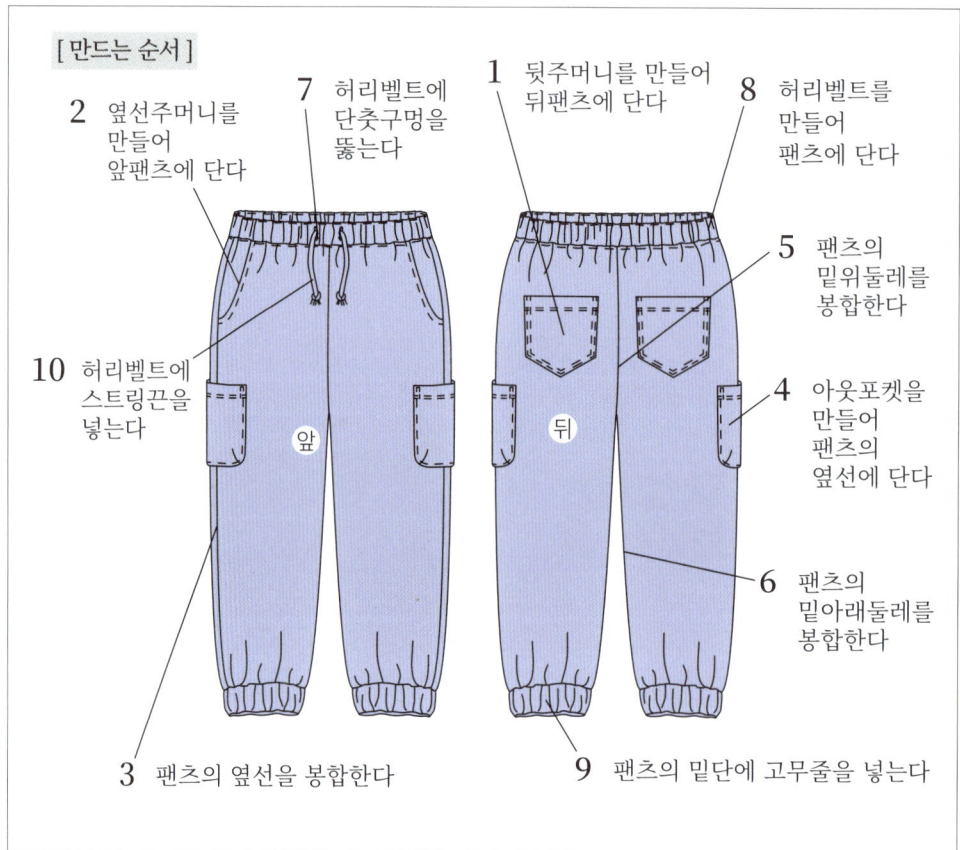

2 옆선주머니를 만들어 앞팬츠에 단다

7 허리벨트에 단춧구멍을 뚫는다

1 뒷주머니를 만들어 뒤팬츠에 단다

8 허리벨트를 만들어 팬츠에 단다

5 팬츠의 밑위둘레를 봉합한다

4 아웃포켓을 만들어 팬츠의 옆선에 단다

10 허리벨트에 스트링끈을 넣는다

앞

뒤

6 팬츠의 밑아래둘레를 봉합한다

3 팬츠의 옆선을 봉합한다

9 팬츠의 밑단에 고무줄을 넣는다

[만드는 방법] ★치수가 기재되어 있지 않은 곳은 1cm로 봉합합니다.

1 뒷주머니를 만들어 뒤팬츠에 단다

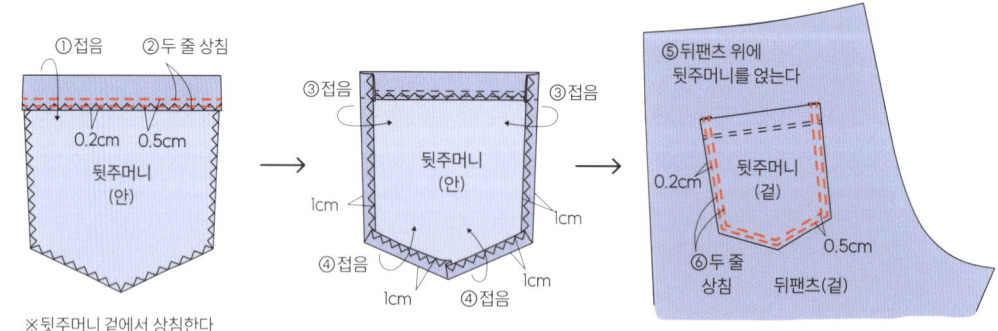

①접음 ②두 줄 상침
0.2cm 0.5cm
뒷주머니
(안)
※뒷주머니 겉에서 상침한다

③접음 ③접음
1cm 1cm
뒷주머니
(안)
④접음 ④접음
1cm 1cm

⑤뒤팬츠 위에 뒷주머니를 얹는다
0.2cm
뒷주머니
(겉)
0.5cm
⑥두 줄 상침 뒤팬츠(겉)
※반대쪽도 ①~⑥과정과 같은 방법으로 만든다

2 옆선주머니를 만들어 앞팬츠에 단다 (P.127 / **2**-①~⑩ 참고)

3 팬츠의 옆선을 봉합한다 (P.128 / **5**-①~④ 참고)

4 아웃포켓을 만들어 팬츠의 옆선에 단다

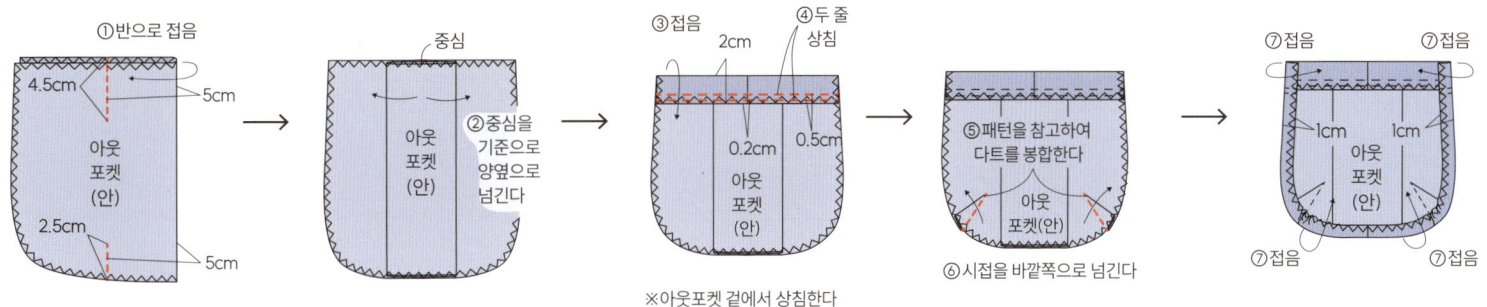

①반으로 접음
4.5cm
5cm
아웃
포켓
(안)
2.5cm
5cm

중심
아웃
포켓
(안)
②중심을 기준으로 양옆으로 넘긴다

③접음 2cm
④두 줄 상침
0.2cm
아웃
포켓
(안)
0.5cm

※아웃포켓 겉에서 상침한다

⑤패턴을 참고하여 다트를 봉합한다
아웃
포켓(안)
⑥시접을 바깥쪽으로 넘긴다

⑦접음 ⑦접음
1cm 1cm
아웃
포켓
(안)
⑦접음 ⑦접음

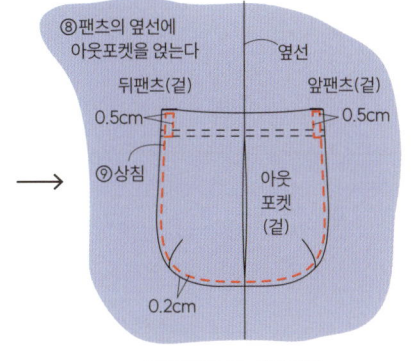

⑧팬츠의 옆선에 아웃포켓을 얹는다
옆선
뒤팬츠(겉) 앞팬츠(겉)
0.5cm 0.5cm
⑨상침
아웃
포켓
(겉)
0.2cm

※반대쪽도 ①~⑨과정과 같은 방법으로 만든다

5 팬츠의 밑위둘레를 봉합한다 (P.128 / 4-①~④ 참고)
※앞·뒤팬츠 모두 같은 방법으로 만든다

6 팬츠의 밑아래둘레를 봉합한다 (P.128 / 5-⑤~⑦ 참고)

7 허리벨트에 단춧구멍을 뚫는다

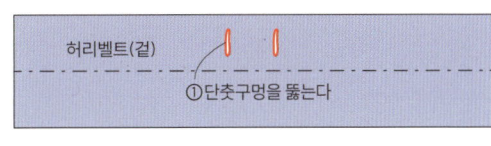

허리벨트(겉)
①단춧구멍을 뚫는다

8 허리벨트를 만들어 팬츠에 단다 (P.133 / 6-①~⑱참고)

9 팬츠의 밑단에 고무줄을 넣는다

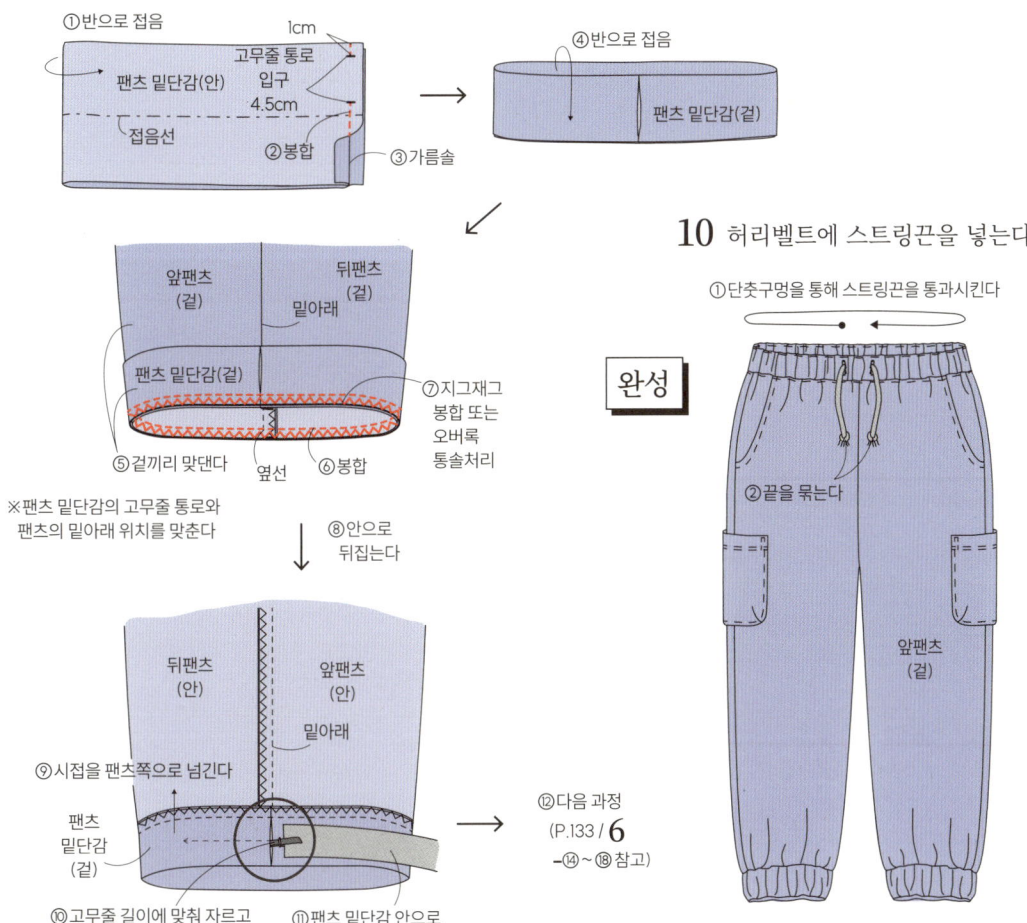

①반으로 접음
1cm
팬츠 밑단감(안)
고무줄 통로 입구
4.5cm
접음선
②봉합
③가름솔

④반으로 접음
팬츠 밑단감(겉)

앞팬츠(겉) 뒤팬츠(겉) 밑아래
팬츠 밑단감(겉)
⑤겉끼리 맞댄다 옆선 ⑥봉합
⑦지그재그 봉합 또는 오버록 통솔처리

※팬츠 밑단감의 고무줄 통로와 팬츠의 밑아래 위치를 맞춘다

⑧안으로 뒤집는다

뒤팬츠(안) 앞팬츠(안) 밑아래
⑨시접을 팬츠쪽으로 넘긴다
팬츠 밑단감(겉)
⑩고무줄 길이에 맞춰 자르고 고무줄 끼우개에 끼운다
※고무줄 길이: 26/27/28/29cm
⑪팬츠 밑단감 안으로 고무줄을 통과시킨다
⑫다음 과정 (P.133 / 6 -⑭~⑱ 참고)

10 허리벨트에 스트링끈을 넣는다

①단춧구멍을 통해 스트링끈을 통과시킨다

완성

②끝을 묶는다

앞팬츠(겉)

※스트링끈 길이: 104/106/108/110cm

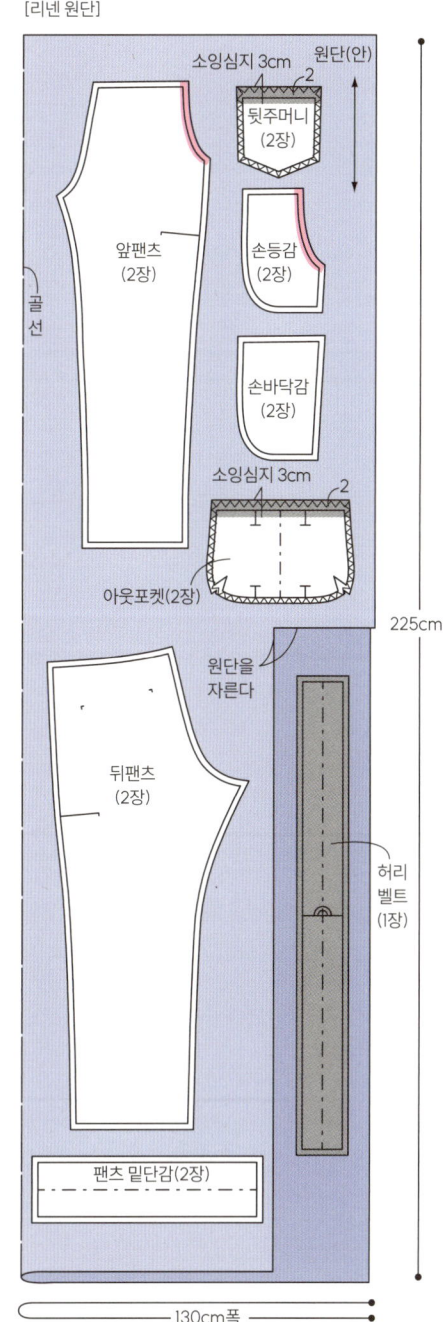

[재단 배치도]
· 지정 이외의 시접은 1cm.
· █ 부분에 소잉심지를 붙인다
· █ 부분에 소잉테이프 심지를 붙인다
· ∨∨∨ 표시된 부분은 지그재그봉제 또는 오버록 처리한다

[리넨 원단]

소잉심지 3cm 원단(안)
뒷주머니(2장)
앞팬츠(2장)
손등감(2장)
골선
손바닥감(2장)
소잉심지 3cm
아웃포켓(2장)
원단을 자른다
뒤팬츠(2장)
허리벨트(1장)
225cm
팬츠 밑단감(2장)
130cm폭

심미희

건설업계에 10여 년 근무하였다. 아이의 성장을 함께 하고 싶어 퇴사 후 소잉마이스터 강사 자격을 취득했고 현재는 심플소잉 양산 물금점을 운영하고 있다.

[블 로 그] https://blog.naver.com/smh627
[인스타그램] simplesewing_yangsan_mulgeum
[연 락 처] 심플소잉 양산 물금점
　　　　　경상남도 양산시 물금읍 범구5길 30-1
　　　　　055-388-3636

오로라

대학에서 피아노를 전공하였고, 학원을 운영하였다. 결혼 후 전업주부로 지내면서 소잉을 배우게 되었으며 현재 심플소잉 김해 내외점을 운영하고 있다.

[블 로 그] http://blog.naver.com/playground36
[인스타그램] simplesewing_gimhae
[연 락 처] 심플소잉 김해 내외점
　　　　　경상남도 김해시 구지로 12-1, 1층
　　　　　055-337-5744

임희정

대학에서 의류학을 전공하고 결혼 전 의상 DIY 전문 쇼핑몰에서 MD로 일했다. 2012년부터 심플소잉 창원 남양점을 운영하고 있으며, 아시아머신소잉협회 이사, 창원 행복마을학교 마을 교사로 활동하고 있다.

[블 로 그] http://blog.naver.com/yimheejung
[인스타그램] behappy_sewing
[연 락 처] 심플소잉 창원 남양점
　　　　　경상남도 창원시 성산구 가음로 117번길 15
　　　　　055-263-5662

최영옥

아시아머신소잉협회(AMSA)에서 정규과정을 수료하고 경주에서 심플소잉 경주 노서점을 6년 운영하였으며, 현재는 포항에서 심플소잉 포항 대이점을 운영하고 있다.

[블 로 그] https://blog.naver.com/gydd0312
[인스타그램] simplesewing _pohang
[연 락 처] 심플소잉 포항 대이점
　　　　　경상북도 포항시 남구 대이로 5번길 10, 1층
　　　　　054-272-6349

SEWING HARUE 25
편안하고 특별한
핸드메이드 여성복

1판 1쇄 발행　2020년 11월 17일
1판 2쇄 발행　2023년 05월 11일

발행인　　　정용효
저자　　　　심미희, 오로라, 임희정, 최영옥 (가나다순)
기획/제작　　이슬희, 유윤경
감수　　　　브라이언
편집디자인　전하리
일러스트　　이슬희, 유윤경
패턴제작　　소잉컨텐츠
패턴편집　　이슬희

사진　　　　Reina Ryu
모델　　　　강예린, 이남윤
주얼리 협찬　아운드(ound)
촬영장소　　스튜디오 래프터55
인쇄　　　　웰컴P&P
등록번호　　제 2016-000002호
등록일자　　2016년 01월 26일
발행처　　　주)핸디스 소잉스토리
　　　　　　광주광역시 북구 서암대로 133 (신안동), 3층
대표전화　　062_513_8957
팩스　　　　062_515_8827
문의전화　　070_8893_9218

PRINTED IN KOREA
ISBN　979-11-88062-35-5 13590
ISSN　2092-8769
판매가 18,000원

소잉스토리는
소잉D.I.Y 취미실용서를 출간합니다.
www.sewingstory.com

이 도서의 국립중앙도서관 출판예정도서목록(CIP)은 서지정보유통지원시스템 홈페이지 (http://seoji.nl.go.kr)와 국가자료공동목록시스템 (http://www.nl.go.kr/kolisnet)에서 이용하실 수 있습니다. (CIP제어번호:CIP2020046305)

패턴인

초보자의 눈으로 개발하는 **실물 패턴전문 브랜드 패턴인!**

1600 여종의 상품 보유 및 매달 신상품 출시!

point 1 _____

재단배치도 부터 소잉 팁 까지
꼼꼼한 사진제작 설명서와 웹 제작 설명서로

쉽고 재미있게!

point 2 _____

패턴 전문 캐드를 사용한
전사이즈 실물 패턴과 사이즈별 칼라선으로

깔끔하고 편리하게!

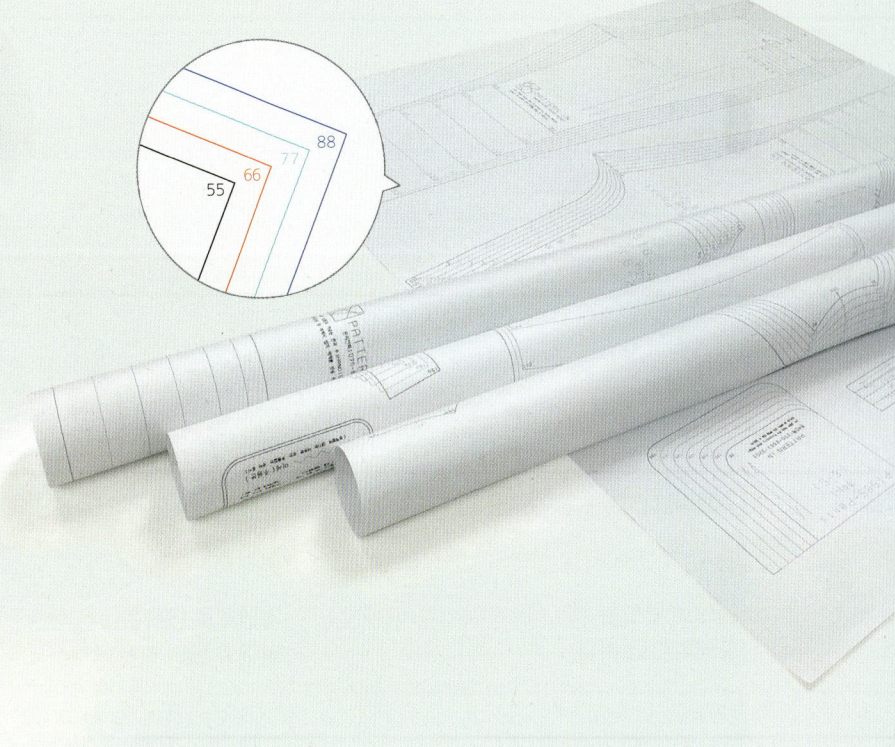

아래의 구매처에서 패턴인의 모든 상품을 만나 보세요!

패션스타트 / 패션스타트 전국 대리점 / 심플소잉 / 심플소잉 전국 대리점
퀼트스타 / 천가게 / 인패브릭 / 앤쏘라이프 / 인패브릭 / 선퀼트
아이러브아이웃 / 원단천국 / 원단1번지

패턴인 스토어팜

sewing harue 소잉 하루에

프로페셔널 기획과 짜임새 있는 완성도를 바탕으로 2009년 한국 최초의 소잉 D.I.Y 잡지로 창간된 "소잉 하루에" 시리즈는 현재는 단행본 형식으로 변경하여 매 시즌 트렌디한 아이템들로 기획, 매년 3회씩 발간하고 있습니다.

NEW BOOK

SEWING HARUE vol. 33

랩 스타일의 핸드메이드 레시피

20작품 수록 / 136쪽 / 정가 19,000원
실물크기 패턴 2매(4면) 20작품 수록

[랩 스타일의 핸드메이드 레시피] 는 컬러풀하고 감성적인 원단으로 다양한 랩 스타일 20작품을 담은 랩 스타일 전문 소잉 서적입니다. 이 서적의 핸드메이드 레시피를 통해서 나만의 감각적이고 활용도 높은 랩 스타일을 만들어보세요.

SEWING HARUE vol. 32

소잉으로 만드는 핸드메이드 스타일

20작품 수록 / 108쪽 / 정가 19,000원
실물크기 패턴 2매(4면) 20작품 수록

[소잉으로 만드는 핸드메이드 스타일] 에서는 빈티지 무드와 클래식한 브리티쉬 감성을 현대적으로 재해석하고 9가지 스타일로 매칭하여 20작품 수록하였습니다. 소잉과 잘 어울리는 클래식한 분위기를 나만의 스타일로 만들어보세요.

SEWING HARUE vol. 21 개정판

리넨으로 만드는 엄마와 딸의 커플룩 36

36작품 수록 / 136쪽 / 정가 19,000원
실물크기 패턴 2매(4면) 33작품 수록

[리넨으로 만드는 엄마와 딸의 커플룩 36] 에서는 주제를 가지고 데일리룩, 피크닉룩, 리빙룩, 커플 아이템 4가지 테마의 다양하고 실용적인 아이템들을 한 권에 담았습니다. 아이와 함께 입을 수 있는 사랑스러운 리넨 커플룩을 만들어보세요!

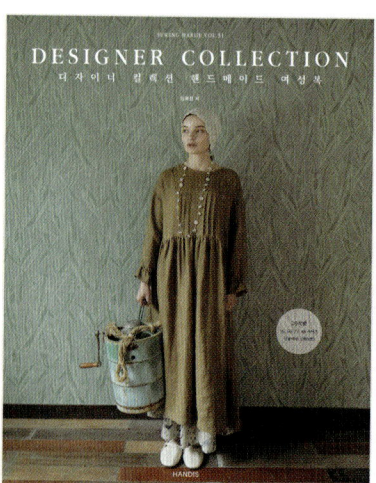

SEWING HARUE vol. 31

디자이너 컬렉션 핸드메이드 여성복

20작품 수록 / 120쪽 / 정가 18,000원
실물크기 패턴 2매(4면) 20작품 수록

[디자이너 컬렉션 핸드메이드 여성복] 에서는 소잉 디자이너의 컬렉션을 컨셉으로 엔틱한 여성 의상을 20작품 수록하였습니다. 소잉 디자이너가 디자인하고 추천하는 여성복 디자인을 감상하시고 나만의 디자인 컬렉션을 만들어보세요.

SEWING HARUE vol. 30
에이프런과 원피스
그리고 리넨 handmade

20작품 수록 / 108쪽 / 정가 18,000원
실물크기 패턴 2매(4면) 20작품 수록

[에이프런과 원피스 그리고 리넨 handmade]
에서는 다양한 에이프런을 한 권에 담았습니다. 여성 에이프런, 원피스 / 아동 에이프런, 원피스 총 20작품을 수록하였습니다. 나만의 감성 에이프런을 만나보세요.

SEWING HARUE vol. 29
우리 아이를 위한
특별한 핸드메이드 옷과 소품

23작품 수록 / 112쪽 / 정가 18,000원
실물크기 패턴 2매(4면) 22작품 수록

[우리 아이를 위한 특별한 핸드메이드 옷과 소품] 에서는 사랑스러운 우리 아이를 위한 의상과 소품 총 23작품을 50~70사이즈, 80~130 사이즈로 알차게 담았습니다. 마음과 정성을 다해 세상에 단 하나뿐인 작품을 만들어 선물해 보세요.

SEWING HARUE vol. 28
직접 만들어 입고 싶은
COUPLE LOOK 20

20작품 수록 / 108쪽 / 정가 18,000원
실물크기 패턴 2매(4면) 20작품 수록

[직접 만들어 입고 싶은 COUPLE LOOK 20]
에서는 사랑하는 사람과 함께 즐길 수 있는 커플룩을 주제로 남/여 의상 20작품을 10가지 커플 룩으로 수록했습니다. 사랑하는 사람과 함께 세상에 단 하나뿐인 커플 패션을 즐겨보세요.

SEWING HARUE vol. 27
Daily lady's closet
사계절 핸드메이드 여성복

20작품 수록 / 120쪽 / 정가 18,000원
실물크기 패턴 2매(4면) 20작품 수록

[Daily lady's closet 사계절 핸드메이드 여성복] 에서는 일 년 내내 다양하게 레이어드하여 즐길 수 있는 여성복 상의, 원피스, 하의, 아우터, 소품 총 20작품을 수록했습니다. 간편하면서도 감각적인 데일리 룩을 만나보세요.

SEWING HARUE vol. 26
네 가지 스타일의
핸드메이드 여성복

32작품 수록 / 152쪽 / 정가 18,000원
실물크기 패턴 2매(4면) 32작품 수록

[네 가지 스타일의 핸드메이드 여성복]에서는 네 작가들의 각각의 취향과 마음을 담은 작품들을 소개합니다. 작가별로 8작품씩, 총 32작품을 수록하고 있어 다양한 스타일의 아이템을 한 권으로 만날 수 있습니다. 나의 취향을 발견해 보세요.

SEWING HARUE vol. 25
편안하고 특별한
핸드메이드 여성복

31작품 수록 / 144쪽 / 정가 18,000원
실물크기 패턴 2매(4면) 31작품 수록

[편안하고 특별한 핸드메이드 여성복]에서는 나의 일상을 채워 줄 다양한 스타일의 여성복을 소개합니다. 베스트, 티셔츠, 블라우스, 셔츠, 자켓, 하의 총 6가지 테마의 작품 31종을 수록하였습니다. 일상 속 소잉의 즐거움을 느껴보세요.

SEWING HARUE vol. 24
깔끔한 실루엣의
원피스 만들기 25

25작품 수록 / 128쪽 / 정가 16,000원
실물크기 패턴 2매(4면) 25작품 수록

[깔끔한 실루엣의 원피스 만들기 25]에서는 기본 원피스, 주름 원피스, 프린세스 원피스, 랩 원피스, 셔츠 원피스, 소품 총 6가지 테마의 원피스와 소품 25작품을 한 권에 담았습니다. 아름다운 실루엣이 가득한 원피스 작품들을 만들어보세요!

여러 구매처 및
온/오프라인 서점에서
다양한 〈소잉 하루에〉
시리즈를 만나 보세요!

패션스타트

심플소잉

퀼트스타

패턴인
스마트스토어

SEWING STORY

핸디스 소잉스토리 출판사는 소잉 D.I.Y 전문 출판사입니다. 개발 단행본 시리즈 인 소잉 하루에, 그리고 일본에서 인기 있는 소잉 서적을 번역하여 출간합니다. 소잉스토리 홈페이지에서 더 많은 출간서적을 확인해보세요.

소잉하는 사람의 마음과 손으로 짓는 책, 소잉스토리의 안목으로 선정한 번역서들을 만나보세요.

PET PATTERN BOOK
사계절 강아지 옷 패턴북

26작품 수록 / 96쪽 / 정가 19,500원
실물크기 패턴 3매(6면) 25작품 수록

[PET PATTERN BOOK 사계절 강아지 옷 패턴북]에서는 귀여운 강아지들을 위한 다양한 디자인의 의상과 소품을 한 권에 담았습니다. 나의 소중한 반려견에게 직접 만든 건강한 옷으로 행복을 선물해 보세요!!

오늘도 내일도
핸드메이드 원피스

21작품 수록 / 88쪽 / 정가 18,000원
실물크기 패턴 2매(4면) 16작품 수록

[오늘도 내일도 핸드메이드 원피스]에서는 심플하고 밝은 느낌의 다양한 여성 원피스로 구성되어 있습니다. 나만의 감성을 자극하는 원피스로 사랑스러운 느낌을 연출해 보세요.

내가 만들어 입는
코디네이트 룩

26작품 수록 / 88쪽 / 정가 18,000원
실물크기 패턴 2매(4면) 26작품 수록

[내가 만들어 입는 코디네이트 룩]에서는 셋업 스타일을 주제로 총 6가지 코디를 구성하여 다양한 디자인의 여성복 아이템들을 한 권에 담았습니다. 심플하고 멋스러운 셋업 스타일을 즐겨보세요.

리넨으로 만드는
에이프런과 소품 36

36작품 수록 / 88쪽 / 정가 18,000원
실물크기 패턴 1매(2면) 36작품 수록

[리넨으로 만드는 에이프런과 소품 36]에서는 다양한 디자인의 여성 에이프런과 여성복, 커플로 코디할 수 있는 남성용, 아동용 에이프런과 소품을 한 권에 담았습니다. 나와 사랑하는 사람들을 위한 에이프런을 지금 만들어 보세요.

즐겨 입는
핸드메이드 여성복 35

35작품 수록 / 88쪽 / 정가 18,000원
실물크기 패턴 1매(2면) 28작품 수록

[즐겨 입는 핸드메이드 여성복 35]에서는 다양한 형태의 여성복을 소개합니다. 또한 나만의 코디를 돋보이게 해줄 가방과 브로치 등 소품들을 함께 담았습니다. 나만의 감성, 취향을 한껏 담은 핸드메이드 패션을 즐겨보세요.

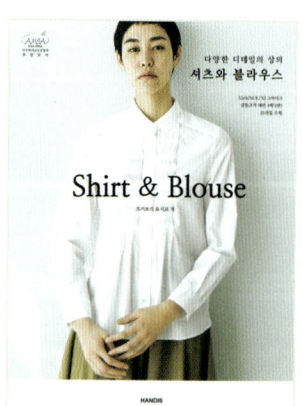

다양한 디테일의 상의
셔츠와 블라우스

25작품 수록 / 96쪽 / 정가 16,000원
실물크기 패턴 1매(2면) 25작품 수록

[다양한 디테일의 상의 셔츠와 블라우스]에서는 다양한 디테일이 담긴 여성 상의들을 소개합니다. 소매의 형태부터 밑단 처리, 핀턱 장식 등 소잉에 유용한 디테일이 담긴 작품이 25종 수록되어 있습니다. 내가 원하는 디테일을 골라 만들어보세요.

여러 구매처 및 온/오프라인 서점에서
다양한 소잉스토리 서적들을 만나 보세요!

패션스타트

심플소잉

퀼트스타

패턴인
스마트스토어

Tiffany

바늘 끝에서 피어나는 아름다움

심플하고 세련된 외모와 독보적인 자수 사이즈로
가정용 자수기의 한계를 뛰어넘어
작품을 예술 그 자체로 만들어줍니다.

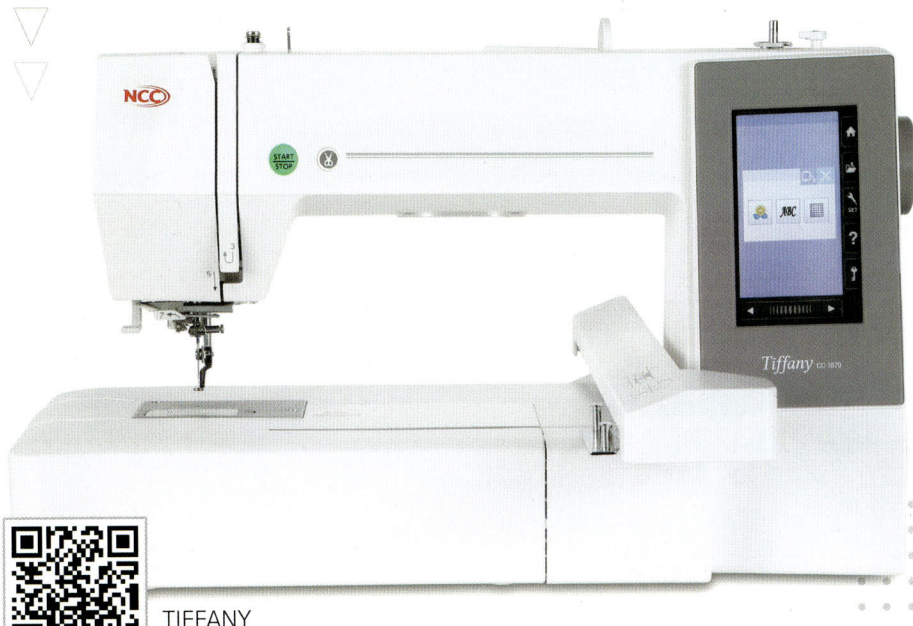

TIFFANY
자세히 알아보기

TIFFANY 특징

01 시크한 웜그레이 포인트 디자인

02 최대 자수 영역 200×360mm

03 최대 자수 속도 860SPM

04 180가지 실용적인 내장 자수 디자인

TIFFANY 기능

와이드 자수 캐리지
초대형 후프를
안전하게 지탱

자수틀 고정장치
더 간편하고 안정적인
레버 + 핀고정 방식

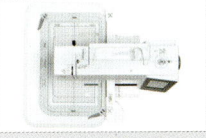
확장판 테이블
더 넓은 작업 공간

LED 조명
어두운 곳에서
더 빛나는 5개의
LED 조명 탑재

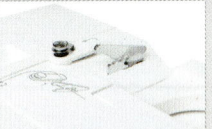
프리텐션 실가이드
윗실의 꼬임·빠짐을
방지하여 실공급을
원활하게

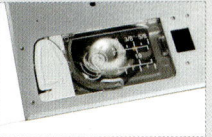
3곳의 사절 장치
가위 없이도
언제나 편리하게

심플소잉

국내 최초 재봉틀 공방 브랜드

심플소잉은 국내 30여 개의 대리점을 보유한
국내 최초 DIY 소잉 전문 브랜드입니다.

재미와 실용성을 두루 갖춘 **소품 만들기 과정**

내 손으로 옷을 짓는 감동 **옷 만들기 과정**

소잉의 모든 것 '심플소잉'

고품질의 미싱
디자인, 기능, 내구성을 두루 갖춘 품격있는 미싱
을 직접 체험할 수 있습니다.

다양한 소잉 전문 원단/부자재
국내·외 다양한 원단/부자재를 보유하고 있어 작
품의 완성도를 높여줍니다.

체계적인 소잉 교육
기초부터 마스터까지 전문 강사님과 함께하여 어
렵기만 했던 소잉이 쉽고 재미있어집니다.

AMSA
Asia Machine Sewing Association
사단법인 아시아 머신 소잉 협회

전문 강사반 운영
AMSA만의 소잉 전문 교육을 통해 소잉 작가로서
의 활동은 물론 공방 창업에 큰 도움을 드립니다.

차별화된 '심플소잉'만의 교육

수강 최대 인원 5명
소수 인원제 밀착 수업

내 스케줄에 맞춰 수강하는
수업 사전 예약제

충분히 갖춰진
소잉 전문 환경

정규과정 교재
& 실물 패턴 제공

홈패션, 소품, 의상을
한 곳에서

초보에서 마스터가
되기 위한 단계별 학습

모두 똑같은 패키지 NO!
나만의 개성 있는 작품

소잉 전문 교육을 통한
창업 인재 양성

어떤 분야에 관심이 있으신가요

심플소잉 대리점 안내

서울·경기·강원 지역

강남개포점 070-8836-9394	경기광주오포점 031-767-6415
남양주별내점 031-572-7353	동탄호수점 031-373-3025
분당판교점 031-703-3841	수원광교점 031-211-3885
수원영통점 031-273-9411	수지신봉점 031-264-3769
안양동편마을점 031-703-7249	용인죽전점 031-265-0301
원주단구점 033-762-0251	이천창전점 031-638-8904
인천구월점 032-233-0708	일산주엽점 031-906-6577
하남미사점 031-795-3108	화성동탄점 070-4190-3830

충청 지역

대전노은점 070-7776-5337	서산호수공원점 041-665-0607
아산배방점 041-532-5476	천안백석점 070-4078-9135
천안신방점 041-579-7275	청주가경점 043-232-0306
청주율량점 043-900-3579	

경상 지역

경주용황점 010-9778-5588	김해내외점 055-337-5744
동래온천점 051-365-1591	양산물금점 055-388-3636
울산약사점 052-296-1009	창원남양점 055-263-5662
포항대이점 054-272-6349	

전라 지역

광주시청점 062-375-0525	군산지곡점 063-468-6338
목포하당점 061-287-8155	순천동외점 061-900-9965
여수엑스포점 061-642-0427	전주송천점 063-278-1088

대리점 개설 상담 및 문의

KohasiD
Kohas iD Co., Ltd

1644-5662

민간자격 등록번호 2017-004750

〈2022년 제13회 전시회〉 주제-소잉 콘서트

〈2021년 제12회 전시회〉 주제-나가다 만나다

〈2020년 제11회 전시회〉
주제-SEWING WITH MOVIES

사단법인 AMSA 아시아머신소잉협회

아시아머신소잉협회(AMSA : ASIA MACHINE SEWING ASSOCIATION)는
소잉전문영역에서 가장 높은 교육수준을 유지하여 작가와 강사를 양성하고,
그 강사들이 모여 구성된 명실공히 국내 최대의 협회입니다.
AMSA는 능률적이고 안정적인 소잉을 구현할 수 있는 소잉기술을 바탕으로
교육 프로그램, 교재를 마련하고 이들의 품질을 계속적으로 개선하고 감독합니다.
또 강사에게 자격을 부여하고 AMSA 교육을 전파하기 위한 지원 서비스를 합니다.

소잉마이스터강사 320명	90개의 대리점과 공방
매년 2,400명 취미반 양성	강사준비 500명 진행중

AMSA 강사 교육과정

AMSA 소잉아트 디자이너와 소잉마이스터 과정

1 취미반 수강(2~6개월)
2 AMSA 정규과정 수강(6~15개월)
3 정규과정 포트폴리오 등록
4 포트폴리오 및 실물 심사
5 정규과정 인증시험 합격
6 소잉아트 디자이너 자격 취득
7 MSET 수료 또는 소잉 관련학과 졸업과 심사
8 소잉마이스터 자격 취득
9 정규과정 교육운영(강사용 교재 수령)

AMSA 소잉아틀리에 과정

1 취미반 수강(2~6개월)
2 AMSA 소잉아틀리에과정 수강(6~12개월)
3 소잉아틀리에 포트폴리오 등록
4 포트폴리오 심사 합격
5 소잉아틀리에 강사 회원 등록
6 소잉아틀리에 교육운영(강사용 교재 수령)

※ AMSA협회원 자격은 관리 규정에 따라
매년 갱신됩니다.

협회원 누적 15,000명이 먼저 경험한 검증된 정규 운영 과정입니다.
취미반부터 소잉 지도강사 자격증까지 쭉 경험해 보세요.

여러분도 창업이 가능한 소잉강사가 될 수 있습니다.
지금 바로 문의하세요~

AMSA 사무국 전화번호 070.8281.8958 팩스 062.522.8827 이메일 amsa2009@naver.com 홈페이지 amsa.or.kr
사무국 주소 - 광주광역시 북구 서암대로 133, 3층 교육장 주소 - 대전광역시 서구 탄방동 768, 5층 501호

AMSA
From KMSA

Happy Bears
해피베어스

I FROM HAPPY BEARS

직접 만들어서 더 의미있는 DIY 작품은 어떤 마음을 가지고 만드냐에 따라서 그 가치가 또 달라지는 것 같아요. 누군가를 걱정하고, 아끼고, 사랑하는 마음을 담아 완성 한다면 그 마음까지 함께 고스란히 전해지는 것이 손으로 직접 만드는 핸드메이드(HAND MADE)가 아닐까 생각됩니다 :)

해피베어스 역시 소잉 DIY를 하는 모든 사람들을 위하는 마음을 담아 소잉작업에 필요한 좋은 상품(Product)을 고민하여 보다 더 멋진 작품을 완성할 수 있고, 늘 즐겁고 행복한 작업시간을 가질 수 있도록 가치있고, 실용적인 다양한 소잉 부자재를 기획하는데 노력하고 있습니다.

01 작품의 완성도와 품격을 UP ↑
프라임 소잉전용실

의상, 소품, 홈패션, 미싱퀼트, 자수 등 작품 구분없이 사용 가능하며 일반 원단부터 아사(론), 시폰, 수영복원단, 다이마루, 모직 등 다양한 원단을 봉제할 수 있는 멀티실입니다. 코어(CORE)사로 일반 폴리에스테르실에 비해 내구성이 Good! 파인 프라임(53수2합/얇은 원단용), 프라임(45수2합/일반 원단용), 스티치 프라임(29수3합/두꺼운 원단용) 총 3종으로 구성.

SIZE 약 바닥 3 X 높이 5cm
　　　파인 프라임/프라임(400m), 스티치 프라임(200m)
PRICE 프라임 2,600원 / 파인, 스티치 프라임 2,800원

02 린넨에 잘 어울리는 따뜻한 색감
프라임 소잉전용실 린넨 40색 패키지

린넨 원단에 어울리는 내추럴한 색감의 프라임 소잉전용실(45수2합) 40색이 1세트로 구성되어 있습니다. 따뜻한 색감에 스탬핑 처리되어 있는 감각적인 디자인의 크라프트 실박스에 깔끔하게 담겨 있습니다.

SIZE 박스사이즈 약 가로 19 X 세로 28.5 X 높이 6.5cm
PRICE 93,600원

03 달달한 분위기를 더해요
마시멜로 무지개실

실 한가닥에 다채로운 색상이 그러데이션되어 있어 무척 매력적인 무지개실. 미싱퀼트, 미싱자수, 의상, 소품, 홈패션 등 다양한 작품에 사용할 수 있는 달콤한 멀티실입니다. 일반 무지개실과 달리 실 중심에 나일론사가 들어있는 코어(CORE)사로 내구성 또한 Good! 총 10컬러 구성.

SIZE 약 바닥 3 X 높이 5cm / 45수2합 / 400m
PRICE 3,800원

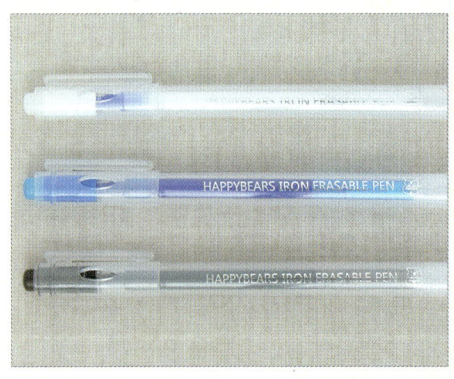

04 제도/재단 작업시 없어선 안될 필수템
아이론 열펜

펜 촉의 팁 두께는 0.5mm 정도로 선이 비교적 가늘고 견고하게 그어지기 때문에 섬세한 작업에 사용하기 좋고, 작업후 다리미의 열만으로 쉽게 선을 지울 수 있어 간편합니다. 3가지 색상으로 구성.

SIZE 심 두께 약 0.5mm
PRICE 1,800원

05 덕분에 작업 시간이 줄었어요
아이론 시접자

아이론 시접자는 고열에 녹지 않는 특수 열경화성 아크릴 소재로, 직선, 곡선, 완만한 곡선, 각지거나 둥근 모서리 부분 등 거의 모든 시접 부분을 한번에 손쉽게 다릴 수 있는 스마트한 시접자입니다. 원단을 꺾어 원하는 치수에 재단선을 맞춘 다음, 꺾인 부분을 다려주세요. 2가지 사이즈로 구성.

SIZE 약 20X10cm / 약 30X10cm / 두께 약 0.4mm
PRICE 10,000원 / 12,000원

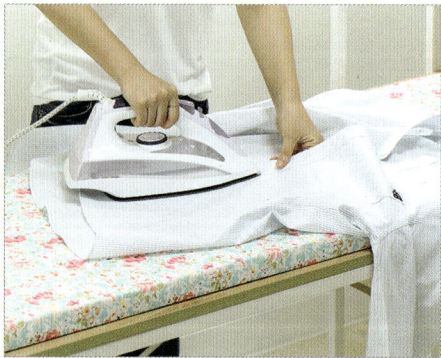

06 작품의 완성도는 다림질에서 결정!
아이론 매트(다리미 스펀지)

아무리 봉제를 잘했어도 다림질이 어색하면 완성도 떨어지고, 멋진 라인을 만들기 힘들죠! 안정감있는 넓은 사이즈, 내구성과 실용성 만점인 아이론 매트는 원하는 예쁜 원단으로 커버링을 해주면 디자인까지 만점이 되는 강추 아이템! 2가지 사이즈로 구성.

SIZE 약 60X45cm / 약 150X50cm / 두께 약 3cm
PRICE 9,000원 / 17,000원

〈상품구매처〉 심플소잉 / 심플소잉대리점 / 패션스타트 / 패션스타트 대리점 / 퀼트스타 / 그외 온 · 오프라인